国家自然科学基金面上项目：
“大学生创新创业能力评价体系与结构模型研究”
（71974163）终期成果

获得厦门大学教育学一流学科建设基金资助

创新创业教育丛书

王洪才 主编

中国大学生创新创业能力发展路径研究

——基于不同类型高校的实证分析

王洪才 等◎著

厦门大学出版社
XIAMEN UNIVERSITY PRESS
国家一级出版社
全国百佳图书出版单位

图书在版编目（CIP）数据

中国大学生创新创业能力发展路径研究 ：基于不同类型高校的实证分析 / 王洪才等著. -- 厦门 ：厦门大学出版社，2023.8

（创新创业教育丛书/王洪才主编）

ISBN 978-7-5615-9072-0

Ⅰ. ①中… Ⅱ. ①王… Ⅲ. ①大学生-创业-研究-中国 Ⅳ. ①G647.38

中国版本图书馆CIP数据核字(2023)第151068号

出 版 人　郑文礼
责任编辑　曾妍妍
美术编辑　李夏凌
技术编辑　朱　楷

出版发行　厦门大学出版社
社　　址　厦门市软件园二期望海路 39 号
邮政编码　361008
总　　机　0592-2181111　0592-2181406(传真)
营销中心　0592-2184458　0592-2181365
网　　址　http://www.xmupress.com
邮　　箱　xmup@xmupress.com
印　　刷　厦门集大印刷有限公司

开本　720 mm×1 000 mm　1/16
印张　19.25
插页　2
字数　326 千字
版次　2023 年 8 月第 1 版
印次　2023 年 8 月第 1 次印刷
定价　76.00 元

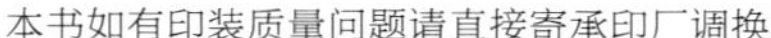
本书如有印装质量问题请直接寄承印厂调换

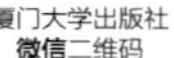
厦门大学出版社
微信二维码

厦门大学出版社
微博二维码

一、创新创业教育是我国高等教育进入大众化后提出的急迫命题

众所周知，创新创业教育是我国高等教育进入大众化阶段后才出现的一个命题，其产生的最直接，也是最主要原因就是高等教育入学人口激增致使大学生就业压力加剧。事实上，早在高等教育精英化阶段后期，我国高校毕业生就业压力问题就已经呈现出来了，当时集中的问题是“所学专业与就业岗位不对口”和“区域性的供需关系不匹配”以及“人才供需结构不平衡”。当高等教育进入大众化阶段后，高校毕业生就业难问题就成为一个非常突出的矛盾。事实表明，传统的就业岗位供应已经很难满足数量迅速增长的大学生毕业人口的需求，为此必须开辟大批新的就业岗位。有识之士普遍认为掌握先进知识和技术的大学生有可能成为开辟新工作岗位的重要分子，这可能是创新创业教育概念提出的最直接动因。换言之，当代大学生在掌握先进知识和技术之后，也可以不走传统的直接就业路径，而走独立创业路径，特别是在新技术领域和新行业进行创业。如此就可以在一定程度上缓解就业压力问题。显然，能够开展这种创新创业活动的是极少数学生，对于绝大多数学生而言，创新创业意味着运用掌握的知识和技术去进行岗位创业，通过钻研岗位所需要的知识、技术和技能而为所在部门做出创造性贡献。

必须指出，创新创业教育概念的提出具有鲜明的时代特征。我们知道，创新创业教育概念提出之时恰是我国社会经济发展处于动能转变时期，传统的依靠密集劳动的粗放型经济发展时代已经过去，再依靠引进简单技术和来料加工进行低附加值生产的时代也一去不复返了，我国社会经济发展动力必须转向依靠自主知识创新，换言之，我国经济增长不能再依靠粗放型发展模式，必须转向集约型经济，集约型经济所依靠的不是劳动力数量或资本数量的增加，而是依靠技术创新、知识创新。这就涉及人力资源的开发问题，从本质上说就是依赖于培养大量具有创新知识、创新技能和创业能力的人才，而人才培养这一重要使命必然首先落在大学身上，这也是我国在高等教育领域提出创新创业教育的另一个动因。

此外，还有一个更深层次的动因，那就是作为高等教育学习主体的学生群体发生了巨大变化，要求高等教育人才培养模式必须变革，否则就难以适应学生的需要。我们知道，新一代大学生基本上都是网络时代的原住民，已经习惯于从网络世界接受学习资源，不再满足于从教师身上获取知识，为此师生关系模式、教学模式必须转变，人才培养规格必须转变，否则就难以适应他们的发展要求，从而高等教育系统自身也面临着创新与创业的要求。所以，创新创业教育也有高等教育自身转变的意味。对于这一点，虽然高等学校普遍有所意识，但还没有转变为行动动力。

最后，也是一个根本性原因，那就是消除应试教育带来的后遗症，把创新创业教育作为解决应试教育的根本对策。我们知道，应试教育严重压抑了人的创造性，使学生的创新思维处于一种不发达状态，从而导致人的创新动力不足、创业能力欠缺。这种教育模式显然无法适应高等教育大众化的就业形势要求，提出创新创业教育策略可以从根本上解决这一问题。创新创业教育无疑是以创新创业能力培养作为人才培养的根本指向，目的就在于改变目前人才普遍缺乏创新活力和创业动力的问题，旨在带动整个教育系统向创新创业方向转变，使整个教育系统具有创新活力与创业动力，从而带动中华民族整体素质的提升。如此，提出创新创业教育概念是高等教育发展战略观念转变的标志。所以，我们认为创新创业教育是一种具有中国特色的高等教育改革发展观念。

二、创新创业教育本质在于开发每个学生身上潜藏的创造力

显然，开展创新创业教育并非一件易事，因为它试图从根本上扭转传统的应试教育体制，从而注定了要走一条充满荆棘的坎坷之路。开展创新创业教育，需要反对传统的教育观念，即要反对传统的以知识传授为中心

的教学模式，在该教学模式下，学生常常作为被动的受体出现，把接受现成知识作为核心任务，并没有把学生的能力发展作为中心任务。这种教学模式的典型表现就是“老师讲、学生听”“上课记笔记，考试背笔记，考后全忘记”。事实上，学生认真听讲、记笔记属于优质课堂的表现，而大量学生在课堂并未认真听讲，而是在玩手机，从而造成了大量的“水课”出现。如果不改变这种教学模式，不从根本上转变传统教学观念，创新创业教育就无法有效开展。可以说，扫平创新创业教育面临的观念障碍是首先需要解决的问题。

转变传统教学观念需要确立正确的教育观念，提出创新创业教育概念可谓正应其时。当然，对创新创业教育概念的理解应该突破狭隘化的误区。传统上对创新与创业两个概念都存在着严重的狭隘化理解，从而形成了另一种观念障碍，如果不能从根本上突破这种观念障碍，创新创业教育也不可能顺利开展。对创新创业概念最常见的狭隘化理解是把创新看成是科学家的事，把创业看成是企业家的事，认为创新创业是与普通人无关的事。这种狭隘化事实上就是把创新创业神秘化，如果这样的认识得不到澄清，那么创新创业教育就无法广泛开展。在实践中还存在着一种狭隘化认识，认为创新创业教育是一种专门化训练如“创业训练”，从而与专业教育或通识教育无关，这种封闭化认识导致了创新创业教育的开展独立于专业教育与通识教育之外。虽然这种误解与目前的管理体制有关，但确实产生了割裂创新创业教育的结果。这一切都是创新创业教育进行过程中的观念障碍，都必须及时清理。

我们认为，正确的创新创业教育观念应该认识到创新创业与每个人的生活息息相关，同时与每个人的福祉息息相关，也与国家利益、中华民族根本利益息息相关。创新就是我们克服困难的过程，创业就是取得事业成功的过程，创新创业教育就是培养每个人克服困难的能力和获得成功的本领，这就是创新创业教育的本质内涵。这就回答了创新创业教育是什么的问题。因而，对创新创业教育的认识，集中在对创新创业教育目标的设计上，也即“培养什么人”，因为只有知道创新创业教育力求达到的目标是什么，才能进行具体的规划设计和具体的制度设计。

创新创业教育无疑就是要培养大学生成为具有创新创业精神、创新创业能力和创新创业动力的创新创业人才。可以说，具有创新创业精神主要属于认知层面，创新创业能力属于实践层面，创新创业动力属于意志层面或人格层面。形成创新创业精神并不难，难的是形成创新创业能力，最难的是始终具有创新创业动力。创新创业精神形成是前提，创新创业能力形成是关键，创新创业人格形成是根本。具有创新创业的精神不一定具有创新创业能力，具有创新创业能力不一定使其成为终身追求，因为这些都与环境有关，与教育方式有关，与个体志趣有关。只有具有创新创业的人格追求才能最终成为创新创业人才。

培养大学生具有创新创业能力就是创新创业教育的关键点和核心，一句话，如果我们无法培养大学生具有创新创业能力，那么创新创业教育就不可能是成功的。因此，如何培养大学生具有创新创业能力是整个创新创业教育关注的核心问题。

三、创新创业教育高质量发展需要探明的五个基本问题

要培养大学生创新创业能力，就需要回答五个基本问题：一是创新创业能力该如何进行科学定义并实施有效的测量？这是创新创业教育高质量发展面临的最为核心的问题。因为创新创业教育目标就在于培养大学生的创新创业能力，如果不能对创新创业能力进行科学的界定，那么就很难进行科学的引导和评价。二是创新创业能力发展主要受哪些因素影响以及其内在作用机制是什么？这是对创新创业能力发展机制的探讨，因为创新创业能力发展不可能发生在真空中，不可能完全由个体天赋决定，必然受到后天因素的影响，在现实中这些因素究竟是如何作用于创新创业能力发展过程的，就需要探明。三是创新创业能力培养如何适应不同学校办学层次或类型的要求并发挥各自的优势？这是对创新创业教育活动主体职能的探讨，即探讨高等学校如何依据自身的特点来开展有效的创新创业教育促进大学生创新创业能力最大程度地发展。四是该如何检验目前我国高校大学生的创新创业计划项目实施的效果以及该如何完善？这是对我国创新创业教育重要举措的实施效果的研究，检验我国大学生创新创业计划项目究竟发挥了什么样的作用，能否为创新创业教育高质量发展提供

有力的支持。五是如何借鉴国外经验以促进我国创新创业教育制度设计更加完善？这是站在国际视野高度来审视我国创新创业教育优化问题，也即怎么来取长补短、洋为中用，使我国创新创业教育获得突破性发展，实现高质量发展的目标。

（一）关于创新创业能力的界定与测量

关于创新创业能力的科学定义和有效测量，可谓是创新创业教育推行过程中面临的一个最基础的且也是最核心的问题。[①] 如前所述，创新创业教育目标是培养创新创业人才，其中关键是培养大学生具有创新创业能力，如果不明确创新创业能力的具体内涵，那么创新创业教育就缺乏明确的指导性，也就无法建立科学的导向机制。对创新创业能力进行测量的目的则是为创新创业教育开展建立一个有效的督促机制，因为人们总是根据评价标准来调整自我行为方式，如果创新创业能力不可测量，人们就不知道自己创新创业能力培养的效果如何。当创新创业能力可以测量时，人们就容易观察自身工作的成效和具体改进及努力的方向。所以，创新创业能力的科学界定与有效测量是创新创业教育推进过程中面临的最基础问题。但由于能力测量向来都是一个非常复杂的课题，而且创新创业能力本身又是一个新课题，故而研究的难度大，进行测量的难度也非常大。正因为研究这个问题的难度大，所以相关成果非常少，从而该问题也成为制约创新创业教育有效开展的“卡脖子”难题。

为了解决这个难题，我结合自身经验展开了系统的理论思辨，同时也借鉴那些成功人士的经历进行思考，总结他们创新创业能力的共同特点，从中我得到了四点启示：首先，我意识到创新创业能力绝不是一种单纯的能力，而是一种复合能力；其次，我意识到创新创业能力主要是一种行动能力而非一种思辨能力；再次，我意识到创新创业能力是一种动态发展的能力，而非一旦形成就固定不变的能力；最后，我意识到创新创业能力是一种结构性能力而非一种无序的能力组合。由此我开创性地提出了创新创业

①王洪才.创新创业能力评价：高等教育高质量发展的真正难题与破解思路[J].江苏高教，2022(11)：39-46.

能力七阶段理论。在此基础上，我带领团队的核心成员段肖阳、郑雅倩、杨振芳三位博士生对背后的理论基础进行深入剖析，与已有的研究成果展开对话，最终我们确认我提出的七阶段理论具有包容性、科学性和系统性，适合作为大学生创新创业能力结构模型。在此基础上我们开展了大学生创新创业能力测量量表的开发工作，在经过三轮的施测之后，最终形成了具有良好信效度的大学生创新创业能力测量量表。由此我们开展大样本的抽样调查，通过调查进一步验证了我提出的能力理论的有效性，同时也了解了大学生创新创业能力发展状况。我们的调查有许多新发现，对于进一步开展创新创业教育具有重要的启发意义。由于段肖阳、郑雅倩、杨振芳参与了调查研究全过程，从而他们也成为《中国大学生创新创业能力结构与发展水平研究》这本书的撰写主力。段肖阳是最早加入团队开展工作的，对于文献研究和模型构建发挥了重要作用，从而承担这两部分内容的撰写；郑雅倩参与了研究设计和实证调研工作，从而适合承担这两部分内容的撰写；杨振芳负责整理我的创新创业教育论述，协助我完成绪论部分工作。

（二）关于创新创业能力发展影响因素与作用机制

无疑，对创新创业能力进行定义与测量的目的是指导创新创业教育实践，那么，如何来提升创新创业能力培养效果必然是创新创业教育关注的核心问题。为此就必须探讨创新创业能力发展的影响因素以及内在的机制问题。我们认为，既然创新创业能力是可以测量的，那么就应该找到影响创新创业能力的主要相关因素，而且也要找到这些影响因素之间的相互关系，如此就能够为创新创业能力提升计划提供有效的参考方案。我们知道，影响大学生创新创业能力成长的相关因素非常多，既有直接的，也有间接的，当然，其中必然有主要的和次要的。我们不可能罗列所有的要素，必须通过调查找到影响学生创新创业能力发展的最主要的而且也是最直接的影响因素，并且通过深度调查和统计分析来找到各种影响因素之间的相互关系，如此才能找到影响创新创业能力成长的作用机制。只有这样，我们才可能调动一切积极的因素来推进创新创业教育。很显然，如果对创新创业能力的认识不同，那么对创新创业能力的发展定位就不同，进而所发现的相应的影响因素就会出现根本的不同，因为它们背后的作用机理不同。

为了解答这个问题，我们在研制大学生创新创业能力测量量表过程中就预计到了有哪些因素可能影响大学生创新创业能力的发展。为了更好地确定大学生创新创业能力的影响因素及其作用机制，研究团队认为需要专人负责这一项工作，因为这不单纯是一项调研活动，更是一个理论探讨过程。在协商基础上，确定段肖阳作为主力主要负责探讨该问题，因为她掌握的相关研究文献最丰富，有亲身的实践经历，对该问题非常感兴趣，而且全程参与了课题研究，于是该主题就成了她的博士论文选题。事实证明她从事该项研究是非常合适的，她在研究过程中发现了一个有趣的现象，即大量数据表明，影响大学生创新创业能力发展的最主要的因素就是个体的主动性，其次是教师的支持，再次是课程与教学的影响，最后是学校环境的影响，而且学校环境、课程与教学和教师都需要通过个体主动性发挥作用，不仅如此，学校环境也需要通过课程与教学再通过教师发挥作用，构成了一个从中心到边缘的层次，由此提出了"圈层理论"，可以说这是通过实证研究得出的一个微型理论。由段肖阳完成的《中国大学生创新创业能力影响因素研究：基于全国大样本的实证研究》系统地阐释了"圈层理论"的提出和验证过程。

（三）高校层次与类型对创新创业能力发展的影响

对大学生创新创业能力发展影响因素的认识，必然涉及办学条件、办学环境的影响问题。我们知道，大学生创新创业能力发展必然会受到环境的影响，但办学条件对大学生创新创业能力发展的影响究竟如何确实值得探索。具体而言，我们并不清楚究竟是哪一类大学对大学生创新创业能力发展影响大：是研究型大学，还是应用型大学，或是高职高专院校？它们之间完全没有区别是不可能的，但它们之间的区别究竟显著不显著却无法确定。我们可以预料，创新创业能力必然受家庭环境影响，因为家庭文化氛围对一个人的创新创业意识和创新创业精神形成具有潜移默化的影响，也必然在一定程度上影响个体的创新创业能力。但创新创业能力更多是个体在挑战环境、挑战困难的过程中形成的，所以个体的学习经历和生活经历发挥着关键作用。创新创业能力发展必然也存在着学科差异，因为有的学科偏重于应用性，对学生实践能力训练的作用更直接，从而更有利于创新创业能力成长；而有的学科更偏重于理论知识传授，对创新创业能力的影响可能就不直接，那么作用就不怎么显著。创新创业能力也会受到性别因素影响，因为性别角色对个体的自我认知会产生非常大的影响。此外，课堂教学模式对大学生的创新创业能力影响也是非常直接的，因为它能够直接影响个体主动性的发挥，影响个体的思维方式，特别是影响个体的交往能力发展。这一切都可以汇集到学校校园文化和办学风格上。如果学校非常注重创新创业能力培养，就会有意识地创造条件，促进大学生参加创新创业实践活动，如此就会使大学生的创新创业能力得到更快的发展。一句话，创新创业能力发展主要是受教育环境的影响。要使一个人的成长不受环境因素影响是不可能的，但究竟受到多大程度上的影响？大学生的个体在与环境互动之中究竟处于什么位置？这对个体创新创业能力的发展究竟发挥了什么作用？这些是必须思考的。

事实上，我们在进行了大样本的数据调查之后，就发现这些问题得到了一定程度的解答。调查数据显示，大学生创新创业能力发展确实与个体的主动性发挥具有直接的关系，但与学校的层次类型没有直接的关系，甚至呈现了一些难以理解的状况，即研究型大学的创新创业能力反倒不如应用型大学和高职高专院校。这种情况非常出人意料，必须予以验证与解释。为了揭示这个现象，我们开展了个案研究，选择一些具有代表性的高校进行验证，看这种状况在个案学校是否存在。具体操作方式是在各层级高校中选择1～2所案例学校进行研究，综合比较各个因素在不同层次类型高校中的表现，由此来判断环境作为一个整体因素是如何影响大学生创新创业能力发展的。这就是我们团队《中国大学生创新创业能力发展路径研究：基于不同类型高校的实证分析》一书的由来，段肖阳、杨振芳、郑雅倩、李淑娥、孙佳鹏五位博士生承担该项工作。

（四）大学生创新创业训练计划项目实施效果

为了促进大学生创新创业能力培养，国家进行了强有力的政策指导，如评选创新创业教育示范校，评选创新创业实践基地，组织大学生创新创业大赛，从而为高校开展创新创业教育创设了良好的政策氛围。在国家政策的引导下，高校开设了大学生创新创业训练计划项目（简称“大创”项目），设立大学生创业园，鼓励大学生开展多种形式的创新创业实践。许多高校都设有大学生创新创业训练计划项目，以此作为培养大学生创新创业能力的主要阵地。我们认为，这种大学生创新创业实践机会是非常难得的，对大学生创新创业能力的提升作用也是比较明显的。那么，我们需要知道：大学生创新创业训练计划项目究竟是如何发挥作用的？其中的作用机制是什么？哪些做法更有效？是否存在着规律性？这是一些非常有趣的问题。我们知道，大学生创新创业能力培养肯定不能脱离具体专业学习，离开专业知识支撑，创新创业教育就难以走向深入，创新创业能力也难以健康发展。但如果专业学习的理论性太强，缺乏实践机会，大学生创新创业能力发展也不会太顺利。所以，如何处理理论学习与实践探索的关系，始终是创新创业能力培养面临的一个难题。大学生创新创业训练计划项目的实施为解决该问题提供了一个有效途径，因而，如何充分发挥这一制度的作用是我们必须要认真思考的。

要完成这样一项研究任务，需要对大学生创新创业训练计划项目运行过程有一个基本的了解，最好是实际参与过大学生创新创业训练计划项目的设计和指导工作，了解每个环节的运行规则。杨振芳显然具有该方面的优势，因为她实际指导过大学生参加并完成了大学生创新创业训练计划项目，而且她本人对探究该议题具有浓厚的兴趣，所以她把该研究主题作为她的博士论文选题。她经过两年多的田野调查，对多所高校的大学生创新创业训练计划项目团队进行了访谈，提炼出大学生创新创业训练计划项目有效运行的基本特征，回答了有效运行的内在机理问题。这个研究结果与研究过程构成了《大学生创新创业训练计划项目育人有效性研究》一书。

（五）国外创新创业教育对我们的借鉴意义

创新创业教育作为具有中国特色的高等教育理念，是在学习国外先进经验基础上进行的本土化创新，是针对中国高等教育存在的实际问题提出的发展理念。但是从理念到行动仍然有不少路要走。如何才能使中国创新创业教育比较稳健地发展？此时吸收国外先进经验就不可少，那么国外高校是如何培养大学生创新创业能力的？有哪些比较成功的经验值得我们学习和借鉴？如何才能进一步完善我国的创新创业教育体系？这些都是非常值得关注的问题。郑雅倩对这些问题非常感兴趣，她从硕士阶段就开始关注"保研生"创新创业能力发展问题，进入博士阶段后对创新创业教育兴趣更浓，特别是对国外大学开展创新创业教育的经验非常感兴趣，所以她主持完成了《研究型大学本科生创新创业能力培养研究：中外比较的视域》一书。

我们知道，对大学生创新创业能力培养在国际上具有比较长的历史，早在20世纪中期美国哈佛大学就已经开始了创业教育实践，但之后发展并不顺利，直到20世纪末叶才形成一个比较大的高潮。这个时期我国刚刚引入创业教育概念，尚未开展大面积的实践。尽管此时我国已经开始进行教育改革，但改革主要是为了让教育从服从计划体制要求转变到适应市场经济发展要求。高等教育的人才培养目标也发生了剧烈变化，开始从传统的"专业对口式"人才培养模式转变到培养复合型人才上，但并未涉及创新创业教育主题，虽然当时已经出现了部分大学生就业难问题。这个时期我国高校主要是在商学院中引入创业教育概念并进行了试点。创新教育观念开始在中小学中兴起，尚未进入高等教育改革视野。进入新世纪之后，我国改革开放进入深化期，高等教育开始重视学习国外的先进经验，开始重视创新能力培养问题，但并未形成一种普遍认识，而对大学生创业能力培养的重视是随着高等教育大众化的深入而兴起的。当走过新世纪第十个年头后，我国对创新教育与创业教育有了新的认识，开始把两者整合成一种新的教育理念，从而创新创业教育在高校得到普遍重视，其中创新创业大赛在其中发挥了决定性作用。

四、对创新创业教育五个基本问题的解答过程

显然，以上五个问题的解答都非常具有挑战性，每解决一个问题都会在理论上或实践中产生很大的推进作用。当然，各个问题之间还是存在着一定序列的，其中最具有挑战性的还是创新创业能力概念的界定与测量问题，因为它是最基础的问题。为了解答这个问题，我们对以往的创新与创业概念进行了系统的梳理，找到传统理解存在的不足，然后根据现实需要

赋予其新内涵。传统上人们对创新与创业的理解存在着严重的神秘化和窄化误区，不利于创新创业教育走向大众，所以破除这种神秘化与窄化是当务之急。

过去人们经常把创新与科学家联系在一起，创业与企业家联系在一起，这就把创新与创业神秘化了。目前人们对创新创业教育的理解主要是围绕创办科技企业进行的，这种理解使创新创业教育内涵严重窄化了，束缚了人们对创新创业教育的热情。我们进行观念创新的目的是使创新创业教育适合每个人，使创新创业教育能够发现每个人所具有的创新创业潜质，从而可以进行针对性的教育，只有这样才能使创新创业教育收到成效。这是本丛书的基本观念，我们在每本书的基本概念探讨中都会突出这个观点。

在达成这一基本理解之后，我们就开始了广泛萃取创新创业教育成功案例的工作，[①]进而凝练创新创业教育成功经验，从中建构评判创新创业成功的核心指标，最终形成创新创业能力指标体系，构建出创新创业能力模型。其中最为关键的一步是大学生创新创业能力测量量表的制定。显然这是一个非常复杂的系统工程，非单个人可以胜任，必须发挥团队的优势才能承担。作为课题负责人，我主要负责创新创业教育的理念构建和创新创业能力框架的设计工作，为整个团队的研究提供理论解释与指导；另一个主要工作就是组织团队进行量表研制开发和系列测试。段肖阳在其中发挥了骨干作用，她是我创新创业教育思想的第一个受众，也是创新创业能力测量量表研制过程中的主要联系人，她自身具有长时间创新创业实践的亲身经历，对创新创业教育具有浓厚的兴趣，她的博士论文选题就是关于大学生创新创业能力影响因素的研究。郑雅倩在本科阶段参加过创新创业实践活动，在硕士阶段就已经参与了我的创新创业教育课题研究，并且采用扎根理论方法对参加夏令营的大学生进行了调研分析，顺利地完成了硕士阶段学业并进入博士阶段学习，而且在段肖阳博士毕业后担负起团队联系人的职责，在本次研究中重点负责中外创新创业教育比较。这两

---

① 王洪才，刘隽颖，韩竹. 中国特色的高职“双创”教育模式探索：以宁波职业技术学院“1234”创新创业教育模型建构为案例[J]. 教育学术月刊，2018(2)：56-64.

位联系人都有非常强的敬业精神和韧性品质，敢于挑战困难，能够把挑战当作自己成长的机遇。杨振芳虽然是后来加入的，但她具有心理学专业基础，在量化研究过程中具有优势。她具有强烈的挑战自我的愿望，所以在博士论文选题中大胆采用质性研究方法来研究大学生创新创业训练计划项目的实践效果，想从典型事例出发来分析大学生创新创业训练计划项目有效运行的机制。她们三个人在整个研究过程中都发挥了核心成员的作用，特别是在大学生创新创业能力测量量表的研制过程中开展了高密度、高强度的研究合作，最终使量表研制获得圆满成功。李淑娥博士生和孙佳鹏博士生都是后来吸收进研究团队的，这两位博士生都具有丰富的管理实践经验，都对创新创业教育问题非常感兴趣，两人的学习能力非常强，她们很快就融入了团队，在不同类型高校案例研究过程中发挥了积极的作用。

在对大学生创新创业能力测量量表研制成功的基础上，我们对我国大学生创新创业能力的发展状况进行了大面积的测量，取得了一系列可喜的成果。

首先，我们开展理论探索，[①]为本丛书的撰写进行理论铺垫；进而瞄准国内创新创业教育研究热点，[②]从本体论意义探索创新创业教育内涵。[③]我们是从重新界定创新与创业概念进行突破的，[④]把创新创业能力研究作为重点和突破点，[⑤]开创了创新创业教育研究新风尚。我们进行了一系列的理论创新，把创新创业教育从狭义推向广义，[⑥]整体更新了人们关于创新创业教育的观念；发现了创新创业教育的多重蕴涵，[⑦]从而为创新创业教育体系构建提供了理论基础；发现了创新创业教育在中国高等教育转型

---

①王洪才.创新创业教育必须树立的四个理念[J].中国高等教育，2016(21)：13-15.

②王洪才，刘隽颖.大学创新创业教育核心·难点·突破点[J].中国高等教育，2017(Z2)：61-63.

③王洪才.创新创业教育的意义、本质及其实现[J].创新与创业教育，2020，11(6)：1-9.

④王洪才.创新创业能力的科学内涵及其意义[J].教育发展研究，2022，42(1)：53-59.

⑤王洪才.创新创业能力培养：作为高质量高等教育的核心内涵[J].江苏高教，2021(11)：21-27.

⑥王洪才，郑雅倩.创新创业教育的哲学假设与实践意蕴[J].高校教育管理，2020，14(6)：34-40.

⑦王洪才.论创新创业教育的多重意蕴[J].江苏高教，2018(3)：1-5.

与发展中的地位，[①]引导人们从战略角度认识创新创业教育；发现了创新创业教育是中国本土化高等教育发展理念，[②]为构建中国高等教育自主知识体系和话语体系做出了贡献。这些理论探索，为创新创业能力的测量与评价研究打下了良好基础。最终，我们建构了创新创业能力的结构模型，[③]研制出具有广泛适用性的创新创业能力测量量表，[④]对该量表拥有完全知识产权。

其次，我们发现大学生创新创业能力发展存在着一系列不平衡现象，[⑤]其中最大的发现是：大学生创新创业能力并未随年级提升而不断提升，而且也没有受到学校层次和类型的显著影响，从而打破了人们对大学生创新创业能力发展的美好想象。这些新发现具有重要的学术价值和实践意义，成为我们进行深入研究的切入点。

再次，我们对调查发现的大学生创新创业能力发展状况展开一系列的解释性研究，也即致力于发现创新创业能力发展背后的影响因素及其作用机理。我们发现自我发展理论是创新创业能力发展的最重要的理论基础，理性行动理论能够为创新创业能力模型构建提供重要的学术支撑。

复次，我们展开了多个案例研究来验证调查研究发现的结果。通过分类型研究不同高校的大学生创新创业能力发展状况及其影响因素，也通过高校的大学生创新创业计划项目的实践案例来研究创新创业教育的实施效果。多方面的案例研究就为了解释创新创业能力测量结果的有效性和普适性。

最后，我们也通过比较视角来审视国内外高校在开展创新创业教育方

---

①王洪才，汤建. 创新创业教育：高等教育内涵式发展的关键[J].武汉科技大学学报(社会科学版)，2021，23(1)：110-116.

②王洪才. 创新创业教育：中国特色的高等教育发展理念[J].南京师大学报(社会科学版)，2021(6)：38-46.

③王洪才. 论创新创业人才的人格特质、核心素质与关键能力[J].江苏高教，2020(12)：44-51.

④段肖阳. 论创新创业能力模型与评价指标体系构建[J].教育发展研究，2022，42(1)：60-67.

⑤王洪才，郑雅倩. 大学生创新创业能力测量及发展特征研究[J].华中师范大学学报(人文社会科学版)，2022，61(3)：155-165.

面的差别，借鉴国外先进经验，弥补自身的不足。自然而然，美国高校就成为主要的比较分析对象，因为美国是一个典型的创新型国家，全社会对创新创业持高度认同的态度，这种认同也渗透到高校的办学制度设计和政策制定上。所以，认真分析和借鉴国外高校的成功经验对于客观地认识我国创新创业教育存在的不足具有重要的启发意义。

五、创新创业能力研究需要扎实的田野研究与系统的思辨研究相结合

通过研究我们发现，只有将创新创业教育与日常生活建立密切的联系，才能找到创新创业教育的切入口，否则创新创业教育就只能流于概念式的宣教。当前创新创业教育面临的最大问题是各个高校都没有把创新创业教育与专业教育、通识教育和思想政治教育有机地联系起来，各种教育都是分别实施的，没有组成一个有机整体，好像创新创业教育本质上是一种专门技能训练，只有通过特殊培训才能成功。这种理解就使创新创业教育与其他教育割裂开来。创新创业教育要想有效开展必须打破这种割裂局面，如果不从对创新创业概念的理解进行突破，就很难推动创新创业教育有效开展。事实上，创新创业教育是一个庞大的体系，它包含了专业教育和通识教育，特别是思想政治教育，因为思想政治教育根本目的就是解决培养什么样的人的问题，而创新创业教育就为此提供了答案，即培养社会急需的创新创业人才！专业教育和通识教育就是为培养创新创业人才提供支撑。

可以看出，解决创新创业教育观念问题是一个复杂的思辨研究过程，当然，这也是一个深入认识创新创业教育本质的过程。从深层次讲，这也是一个将创新创业本质与创新创业具体实践有机联系在一起的过程，如果研究者没有长期的创新创业实践体验就难以进行有效的哲学思辨，也就难以提炼出影响创新创业能力的有效因子，那么也就难以认识创新创业的真正本质。显然，如果研究者缺乏对复杂事物的透视分析能力，也就无法认识创新创业的本质，自然也就难以领会创新创业能力的旨趣。因此，对创新创业能力的界定过程是一个思辨研究与田野研究紧密结合在一起的活动。相对而言，在对创新创业能力内涵进行清晰的界定之后再进行操作化

和指标化就简单多了，尽管这个工作仍然非常烦琐细碎。当我们对创新创业能力进行科学界定之后，就基本上确立了测量创新创业能力的理论框架。有了这个基本框架指引，先确立核心要素，后找到关键的指标，然后形成指标体系，再通过问卷调查进行测量验证，最终就可以形成一个比较完整的测量量表。不得不说，这也是一个巨大工程，需要进行反复的尝试和调整。

当大学生创新创业能力测量量表构建出来之后，后续的验证工作和结果分析就容易开展了。首先，我们可以根据测量量表来衡量目前大学生创新创业能力发展水平。这是一个非常重要的工作，因为这关系到对高等教育质量的评价，关系到教育投入，关系到对学生发展的引导，所以与创新创业教育如何正确定位有关。一旦建立创新创业能力测量量表，就容易确定影响创新创业能力发展的基本维度，那么进行相应的教育计划调整就容易多了。其次，我们可以结合测量量表再针对性地开展影响因素问卷研制，从而可以确定各影响因素的作用并确定各因素之间相互作用的原理，如此许多教育行为及其效果就容易解释了。再次，我们可以运用该量表对具体的教育行为过程的效果进行评定，验证它们对大学生创新创业能力发展究竟发挥多大的作用。最后，我们可以运用该量表展开对大学生的跟踪调查，看看大学生在哪个阶段表现最好，哪个阶段表现不尽如人意，由此我们可以建立大学生创新创业能力发展的数据库，为大学生创新创业教育的开展提供咨询服务，如此就可以使研究成果广泛运用于创新创业教育改革实践中。

可以说，从事大学生创新创业能力研究对于每位作者都是一次非常重要的学术创业实践，因为创新创业教育是新时代高等教育发展面临的最为急迫也是最为核心的难题，解答这个难题无疑需要巨大的学术勇气，因为它不仅需要我们转变思维模式，还需要改变自己的研究范式，需要重新建构自身的知识体系和能力系统。我们的研究团队经受住了这次考验，这次考验也使我们每个人进一步成熟和成长起来。在此感谢国家自然科学基金所提供的这一次机遇，这次机遇为我们团队发展提供了良机，我们衷心希望能不负国家自然科学基金所托，做出具有中国自主知识产权的科研成果，为后人进一步研究创新创业教育主题打下一个扎实的基础。

六、反思与展望

我们知道，解决大学生创新创业能力测量和评价问题只是推进创新创业教育体系建设工作的重要一环，创新创业能力影响因素研究、“大创”项目研究和国外借鉴研究对创新创业教育体系建设仅仅发挥辅助作用，未来建设创新创业教育体系的任务还非常繁重，可谓道阻且长。不得不说，思维方式革命是先导，如果不能确立创新创业价值在高等教育活动中的核心地位，就难以顺利推进创新创业教育。创新创业精神完全融入专业教育与通识教育过程中是创新创业教育体系建设的根本目标。只有管理系统把大学生创新创业能力成长作为评价高等教育质量高低的主要衡量指标时，高等教育系统变革才能走向成功。由于专业教育就是一种成才教育，通识教育就是一种成人教育，创新创业教育的有效开展依赖于专业教育的成功，创新创业教育又是通识教育的时代精华所在，故而，只有专业教育与创新创业教育完全融合，创新创业教育实践才算真正成功，那时中国高等教育就实现了彻底的转型，就能够为中国社会经济的高质量发展提供战略性支撑和源源不绝的动能，那时也是中国式高等教育现代化成功之时。让我们为此目标的实现加倍努力！

王洪才

于厦门大学黄宜弘楼

2022 年 12 月 25 日

前言

我们进行了全国大学生创新创业能力测量之后有一个非常重要的发现，即大学生创新创业能力发展状况并非如原来预想那样：研究型大学＞应用型大学＞高职高专院校，而是出现了一个非常奇怪的现象或者说是比较反常的状况，即研究型大学＜高职高专院校＜应用型大学。出现这样的现象非常令人意外：为什么是这样？这怎么可能？我们知道，教育资源的配置一般是按照学校的层次进行的，虽然我们把高职院校作为一个独立类型来对待，但人们仍然习惯把它作为专科教育层次，所以高职高专是人们对这类院校的统称。尽管本科高职已经出现，但毕竟属于少数。而且从社会对学校的认可度而言，首选仍然是研究型大学，其次是应用型大学，最后才是高职高专，这个顺序基本上没有什么改变，这也是高校“升格风”的重要缘起。尽管在不同地区出现了一些特例：据说深圳地区的学生宁可选择本地的高职高专，也不选择外地的应用型本科，这显然与深圳的特殊条件有关，可以说是非常少见。总体而言，人们对高校的选择顺序依然首选研究型大学，其次是应用型大学，再次是高职高专。很多时候，生源质量就决定了办学质量，办学质量也就决定了市场地位，除非出现一些特殊情况，如某校采取了重大改革措施，极大地提高了教学质量，因而使入学基础差的学生在学期间能力增值非常大，从而最终使办学质量实现了超越，获得了市场的高度认可，甚至超越所在的学校层次与类型。这种情况虽然存在，但概率极低，原因在于我国高校的办学同质化情况非常严重，教育改革往往举步不前，这也是教育改革进入深水区的表现。

对于调查出现的大学生创新创业能力“研究型大学＜高职高专院校＜应用型大学”情况该如何解读呢？我们进行过一系列猜测。我们首先想到的是随着高等教育大众化的出现，人们的求学动机发生了巨大变化，过去

在精英时代人们追求的是纯粹理性，从而对理论知识表现出浓厚的兴趣，而在进入大众化阶段之后人们追求的主要目标是就业，从而开始对理论知识疏离，越来越倾向于选择应用性知识，开始把实践实习机会看得比理论知识学习更重要。原因就在于在过去即使只学习理论知识，仍然不愁找不到合适的岗位。而今天就业市场竞争非常激烈，招聘单位对应聘者的要求多是马上能够上手，因而所需要的是实用型人才，那么具有实践能力的人才就容易受到市场的青睐。在这种情况下，高职高专院校的毕业生最符合就业市场需要，因为他们的实践实习机会多，动手能力强，其次就是应用型高校毕业生，最后是研究型大学毕业生。但从现实看，在高考选拔机制作用下，应用型大学的学生的学习能力或学习习惯更优于高职高专院校，从而他们的能力发展也表现为最好。如此一来，就可以理解为什么应用型大学学生的创新创业能力表现最好，高职高专院校学生次之，而研究型大学学生最差了。这说明，今日大学生的学习动机发生了明显的分化，那些学习应用型知识的同学的积极性被激发出来，而学习理论性知识的同学的动力则越来越差，这样就影响到学生的主动性，进而影响到学生的创造性，结果就影响到大学生的创新创业能力发展水平。如果这个解读成立，那么高等教育改革就应该顺势而为，即减少理论性课程分量，加大实践性课程比重，使学生获得更多的实践实习机会，如此就可以更好地激发学生的学习主动性，进而会带动学生创新创业能力水平的提升。这种假设也比较符合人们的日常体验。我们也发现，高等教育进入大众化阶段之后，学生学习动机越来越倾向于功利化，追求纯知识的学生越来越少。而且各种奖励机制出现，似乎引导学生更加趋向于功利化。

另一种解读也是成立的。该种解读是：研究型大学的教师们忙于科研，无心教学，从而与学生的关系出现了疏离，它导致的直接结果是学生对学术的疏离，具体表现就是学生对理论知识不感兴趣。还有一个直接的原因是研究型大学教师习惯于把知识归纳为条条框框，喜欢让学生直接接受，这种教学方式抑制了学生探求知识的爱好，从而也使得学生对理论知识产生了疏离感，这种疏离感造成了学生学习积极性的降低，从而对自我评价也降低了。与此相反，应用型大学非常强调应用性知识学习，鼓励教师们结合实际开展教学。而且应用型大学教师的科研压力比研究型大学小很多，从而比较有时间投入教学，愿意与学生分享自己的经验，因而能够与大学生产生一种亲近感，故而就能够较大地调动学生的学习积极性，在如此状态下，学生对自我的评价就非常高。高职高专院校的教学直接以就业为导向，教师从事科研的时间相对不足，从而直接影响到他们对学生学习方法和学习能力的指导，虽然学生自我体验比较好，但在自我评价上得分不是非常高。

显然，这种解释也具有说服力，符合教育分工和教育运行的现状。但关键的问题在于大学生的自我感受是不是客观的。这也是一个无法完全破解的难题。因为大学生创新创业能力测量量表就是一种自测量表，主要反映的是主体的自我感受，要做到完全客观是不可能的。事实也是如此，每个人的自我评价都是主观上的感受，虽然都有客观的参照系，但每个人的自我判断都是以人为镜的，即根据自己平时的体验得出的，这种体验既来自群体的氛围，也来自个体在群体中的地位，如果整个群体充满活力，那么作为成员的个体自我评价就会非常好；如果个体在社会互动过程中经常能够获得正向的体验，那么自我评价就高，反之就比较低。如此而言，高职高专院校的同学自我评价比较高与自己在日常生活中获得的积极体验和正向反馈具有直接的联系，而获得的积极体验越深，正向反馈越大，那么对自身的创造性激发就越大，这种正向关系也是容易理解的。

但这种解释仍然是一种猜测，很难具有实证的资料。对于我们调查获得的重大发现，我们尝试进行验证。究竟该如何验证呢？我们设计了一种抽样方法，即抽取研究型大学、应用型大学、高职高专院校各1～2所，看看它们与其他类型高校比较后的结果如何。我们在抽取样本时尽可能均衡科类、年级、性别及城乡来源，因为这样的样本更具有说服力。如果它们都与总体调研情况一致，则说明我们的发现是成立的。在此思路引导下，我们抽取了2所研究型大学，2所高职高专院校，1所应用型大学。于是这5所属于三种类型层次的高校就成为我们进行案例研究的对象。

为了使案例研究具有内在的统一性，我们以应用型大学作为样板案例设计了一个研究模板。选择应用型大学作为模板具有一定的便利性，因为研究型大学与高职高专院校属于两个极端的类型，而应用型大学介于两者之间，兼具两者的属性而且具有自己的特性，从而可借鉴性比较强，容易进行推广。在确定案例研究对象之后，我们需要将基本概念、理论基础、研究方法和研究工具进行概要性的介绍，从而为案例研究做好铺垫。在案例研

究之后需要进行一个总结，如此就构成本次案例研究的主要内容。

在本次案例研究过程中，郑雅倩同学协助我进行了设计工作，特别是她受我委托进行案例研究模板起草筹划工作，在我们研究之后她又三易其稿才最终完成了模板设计工作。在此基础上，我们邀请了孙佳鹏同学负责研究型大学案例研究部分，李淑娥同学负责高职高专院校的案例研究部分。而研究背景与基本概念由杨振芳同学负责，理论基础与研究设计由段肖阳博士负责。总结与比较部分也由杨振芳同学完成。我在对全书进行统审后提出修改意见，她们又进行多次修改，然后完成本书修订。这是本次案例研究的基本分工情况。

经过对5个高校案例的系统研究，我们发现，案例学校的表现与该类型学校的总体表现是高度一致的，也即研究型大学的学生创新创业能力确实低于应用型大学和高职高专院校。这表明我们前期的研究发现得到了较大程度的验证，或者说我们的发现具有规律性，从而为后续的深入研究打下了良好基础。

王洪才

2023年3月10日

目录

第一章

创新创业教育与创新创业能力

第一节　高校创新创业教育分类发展的研究背景

创新驱动发展时代呼唤高等教育培养大批创新创业人才。[①] 为培养高质量的创新创业人才，我国进行了长时间的探索。从 20 世纪 90 年代起开始探索创新教育与创业教育，到 2010 年正式开始大规模推行创新创业教育。当前，创新创业教育课程已经成为所有大学生的必修课，[②]因而人们对创新创业教育已不再陌生，但我国高校的创新创业教育质量仍未达到国家与公众的预期水平。在新时期，如何促进创新创业教育实现高质量发展，特别是如何使创新创业教育适应不同层次类型高校的发展需要，使不同层次类型高校的创新创业教育具有自己的特色，是学术界和实践界亟待解决的问题。

一、分类发展是高校创新创业教育高质量发展的必由之路

分类发展是我国高校创新创业教育体系化建设的必由之路。当前，创新创业教育在我国政府的强力推动下得到了快速发展，实现了在本科教育阶段的普及化，而且高校创新创业教育的深化改革也呈现出向纵深发展的良好势

---

①王洪才．创新创业能力培养：作为高质量高等教育的核心内涵[J]．江苏高教，2021(11)：21-27．

②教育部关于做好 2016 届全国普通高等学校毕业生就业创业工作的通知[EB/OL]．(2015-12-01)[2022-09-13]．http://www.moe.gov.cn/srcsite/A15/s3265/201512/t20151208_223786.html．

态。[①] 但是，在发展过程中，高校的创新创业教育也存在"同质化发展"[②]"效果不理想"[③]等诸多问题。这些问题关乎创新创业教育高质量发展，必须予以高度重视。事实上，这些问题的共同根源在于当前的创新创业教育没有明晰的发展定位，即未能结合高校自身发展优势和所处环境的特点从战略高度进行多样化综合化的创新创业教育体系设计。分类发展是解决这些问题的基本路径，也是高校创新创业教育高质量发展的必由之路。

高校分类发展是国家对高等教育发展的顶层设计，旨在引导高校合理定位，克服同质化倾向，形成各自的办学理念和风格，在不同层次、不同领域办出特色，争创一流。[④] 中共中央办公厅、国务院办公厅印发的《关于深化教育体制机制改革的意见》指出，"不同类型的高等学校要探索适应自身特点的培养模式"[⑤]。创新创业教育是高校培养创新创业人才的重要举措，是高等教育改革发展的重要内容，在新时期深化推进创新创业教育改革，也需要强化分类发展思想。高校创新创业教育分类发展意味着高校要探索适应自身特点的创新创业教育模式，根据自身发展定位与自身特点构建有特色的创新创业教育体系，也即高校创新创业教育要走特色发展之路。国务院办公厅《关于深化高等学校创新创业教育改革的实施意见》提出创新创业教育要"分类施教、结合专业"[⑥]，可见分类发展也是深化推进创新创业教育改革的基本方向。强化分类发展旨在打破当前高校创新创业教育同质化困局，促进差异化发展，引导高校形成自身特色与品牌，提升创新创业教育的实效性。但目前我国高校创新创业教育的差异化发展、特色化发展还不明显，只是在发展的规模和速度上有局部的差异。

---

①王占仁．中国高校创新创业教育的学科化特性与发展取向研究[J].教育研究，2016，37(3)：56-63.

②刘帆．高校创新创业教育现况调查及分析：基于全国938所高校样本[J].中国青年社会科学，2019，38(4)：67-76.

③高卫国．高校创新创业教育接受路径研究[J].江苏高教，2020(3)：92-95.

④国家中长期教育改革和发展规划纲要(2010—2020年)[EB/OL].(2010-07-29)[2022-09-13].http://www.moe.gov.cn/srcsite/A01/s7048/201007/t20100729_171904.html.

⑤中共中央办公厅 国务院办公厅印发《关于深化教育体制机制改革的意见》[EB/OL].(2017-09-24)[2022-09-13]. http://www.gov.cn/zhengce/2017-09/24/content_5227267.htm? isappinstalled=0.

⑥关于深化高等学校创新创业教育改革的实施意见[EB/OL].(2015-05-13)[2022-09-13]. http://www.gov.cn/gongbao/content/2015/content_2868465.htm.

二、创新创业能力发展状况是创新创业教育质量评估的重要依据

高等学校是我国培养高级专门人才的主阵地，深化高等院校创新创业教育改革是国家实施创新驱动发展战略、促进经济提质增效升级的迫切需要，也是推进高等教育综合改革、促进高校毕业生更高质量创业就业的重要举措。因而，培养创新创业人才是时代发展赋予我国高等教育的重要任务。

党的十八大明确提出要培养学生的创新精神、实践能力，要提升劳动者的就业创业能力。值得一提的是，为更好地推进创新创业教育、培养创新创业人才，2015 年 5 月国务院办公厅印发的《关于深化高等学校创新创业教育改革的实施意见》[①]（以下简称《实施意见》）明确提出："深化高校创新创业教育改革作为推进高等教育综合改革的突破口，树立先进的创新创业教育理念，面向全体、分类施教、结合专业、强化实践，促进学生全面发展，提升人力资本素质，努力造就大众创业、万众创新的生力军。"《实施意见》还指出：明确本科、高职高专、研究生创新创业教育目标要求，使创新精神、创业意识和创新创业能力成为评价人才培养质量的重要指标。可见，高校创新创业教育的目的是为国家培养数以千万计的创新创业人才，而创新创业能力培养是创新创业教育的根本目标。培养大学生的创新创业能力是高校创新创业教育的重心所在，也是衡量高校创新创业教育质量的核心指标。[②] 将创新创业能力发展作为创新创业教育质量评估的重要依据不仅是对创新创业教育根本目标的直接回应，也是引导高校创新创业教育科学发展、切实提升创新创业教育实效的重要举措。然而，当前对创新创业教育质量的评估多囿于对创新创业教育的投入与外显效果的评估，如对创新创业教育基地、孵化园、投入的经费、获得的创新创业相关奖项、创办的企业数量等方面进行评估，而大学生的创新创业能力发展状况反倒没有受到应有的重视。这显然是不合理的、不深入的，也是急需改进的，或者说急需填补这个空缺。

三、探究不同类型高校大学生创新创业能力培养路径是客观要求

当前，创新创业教育在我国是一种面向全体大学生的教育，但"面向全体"

---

① 关于深化高等学校创新创业教育改革的实施意见[EB/OL].(2015-05-13)[2022-09-13]. http://www.gov.cn/gongbao/content/2015/content_2868465.htm.

② 王洪才，郑雅倩. 大学生创新创业能力测量及发展特征研究[J]. 华中师范大学学报（人文社会科学版），2022，61(3)：155-165.

并非要求全体学生接受一样的教育、全部高校都开展一样的创新创业教育。“分类施教、结合专业”更是创新创业教育的应有之义，即：高校要结合自身的生源特点、专业特点、师资特点、环境特点等，探究最适合本校学生创新创业能力发展的培养路径。然而，当前不管是研究型大学，还是应用型大学，抑或是高职高专院校，开展创新创业教育基本都是遵循三条路径：一是创新创业教育课程，即创新创业教育教师通过课程教学，向学生普及一些创业基础知识，培养学生的创业意识。但这种课程大多是大班额的“填鸭式”教学，并且多采用统一的教材、模式进行授课，创新创业课程成了学生的必修公共课程。二是创业孵化实践，它针对在校的创业者实施。那些有孵化器/科技园的高校为学生提供了一些创业实战的机会，训练学生的创业技能。① 三是基于第二课堂，如大学生创新创业训练计划、“互联网＋”大学生创新创业大赛等开展创新创业教育实践。由于大多数高校的创新创业教育都依赖这些路径，从而不同高校之间即使有一定差异，但也难以克服同质化的弊端。

高校创新创业教育的同质化制约了创新创业教育的质量提升，从而也制约了我国高等教育的高质量发展。当前，推进高校分类发展已成为一种共识，高校自身也逐渐形成了分类发展的意识。我们知道，高等教育要办出特色需要实施分类发展战略，同样，创新创业教育要办出特色也需要探究不同类型高校大学生创新创业能力培养路径。高校创新创业教育的目的是培养创新创业人才，提升学生的创新创业能力，但创新创业人才并没有一个标准模子。相反，高校培养的创新创业人才应该是丰富多彩的，具有个性特色的，这样才能满足社会对创新创业人才的不同需求。因此，探究不同类型高校大学生创新创业能力的培养路径也是由人才培养的内在规律决定的。不同类型高校办学定位不同决定了其人才培养目标定位、人才培养模式不同。高校在培养人才时需要从各自所处的环境、所拥有的资源与优势，以及自身的文化基因出发，形成具有自身特色的人才培养模式，如此才可能培养出契合社会、地方需要的高质量人才，才能形成自身的人才培养竞争力。因而，高校在开展创新创业教育时必须经常思考学校应该培养什么样的创新创业人才，学校能够培养什么样的创新创业人才，以及该如何有效培养具有学校特色的创新创业人才等问题。

① 刘帆. 高校创新创业教育现况调查及分析：基于全国 938 所高校样本[J]. 中国青年社会科学，2019，38(4)：67-76.

第二节　创新创业教育分类发展的核心概念

本节将对本书涉及的核心概念——高校分类发展、创新创业教育、创新创业能力进行梳理与界定，为研究的开展奠定基础。

一、高校分类发展的内涵

高等学校分类发展是国家高等教育发展的顶层设计。《国家中长期教育改革和发展规划纲要（2010—2020 年）》指出，要“建立高等学校分类体系，实行分类管理”[①]。当前，对于高校必须走分类发展、特色发展之路已成为人们的共识，但人们对高校分类的内涵以及高校分类的标准还未达成共识。

对于何为高校分类，不同学者有不同认识。例如，陈厚丰认为高校分类指的是“在国家教育行政部门主持下，组织高等教育研究机构或专家、学者根据一定的标准（如高等学校的社会职能与高等学校的特点）将高等学校划分为不同类别或能级（包括类型和层次），它具有复杂性、多样性、相对稳定性等特点”[②]。刘献君则认为“高等学校分类就是根据学校的社会职能和高等学校发展的现状，将高等学校依据不同的类型和层次进行合理的划分”[③]。雷家彬认为“高校分类指的是高等学校或其利益相关者在一定的目的指引下，根据高等学校的特征，选择特定的标准对其进行归类”[④]。虽然不同学者对高校分类的认识有所差异，但从这些观点可知，高校分类至少具有以下三方面的内涵：一是高校分类需要按照一定的标准进行，这种标准既包括高校的特征，也包括高校发挥的社会功能特点，所依据的标准不同，分类的结果就不同；二是高校分类的内容主要包括类型与层次两个方面，也就是说高校分类既可以将高校分为不同的类型，也可以分为不同的层次，或者是这两者的结合；三是高校分类涉及的主体不仅包括高校本身，还包括政府以及高等教育的相关利益者。

对于高校如何进行分类，不同学者也有不同认识。例如，潘懋元等人认为

---

①国家中长期教育改革和发展规划纲要（2010—2020 年）［EB/OL］.（2010-07-29）［2022-09-13］.http://www.moe.gov.cn/srcsite/A01/s7048/201007/t20100729_171904.html.

②陈厚丰. 中国高等学校分类与定位问题研究［M］.长沙：湖南大学出版社，2004:32.

③刘献君. 建设教学服务型大学：兼论高等学校分类［J］.教育研究，2007(7):31-35.

④雷家彬. 国内高等学校分类研究述评［J］.现代大学教育，2010(5):107-111.

高校分类所依据的主要标准是人才培养类型。在参照国际教育标准分类并结合我国高等教育实际的基础上，他们将我国高校分为学术型大学（传统的综合性大学或所谓的研究型大学）、应用型本科高校、职业技术高校（高职高专院校）三类。[①] 马陆亭则认为高校分类可以按照两个维度进行思考：一个维度按照层次“教学型学院—研究型大学”的框架构建，另一个维度则按照类型“学术型人才培养—应用型人才培养”的框架构建。基于此思路，其将我国高校分为研究型大学、教学研究型大学、本科教学型大学、专科教学型大学四类。[②] 武书连则按照高校科研规模的大小将我国高校分为研究型、研究教学型、教学研究型、教学型四种，并依据各学科比例情况，又将不同“型”的大学进一步划分不同的“类”。[③]

综上可见，高校分类结果的不同，主要是分类标准的不同所致。张德祥等指出，高校分类的标准总体上可以分为规定性分类标准与描述性分类标准两种，其中，规定性分类标准更多是政府制定的分类标准，而描述性分类标准则更多是一种非政府分类标准，是由非政府组织通过对我国高校的现实状况进行统计分析，进而设计和形成的类别准则体系。[④] 本书拟探究不同类型高校大学生创新创业能力发展的现状、特点以及影响因素，因此主要以人才培养类型为分类标准，借鉴潘懋元等人的划分，将我国高校分为研究型大学、应用型本科高校（以下简称应用型大学）与高职高专院校三类，以探究与比较这三类不同高校大学生创新创业能力发展的现状、特点与影响因素间的异同。其中，研究型大学指的是学生以学习基础学科和应用学科的基本理论为主，教师研究高深学问，培养学术型人才，在结构上研究生教育重于本科生教育的大学；应用型大学则是以本科教育为主，兼顾举办专科教育和研究生教育，面向区域经济社会，以学科为依托，以应用型专业教育为基础，培养高层次应用型人才的高校；高职高专院校则是我国专科层次的普通高等学校，以专科教育为基础，培养更接近生产第一线的技术技能型人才的院校。

---

①潘懋元，董立平．关于高等学校分类、定位、特色发展的探讨[J].教育研究，2009，30(2)：33-38.

②马陆亭．我国高等学校分类的结构设计[J].北京大学教育评论，2005(2)：101-107.

③武书连．再探大学分类[J].科学学与科学技术管理，2002(10)：26-30.

④张德祥，牛军明．高等学校分类发展的基本环节、基本路径与保障机制[J].福建师范大学学报（哲学社会科学版），2020(1)：111-119.

二、创新创业教育的核心要义

创新创业教育是我国独有的一个概念，但人们对它的认识并没有形成一致的观点。虽然创新创业教育是我国的一个本土概念，但其与西方的“创业教育”有密切的关系。了解西方学者对创业教育概念内涵的阐释，有助于我们理解与把握创新创业教育的内涵，也有助于我们将我国的创新创业教育与国外的创业教育进行对比研究。

西方学者们对创业教育的概念界定一般可以分为狭义和广义两种。在创业教育开展早期，也即创业教育仅在高校中的商学院开展时，学者们主要是从狭义的角度对创业教育进行阐释。例如，贝查德（Bechard）和图卢兹（Toulouse）认为创业教育是培养有志于创业和成为中小企业家的正规化、专业化教学。[①] 可以看出，狭义的创业教育主要是从创造经济利益的角度进行界定，认为创业教育是一种旨在培养创办企业、商业所需要的技能与知识的教育。而在创业教育突破商学院模式走向“广谱式”后，广义的创业教育则得到越来越多的认可。广义的创业教育主要是从个体发展的角度进行阐释，认为创业教育是一种旨在培养个体创新与创业精神，形塑个体思维与行为模式，发展个体创新创业能力以应对挑战的教育。例如，澳大利亚学者科林·琼斯（Colin Jones）认为创业教育是一种旨在转变学生认知、思维与能力的教育过程，在这个过程中，教育者通过使用以学生为中心的教学方法，让学生积累不同的学习经验，鼓励他们更好地了解自己的能力，并创造机遇来获得满足感。[②] 该观点突破了创业教育聚焦于“创业技能与创业知识”的桎梏，将创业教育引向更广的范畴，并且将创业教育的目的集中于学生的自我实现，注重创业教育的个体层面意义，能为面向全体学生的创新创业教育提供理论参考。

在国内，教育部在2010年提出“创新创业教育”这一概念后，时任教育部副部长陈希对该概念进行了阐述，认为“创新创业教育的核心是培养大学生的创新精神和创业能力，引导高等学校不断更新教育观念，改革人才培养模式、教育内容和教学方法，将人才培养、科学研究、社会服务紧密结合，实现从注重

①BECHARD J P, TOULOUSE J M. Validation of a didactic model for the analysis of training objectives in entrepreneurship[J]. Journal of business venturing, 1998, 13(4): 317-332.

②琼斯. 本科生创业教育[M]. 王占仁，译. 北京：商务印书馆，2016：34.

知识传授向更加重视能力和素质培养转变，提高人才培养质量”[①]。这一阐述从教育目的的角度对创新创业教育进行了解释，有助于我们全面了解创新创业教育。陈希副部长还进一步强调，创新创业教育首先要培养学生勇于开拓、进取的精神。可见，该观点对创新创业教育的阐述尤其重视创新创业教育对学生成长的意义，并非只是培养学生创办企业的技能与知识。

在学界，与西方学者对创业教育的阐释类似，国内学者对创新创业教育的概念阐释也可以分为狭义和广义两种。狭义的观点认为创新创业教育是“一种培养学生从事商业活动的综合能力的教育，使学生从单纯的谋职者变成职业岗位的创造者”[②]的教育。广义的观点则认为创新创业教育是一种旨在培育创新精神、创业意识和创新创业能力的教育。例如，王占仁指出，创新创业教育的“基本价值取向既包括创新创业精神、创新创业思维的培养，也包括创新创业行为方式、创新创业人生哲学的塑造，还包括创新创业生活方式、创新创业生涯选择”[③]。黄兆信则认为，创业教育的本质是激发全体学生的创新精神和创业意识，要形成“以岗位创业为导向”的高校创业教育新理念。[④] 可见，广义的创新创业教育内涵非常丰富。虽然王占仁与黄兆信对广义的创新创业教育本质进行了论述，但对于创新创业教育的本质该从哪些维度进行理解并没有系统阐述，这不利于人们对创新创业教育进行确切、深入的理解。

王洪才对创新创业教育的内涵进行了系统阐述。他认为创新创业教育是一个具有多重意蕴的概念。具体而言，创新创业教育首先是在倡导每个人都应该具备一种创新的精神和创业的意志，成为社会发展中发挥积极作用的一员，也即创新创业教育是一种“健康人格教育”；其次，创新创业教育是一种“能力教育”，其核心目标在于使一个人具有不断改造自身和改造自然以及改变社会的能力；再次，创新创业教育是一种“个性化教育”，这是创新创业教育的基点，因而，创新创业教育要求开展生成性教学，使教学活动变成一种创造性过程；最后，创新创业教育还是一种“终身教育”，因为“人生本质上就是一种创业

---

①陈希．在推进高等学校创新创业教育和促进大学生自主创业工作视频会议上的讲话[J].中国大学生就业，2010(6)：13-17.

②施冠群，刘林青，陈晓霞．创新创业教育与创业型大学的创业网络构建：以斯坦福大学为例[J].外国教育研究，2009，36(6)：79-83.

③王占仁．创新创业教育的历史由来与释义[J].创新与创业教育，2015，6(4)：1-6.

④黄兆信．高校创业教育应以“岗位创业”为导向[N].光明日报，2016-11-08(13).

过程，都是为了寻找自己的理想发展空间而奋斗”[①]。显然，从多个维度对创新创业教育的内涵进行论述不仅有助于揭示创新创业教育的本质及其与其他教育的关系，而且有助于人们对创新创业教育形成系统、全面、深入的认识。

基于上述分析，本书采用王洪才对创新创业教育内涵的阐述，认为创新创业教育不只是一个中国本土原创的概念，其内涵还具有多重意蕴：首先从根本目的上，创新创业教育是一种人格教育，从本质上是一种科学教育，而其核心则是一种能力教育；其次从实践性上，创新创业教育又兼具通识教育和专业教育品性，从过程性上又具有合作教育和终身教育旨趣，而其逻辑起点则是一种主体性教育。[②]

三、创新创业能力的核心内涵

创新创业能力培养是高质量高等教育的核心内涵，[③]但当前人们对何为创新创业能力、创新创业能力的结构是什么等问题尚未形成一致的观点。在国外虽没有创新创业能力这个概念，但有不少关于创业能力的探讨。例如，钱德勒(Chandler)和汉克斯(Hanks)认为创业能力指的是识别、预见并利用机会的能力。[④] 在欧盟发布的创业能力观念模型中，创业能力被视为一种将机会和想法付诸行动，并将机会和想法转变到他人的价值中去的能力，这里的价值创造可以是经济的、文化的或社会的。[⑤] 可见，相比较而言，欧盟对创业能力的界定虽然不是对创新创业能力的界定，但该概念不再将创业能力局限于狭义的创业之中，使其有了更加丰富的内涵。

在国内学界，关于创新创业能力基本内涵的系统阐释并不多见。学者们要么将其等同于创新教育中培养的创新能力，要么将其等同于创业教育中培养的创业能力，或者认为它是创新能力与创业能力的结合。显然，这样的理解

①王洪才. 论创新创业教育的多重意蕴[J].江苏高教，2018(3)：1-5.

②王洪才. 论创新创业教育的多重意蕴[J].江苏高教，2018(3)：1-5.

③王洪才. 创新创业能力培养：作为高质量高等教育的核心内涵[J].江苏高教，2021(11)：21-27.

④CHANDLER G N，HANKS S H. Measuring the performance of emerging businesses：a validation study[J]. Journal of business venturing，1993，8(5)：391-408.

⑤European commission joint research centre entrecomp：the entrepreneurship competence framework [EB/OL].[2016-06-20]. http://www.dge.mec.pt/sites/default/files/ECidadania/educacao_Empreendedorismo/documentos/lfna27939enn.pdf.

并不能把握住创新创业能力的本质。当然，也有部分学者对创新创业能力的内涵进行了阐述。例如，欧阳泓杰认为创新创业能力指的是既具有实践能力、创新能力又具备创业潜能的复合能力。[①] 创新创业能力显然是一种复合能力，但这样的阐述仍未揭示出创新创业能力的本质。虽然学术界对创新创业能力的概念界定没有形成一致的看法，但形成了一些基本共识。这些共识包括以下三个假设：假设 1 认为创新创业能力并非一种简单能力，而是一种系统的复合能力；假设 2 认为创新创业能力概念的形成经过了一个复杂的演化过程，具有明显的祛魅化特征；假设 3 认为“创业教育”概念是一个舶来品，而“创新创业教育”概念则是中国本土首创。[②]

在已有共识的基础上，王洪才对创新创业能力进行了系统阐述。王洪才认为，创新创业能力并非是一种单一能力，而是一种系统的复合能力，具有很强的个性化色彩，其实质是“一种有效行动能力，是突破自我发展过程中所遇到的难关的能力”，是“自我发展能力的集中体现”。[③] 也就是说，创新创业能力是一个人在事业追求和奋斗过程中所表现出来的能力总和，它是以创造性人格形成为根本、以创新创业素质形成为中介和以创新创业关键能力形成为支撑的人格—素质—能力系统。[④] 可以说，一个人只有具备了创造性人格，才能使自身从根本上向创新创业人才方向发展。如果一个人没有把服务社会作为根本价值追求，就不会产生不断超越自我的人格追求，就无法拥有支持其长期奋斗的动力。当一个人意识到“只有通过发明创造才能真正推动社会发展”是其基本的认识模式时，并且意识到“自己就应该成为发明创造的一分子”是其努力的方向时，那么不断地向这个方向努力就是其人生成长的动力，这就是创造性人格的基本特征。[⑤]

具体而言，王洪才及其研究团队认为创新创业能力是一个由目标确定能力、行动筹划能力、果断决策能力、沟通合作能力、把握机遇能力、防范风险能

---

①欧阳泓杰. 面向创新创业能力培养的高校实践教学体系研究[D].武汉：华中师范大学，2014.

②王洪才. 创新创业能力的科学内涵及其意义[J].教育发展研究，2022，42(1)：53-59.

③王洪才. 论创新创业人才的人格特质、核心素质与关键能力[J].江苏高教，2020(12)：44-51.

④王洪才. 论创新创业人才的人格特质、核心素质与关键能力[J].江苏高教，2020(12)：44-51.

⑤王洪才. 创新创业能力的科学内涵及其意义[J].教育发展研究，2022，42(1)：53-59.

力、逆境奋起能力这7个能力构成的复杂系统。其中,目标确定能力指的是一个人根据自身实际情况和社会需要确定行动目标的能力,其又由“自我认知”“自我认同”“评估形势”“设置目标”这4个子维度构成;行动筹划能力指的是一个人对达到目标所需要的条件进行系统规划设计的能力,其又由“制定规划”“主动行为”这2个子维度构成;果断决策能力指的是一个人能够在复杂的选择面前快速做出决定的能力,其又由“冒险精神”“大胆决策”这2个子维度构成;沟通合作能力指的是一个人与他人形成一致行动目标并采取一致行动的能力,其又由“沟通交往”“团队合作”这2个子维度构成;把握机遇能力指的是一个人快速识别机遇并准确地把握机遇的能力,其又由“发现并评估机会”“忍受不确定性”“创新行为”这3个子维度构成;防范风险能力指的是一个人发现潜藏的风险并预先采取对策的能力,其又由“反思学习”“风险管理”这2个子维度构成;逆境奋起能力指的是一个人勇敢地面对失败打击并寻求新的突破的能力,其又由“乐观”“韧性”这2个子维度构成。[①]

本书将采用王洪才对创新创业能力的界定,认为创新创业能力是一个人在事业追求和奋斗过程中所表现出来的能力总和,它是以创造性人格形成为根本、以创新创业素质形成为中介和以创新创业关键能力形成为支撑的人格—素质—能力系统,具体由目标确定能力、行动筹划能力、果断决策能力、沟通合作能力、把握机遇能力、防范风险能力、逆境奋起能力这7个能力构成。

第三节　研究问题与研究意义

一、创新创业教育分类发展的研究问题

大学生创新创业能力是创新创业教育的培养重心,也是衡量高校创新创业教育质量的核心指标。[②] 当前创新创业教育课程已成为大学生的必修课,大多数高校也建立了创新创业教育体系,通过课程、活动、竞赛等培养大学生的创新创业能力。随着创新创业教育的推进,其教育质量与效果也随之成为

---

①段肖阳.论创新创业能力模型与评价指标体系构建[J].教育发展研究,2022,42(1):60-67.

②王洪才,郑雅倩.大学生创新创业能力测量及发展特征研究[J].华中师范大学学报(人文社会科学版),2022,61(3):155-165.

人们关注的焦点问题。当前我国大学生的创新创业能力水平如何？其发展呈现什么特点？现有的创新创业教育举措是否能显著提升大学生的创新创业能力？什么样的教育举措是更加有效的举措？这些都是人们关心的问题。

为了解与把握我国大学生创新创业能力的发展现况与存在问题，本课题组采用自主研发的"大学生创新创业能力量表"于 2020 年 12 月至 2021 年 3 月面向全国高校大学生开展问卷调查。通过对 6028 份有效问卷的统计分析后发现，我国大学生创新创业能力总体处于中等水平，在把握机遇能力和果断决策能力上表现较弱；男生的总体能力显著高于女生，理工农医类学生显著高于人文社科类学生，学业优秀生显著高于"学困生"。此外，我们的研究还有三个重要发现：一是学校层次类型对大学生创新创业能力的影响不显著；二是社团经历对大学生创新创业能力增长存在边际递减效应；三是大学生创新创业能力并未随年级升高而提升。① 这些结果表明，我国创新创业教育的效果总体上并不理想，不同类型高校之间的创新创业教育实效并没有明显的差异，不同类型高校大学生创新创业能力的发展并没有呈现出比较明显的差异与特色。

此外，也有其他一些学者对大学生的创新创业能力发展给予了关注。例如，杨连生等探究了体验式学习对大学生创新创业能力的影响，发现体验式学习对大学生创新创业能力成长具有明显的促进作用；②韩立对大学生的创新创业能力现状与培养路径进行了探究，③但由于缺乏实际调查，所提的建议缺乏针对性；宫毅敏等则探究了创业竞赛对创新创业能力的影响，发现大赛对大学生创新创业能力发展具有积极意义。④ 这些研究有助于我们广泛了解大学生创新创业能力的发展状况与影响因素，但这些研究并没有对大学生的创新创业能力进行直接的测量与评估，而是采用创新思维能力量表等方式进行测量，并且研究样本覆盖的高校极少，样本量也不大，比较缺乏说服力。此外，这些研究虽然也对影响创新创业能力的因素进行了探究，但仅探究了单个因素

---

①王洪才，郑雅倩．大学生创新创业能力测量及发展特征研究[J].华中师范大学学报(人文社会科学版)，2022，61(3)：155-165.

②杨连生，王甲男，黄雪娜．体验式学习对大学生创新创业能力的影响研究[J].现代教育管理，2020(12)：102-107.

③韩立．大学生创新创业能力现状及培养路径[J].中国高校科技，2017(1)：121-123.

④宫毅敏，林镇国．创业竞赛对提升学生创新创业能力的影响：基于创业竞赛参赛意愿调查问卷的数据挖掘分析[J].中国高校科技，2019(12)：57-60.

的影响，比较缺乏系统性。

其他学者也关注到了大学生的创新创业能力发展，但研究重心多是置于探究大学生创新创业能力的培养路径上，缺乏对创新创业能力本身进行的探究。总体而言，目前学术界对于大学生创新创业能力发展现状与发展特点、影响因素，尤其是不同类型高校大学生创新创业能力发展的差异性的关注还非常缺乏。在新时期，探究不同类型高校大学生创新创业能力培养路径是深化推进创新创业教育改革的客观要求。基于此，本研究拟对以下问题进行深入探究。

研究问题1：不同类型高校的大学生创新创业能力发展现况如何？呈现什么样的特点？具有什么样的发展潜质和发展需求？具体而言，本研究拟采用案例研究法和问卷调查法对研究型大学、应用型大学、高职高专院校这三类高校大学生创新创业能力发展的总体情况、发展特点、发展需求与发展问题进行深入探究，以全面、深入地了解与把握不同类型的案例高校大学生创新创业能力培养的实效。

研究问题2：不同类型的案例高校在创新创业教育方面有哪些举措？在具体实施环节上有什么特点？对大学生创新创业能力发展的影响如何？哪些教育举措是更加有效的？不同类型案例高校大学生创新创业能力发展的关键影响因素是否存在明显差异？

研究问题3：该如何发展不同类型高校的创新创业教育特色？具体而言，不同类型的高校在创新创业教育方面存在什么问题？如何更有针对性地改进创新创业教育？不同类型高校的创新创业教育该如何定位？如何构建契合自身发展特色的创新创业教育体系？

二、创新创业教育分类发展的研究意义

本研究拟采用案例研究法、问卷调查法探究我国不同类型高校大学生创新创业能力的发展状况与特点，不同类型高校创新创业教育的举措与特点，以及这些举措对大学生创新创业能力发展的影响，研究结果将对深化推进我国创新创业教育改革具有重要的理论意义与实践意义。

（一）理论意义

从理论研究角度，对高校创新创业教育分类发展进行研究的意义如下：

一是探索不同类型高校大学生创新创业能力发展的结构性特征，可以为

新时期提升创新创业教育的有效性提供理论基础。虽然我国从20世纪90年代开始推进创新创业教育，并且创新创业教育在我国政府的强力推动下得到了普及，但高校的创新创业教育效果并不理想。研究不同类型高校大学生创新创业能力发展特点与影响因素，将有助于揭示大学生创新创业能力的形成机理与发展机制，为创新创业教育的有效开展奠定坚实的理论基础。

二是通过分析不同类型高校的典型个案特点，为不同类型高校创新创业教育的特色发展提供理论参考。当前，我国高校的创新创业教育同质化发展问题越来越突出，不同类型高校培养的创新创业人才特色并不显著，这制约了我国高等教育的高质量发展。通过典型案例探究不同类型高校的创新创业教育举措对大学生创新创业能力的影响效应与作用机制，找寻不同类型高校创新创业教育举措中对创新创业能力发展最具影响力的教育因子，将在一定程度上为不同类型高校构建具有自身特色的创新创业教育体系提供理论参考。

（二）实践意义

从实践开展的角度，对高校创新创业教育分类发展进行研究的意义如下：

一是通过调查深度了解不同类型高校大学生创新创业能力发展状况，能为政府、高校管理者与教师、公众切实了解我国创新创业教育的实效，尤其是大学生创新创业能力的发展水平提供一手资料与数据。创新创业教育需要政府、高校投入大量的经费与资源，也需要教师投入大量的时间和精力，随着创新创业教育的推进，其实效也越来越受到各方的关注。本研究采用课题组编制的“大学生创新创业能力量表”对大学生进行大样本调查，以了解我国大学生的创新创业能力发展状况与发展特点，这将为人们了解我国创新创业教育的有效性提供数据支持。

二是通过对不同类型高校大学生创新创业能力的优势与短板进行分析，有助于提高我国大学生创新创业能力培养的实效。提高大学生的创新创业能力是创新创业教育的根本目标，本研究采用课题组编制的“大学生（创新创业）能力发展及学习体验调查问卷”[①]对大学生创新创业能力的影响因素进行调查，并探究这些因素对创新创业能力的影响效应与作用机制，这将为高校有针

---

①问卷名称未直接采用“大学生创新创业能力及影响因素问卷”，而采用了“大学生能力发展及学习体验”，以避免学生对“创新创业能力”产生狭义化理解和对“影响因素”产生歧义。

对性地开展创新创业教育，切实提升大学生创新创业能力提供指导。

三是通过个案研究深度分析不同类型高校在大学生创新创业能力培养中的成功经验和存在的问题，这将有助于不同类型高校创设自己的创新创业教育品牌与特色。本研究采用案例研究法对不同类型高校的创新创业教育实践以及大学生创新创业能力发展状况与特点进行深入研究，这将为不同类型高校探究大学生创新创业能力培养路径、构建具有特色的创新创业教育体系提供参考。

第二章

大学生创新创业能力影响因素理论模型

本章基于创新创业教育理论和大学生发展理论，系统分析了已有文献中关于大学生创新创业能力影响因素的相关研究，挖掘了大学生创新创业能力的影响因素指标，构建了大学生创新创业能力发展影响因素框架，为探究不同类型院校大学生创新创业能力及其培养路径奠定了理论基础。大学生发展理论中阿斯汀(Alexandra W. Astin)的"输入—环境—输出"(I-E-O)模型①、丁托(Vincent Tinto)的学生离校纵向模型以及帕斯卡雷拉(Pascarella)的学生发展综合因果模型②，都强调了影响大学生能力发展的两类因素，即背景性因素和过程性因素。在探究大学生创新创业能力发展的影响因素时，也将从背景性因素和过程性因素两方面入手进行分析。

第一节　大学生创新创业能力影响因素的理论基础

在探究创新创业能力影响因素时，主要基于两个理论：一是广义的创业教育理论；二是大学生发展理论。借鉴广义的创业教育理论，是因为本研究的创新创业能力与国外的广义创业教育有着内在一致性。借鉴大学生发展理论，是因为创新创业能力虽然有一定特殊性，但也是面向所有大学生培养的综合能力，是未来大学教育的结果。创新创业能力与工作、生活所需的人力资本和

①ASTIN A W.The methodology of research on college impact, part one[J]. Sociology of education, 1970,43(3):223-254.

②屈廖健.美国大学院校影响因素理论模型研究[J].比较教育研究,2015,37(4):57-63.

个人素质有重叠，[①]所以在正式教育中也是可以被培养的。这就意味着在探究创新创业能力影响因素时，应该关注大学生发展研究，同时结合创新创业教育的特殊性。在广义创业教育理论及大学生发展理论的基础上，确定了本研究的大学生创新创业能力影响因素模型，初步回答了大学生创新创业能力发展路径问题。

一、创新创业教育理论

广义的创新创业教育的目标是培养学生广义的创业能力，也就是创业思维能力（软技能，soft skills），可以定义为一套动态的态度、价值观和跨学科能力，具体而言包括行为能力和态度能力，如动机、自信、风险评估、创造力、团队合作、自我反思等。[②] 法约尔（Fayolle）等认为影响学生创新创业能力发展的四种因素为：学生的个人投入、学习目标、教师角色、学习环境。[③]

广义的创业教育理论认为学生的个体投入是影响学生创新创业能力发展的关键因素。创新创业教育的学习目标不是为了传授一套确定的技能和“真理”，而是为了让学习者实现行为方式和观察世界的方式的转换。多数学者如费尔德曼（Feldman）等认为传统的教学方法在教授创新创业方面在很大程度上是无效的，创新创业教育是将经验转化为学习的方式[④]，学生正是在整个知识创造的过程中转化了自我，创新创业教育学者强调在创新创业教育中首选体验式学习和参与式学习等方法。[⑤] 不同学者对创业教育的教学方式有着不同的描述，但其本质基本一致，都极为强调“体验式学习”，强调学生“边做边

①OINONEN E. Under pressure to become: from a student to entrepreneurial self[J]. Journal of youth studies, 2018, 21(10):1344-1360.

②TOUTAIN O, FAYOLLE A. Labour market uncertainty and career perspectives: competence in entrepreneurship courses[M]//MULDER M. Competence-based vocational and professional education. Cham: Springer International Publishing, 2017:988.

③TOUTAIN O, FAYOLLE A. Labour market uncertainty and career perspectives: competence in entrepreneurship courses[M]//MULDER M. Competence-based vocational and professional education. Cham: Springer International Publishing, 2017:988.

④FELDMAN J M. Towards the post-university: centres of higher learning and creative spaces as economic development and social change agents[J]. Economic & industrial democracy, 2001, 22(1):99-142.

⑤ILONEN S. Creating an entrepreneurial learning environment for entrepreneurship education in HE: the educator's perspective[J]. Industry and higher education, 2021, 35(4):518-530.

学”，这也与著名哲学家约翰·杜威（John Dewey）的经验哲学强调“做中学”是一致的。[①] 如此看，创新创业教育理论强调了学生个体在教育过程中的主体作用，强调了学生个体的参与及投入。

教师在学生发展过程中的重要作用是不言而喻的，教师对学生的学习过程和学习收获都有至关重要的影响，教师激发、激励学生参与以及教师与学生互动都是影响学生学习和收获的关键因素。[②] 在创新创业教育中，教师对学生创新创业能力发展的影响作用更为突出。因为创新创业教育强调学生的主动学习，教师就必须采用更具有社会建构意义的方法，鼓励学生在不确定和混乱的环境中冒险。如此，教师的角色就不再是知识的传递者，而是学生行动的鼓励者、促进者等。教师为学生提供的自主支持、情感支持等能提升学生的学习参与度，并为学生创设有助于其自主探索的学习环境。

在广义创业教育模式下学生的整个学习过程中，学习环境始终是能够显性或隐性地影响学生的关键资源。学习环境包括课程教学、制度、资源等。课程及教学是影响学生创新创业能力发展的最主要的学习环境，因为学生主要通过课程及教学进行学习。传统教育难以培养学生的创新创业能力，因为传统教育的课程教学多是知识本位，强调教授学生固定的知识，让学生掌握既定的理论及抽象概念。广义创新创业教育改革的重点就是课程及教学，强调通过能力本位（competence-based）的课程及教学培养学生的创新创业能力。能力本位的课程教学策略超越了传统的说教方式，[③]更为强调开放性及参与性。创新创业教育的课程及教学会充分考虑学生的经验，采用灵活的、情境性的、以学生为中心的方法，鼓励学生探索自我导向的学习行动，同时帮助学生了解如何掌握自主学习。[④] 学生在课堂中必须自主开展探索与行动，以解决教师提出的具有复杂情境性的问题，进而获得能力发展。教师在课程及教学中会

---

①PEPIN M. Enterprise education: a deweyan perspective[J]. Education + training, 2012, 54(8/9):801-812.

②DAY C. Competence-based education and teacher professional development[M]// MULDER M.Competence-based vocational and professional education. Cham: Springer International Publishing, 2017:165-182.

③CHEUNG C K. An overview of entrepreneurship education programmes in Hong Kong[J]. Journal of vocational education & training, 2008,60(3):241-255.

④MARTÍNEZ L, MUÑOZ J. Are andragogy and heutagogy the secret recipe for transdisciplinary entrepreneurship education? [J]. European business review, 2021,33(6): 957-974.

采用多种灵活的教学策略，目的是给学生提供充分的自主学习、自由探索的环境和机会，让学生能够以自己的方式充分参与学习。课程教学、制度、资源等环境因素并非孤立的，而是相互之间不断互动的，是相互适配的整体性架构，最终目的是为学生提供“自主支持”(autonomy-supportive)的学习环境，从而促进学生主动学习。创造有利的制度环境如文化建设、明确目标等[①]，同时配以适当的资源支持，才能够为不同学生创造开放性、包容性、多元化的互动环境，进而支持学生的自主发展。

整体而言，创新创业教育理论认为影响学生创业能力形成的因素为学生个体投入、教师支持、课程教学支持、环境支持，能力形成过程是学生、课程教学、教师、环境的互动过程。学校是促进学生创新创业能力发展的外因，为学生创新创业能力发展提供了教师、课程及教学、环境的支持；学生个体是自身创新创业能力发展的内因，学生个体学习投入能够在最大程度上决定能力发展程度。创新创业教育为学生自主发展提供了更为合适的支持性环境，进而促进学生自主行动，在行动中获得能力发展。

二、大学生发展理论

创新创业能力是面向全体大学生的，这一能力虽具有特殊性，但也是大学生成长与发展的结果，也是学生经过大学教育后应该获得的能力，所以创新创业能力影响因素与教育教学理论、学习理论也有着较强的联系，我们应该结合与大学生发展相关的理论对影响因素进行研究。大学生发展研究中最具影响力的理论为院校影响理论。大学生发展研究是人的发展理论在高等教育情景下的延伸和发展，兴起于20世纪60年代的美国心理学界，其基本目标是解释大学生在大学学习生活中是如何发展成为了解自我、他人及世界的成熟个体的。[②] 个体发展理论强调大学生就读期间的个人发展属于一种自主性发展过程，主要关注学生个体内在改变的内容、性质和个体内在影响因素，不太关注学校环境对学生发展的影响。随着研究的深入，20世纪70年代在个体发展理论的基础上逐渐形成了更为丰富和系统的院校影响理论，旨在论证大学是

①DAVEY T，HANNON P，PENALUNA A. Entrepreneurship education and the role of universities in entrepreneurship：introduction to the special issue[J].Industry & higher education，2016，30(3)：171-182.

②李湘萍，周作宇，梁显平. 增值评价与高等教育质量保障研究：理论与方法述评[J].清华大学教育研究，2013，34(4)：40-45.

如何对学生发展产生影响的。院校影响理论从高校对学生个体发展的影响入手，关注学生就读大学期间得到的能力提升及高校学习环境对学生发展的影响，将学生发展与学校环境、学生个体特征及学习行为联系起来，验证和剖析大学生发展过程中学校组织因素及学生个体因素的影响。①

大学生发展理论关注了学生个体和院校组织的背景性因素对学生发展的影响。院校影响因素理论模型中包含了个体信息、家庭背景、院校组织等背景性因素，各模型将学生性别、家庭经济地位、组织特征等作为影响大学生发展的重要因素。如史静寰②、周廷勇和周作宇③等人也都探究了背景性因素能够影响学生发展。虽然上述研究几乎都发现背景性因素的影响作用小于学生个体投入的影响作用，但也都证明了背景性因素对学生的能力成长有一定影响。所以，我们并不能忽视背景性因素对学生能力发展的影响。换言之，我们必须重视不同群体间的能力差异，探究不同群体创新创业能力的发展路径，进而为不同群体的能力培养提供个性化支持。

院校影响因素理论模型还认为学生个体投入是促进学生成长的关键要素。常见的大学生发展理论如佩斯(Robert C.Pace)的"努力的质量"(quality of effort)理论、阿斯汀的"学生参与"(student involvement)理论④、乔治·库(George Kuh)的"学生学习性投入"(student engagement)理论等，都认为个体投入能够促进学生成长。"努力的质量"指大学生在大学教育中所需要投入的有成效的时间和努力。"学生参与"指学生在学习或其他教育活动中所投入的时间和精力的总量。"学生学习性投入"与"学习参与"的内涵基本一致，主要包括两个层面的投入：行为维度(积极参与课堂、多元人际互动、个人努力学习等)、心理和情感维度(校园环境感受、校园满意度等)。⑤ "努力的质量"、"学生参与"和"学生学习性投入"三个概念虽然由不同研究者提出，但其内涵

①陆根书，刘秀英．大学生能力发展及其影响因素分析：基于西安交通大学大学生就读经历的调查[J].高等教育研究，2017，38(8)：60-68.

②史静寰，赵琳，王鹏，等．本科教育怎么样？[N].光明日报，2012-06-19(15).

③周廷勇，周作宇．高校学生发展影响因素的探索性研究[J].复旦教育论坛，2012，10(3)：48-55，86.

④ASTIN A W. The methodology of research on college impact, part one[J]. Sociology of education. 1970, 43(3)：223-254.

⑤KUH G D. Assessing what really matters to student learning: inside the national survey of student engagement [J]. Change: the magazine of higher learning, 2001，33(3)：10-17，66.

是基本一致的，对此阿斯汀和乔治·库也是认可的。[①]

院校影响理论模型也注重院校活动及环境投入对个体发展的影响。“生态学派”代表人物乔治·库提出了“高影响力教育活动”(high-impact educational practices)的概念[②]，史静寰团队将这一概念引入中国后，发现我国高校的高影响力活动主要为七类：“实习、社会实践或田野调查”“社会服务或志愿工作”“组织或加入学习团体”“在课程要求外，和老师一起做研究”“海外学习”“向专业学术期刊/会议投稿”“参加学术、创业或设计竞赛”。这类活动能激发学生学习的内部动机，通过增强学术自我效能和明确职业发展方向，增强学生学习的目的性和主动性，体现了建构主义和人本主义的教育内涵。[③] 在院校影响理论中还有一个关键的概念——院校支持，主要包括学校资源、环境等方面。如连志鑫和史静寰的研究中将院校支持分为8个方面：资金设施、教师教学、课外活动、教务管理、就业支持、师生交流、生生互助、学术科研。[④] 李硕豪将学校环境分为物质环境、精神环境和制度环境。[⑤] 周作宇将学校环境分为三类：校园学术环境（强调学科、学术和智力品质的校园环境）、校园实用环境（强调课程与个人的实用、强调发展职业与专业胜任力的校园环境）、校园人际环境（学校的人际关系氛围）。[⑥] 已有研究几乎都发现院校提供的活动、环境等都能够影响大学生的能力发展，我们在探究大学生创新创业能力时不能忽视这些因素的影响作用。

整体来看，已有研究较为认可背景性因素和学生个体投入、院校支持等因素对大学生创新创业能力的影响作用，但已有研究并未就学生个体投入、院校支持等因素的测量变量形成统一认识，我们需要进一步梳理和分析不同变量

①周廷勇，周作宇，杜瑞军．大学生发展的影响因素模型：一个理论构想[J].教育学报，2016，12(5)：68-80.

②KUH G D. High-impact educational practices: what they are, who has access to them, and why they matter[M].Washington：AACU，2008.

③文雯，初静，史静寰．“985”高校高影响力教育活动初探[J].高等教育研究，2014，35(8)：92-98.

④连志鑫，史静寰．院校支持对大学生学习与发展的影响机制研究：基于中国大学生学习与发展追踪调查(CCSS)数据的探索[J].教育发展研究，2020，40(23)：1-8.

⑤李硕豪．“拔尖计划”学生创造力发展影响因素实证研究[J].中国高教研究，2020(4)：51-58.

⑥周廷勇，周作宇．高校学生发展影响因素的探索性研究[J].复旦教育论坛，2012，10(3)：48-55，86.

对能力的影响作用。

第二节　背景性因素对大学生创新创业能力发展的影响

已有的大学生能力发展研究模型主要研究了家庭背景、院校类型、院校所在经济地区、年级、性别、学科等影响学生能力发展的背景性因素。对已有研究中的背景性因素进行分类，可以分为家庭背景因素、院校背景因素和学生个体背景因素三大类。已有研究发现，三类背景性因素对大学生创新创业能力发展有着不同的影响作用。

一、家庭背景对大学生创新创业能力发展的影响

在家庭背景方面，国内外已有较多研究证明家庭背景对学生创新创业的意向、态度、能力等有显著的影响作用。[①] 根据布迪厄（Pierre Bourdieu）的观点，家庭资本如家庭经济资本、社会资本、文化资本对学生的发展是有明显影响的。[②] 童星采用元分析的方法，纳入 41 项国内外定量研究数据，总共 59644 名大学生样本，探究了家庭背景对大学生学业表现的影响作用。研究发现，家庭资本对大学生学业表现有中等程度的正向促进作用，家庭社会资本的正向作用最明显，其次是文化资本，影响最小的是经济资本。[③] 杨立军和徐隽分析某高校 2015—2018 年“中国大学生学习与发展追踪研究”数据发现，大学生发展水平受个体人口学因素、家庭背景因素和生源地教育经济条件影响，其中家庭背景因素的影响最大。该研究发现城镇户籍、父母受教育程度、父母职业以及家庭收入这些家庭背景因素均对大学生发展水平有显著影响，其中父亲受教育程度的影响更大。也就是说，家庭背景越好越能促进大学生的综合发展。[④] 综合来看，已有研究都证明了学生拥有的家庭资本越多，则其自身发展

---

①AUKEN H E，FRY F L，STEPHENS P. The influence of role models on entrepreneurial intentions[J]. Journal of developmental entrepreneurship，2006，11(2)：157-167.

②高宣扬. 布迪厄的社会理论[M].上海：同济大学出版社，2004：149.

③童星. 家庭背景会影响大学生的学业表现吗?：基于国内外 41 项定量研究的元分析[J]. 南京师大学报(社会科学版)，2020(5)：49-59.

④杨立军，徐隽. 区域背景如何影响大学生发展：基于 CCSS 调查的大学生发展指数 GTWR 模型分析[J].高等教育研究，2021，42(2)：82-90.

水平越好，能力越强。故本研究应该考虑家庭背景对大学生创新创业能力的影响。

已有研究发现家庭所在地、家庭收入、父母文化水平、父母职业对大学生发展都有影响，但考虑测量的准确性和便利性，本研究放弃测量家庭收入、父母职业、父母文化水平等变量，因为这些变量存在多种情况选择，不便于让学生作答。本研究只测量家庭所在地（城市、农村），这一变量在一定程度上可以代表家庭背景情况，且具有较强的可操作性。因为根据中国的实际情况，城市学生有明显的家庭资本优势，如城市的学生拥有更多的文化资本、经济资本、教育资本等，城市学生的发展情况应该更好。已有研究也多次证明城市大学生的发展水平高于农村大学生，如梁春晓和沈红利用全国性的调查数据，发现城市籍大学生的创造力水平高于农村籍大学生。①

本研究利用家庭所在地（城市、农村）、父亲文化水平和母亲文化水平代表家庭资本，这些指标从不同侧面反映了家庭经济资本、社会资本、文化资本。后文中本研究的结果也证明了家庭资本对学生创新创业能力发展有显著正向影响，这与已有研究的结果也是基本一致的。

二、院校背景对大学生创新创业能力发展的影响

在院校方面，杨钋等利用“2008 年首都高校学生发展状况调查”的数据，比较了普通本科院校与高职高专院校学生的能力，发现高职高专院校学生在职业和心理素质方面相对优势显著，普通本科院校学生在公民素质方面自我评价较高。② 郑雅倩等分析全国范围内 6028 份大学生创新创业能力调查数据，发现一流大学建设高校、一流学科建设高校、普通本科高校等大学生的创新创业能力不存在显著差异。③ 本研究初步认为院校类型对大学生创新创业能力发展是有影响的，故将院校类型纳入测量及研究范围，期望比较本科与专科、研究型本科与应用型本科的大学生之间创新创业能力水平以及发展路径的差异。

①梁春晓，沈红．创造力对创业意愿的影响研究：城乡大学生的比较[J].科技管理研究，2021，41(9)：77-83.

②杨钋，许申．本专科学生能力发展的对比研究：基于“2008 年首都高校学生发展状况调查”相关数据的分析[J].教育发展研究，2010，30(5)：17-22.

③王洪才，郑雅倩．大学生创新创业能力测量及发展特征研究[J].华中师范大学学报（人文社会科学版），2022，61(3)：155-165.

三、学生背景对大学生创新创业能力发展的影响

在学生背景方面，已有研究已经发现性别、学科、年级、学业基础、学生干部经历、社团经历等都对大学生的能力发展有显著影响，具体分析如下。

在性别方面，不同研究的研究结果存在一定的差别。一方面，多数研究发现男生整体的创新创业能力高于女生。如亚辛（Yasin）等人对阿拉伯联合酋长国大学中的180名本科生接受创业教育前后的能力进行分析，发现在接受创业教育前、后男生的整体创新创业能力均高于女生，但女生的能力增长幅度是大于男生的，因为女生总体能力增长了8.36%，男生总体能力增长了7.66%。[①] 再如约翰森（Johansen）[②]等的研究结果都发现男性的创业能力整体强于女性。另一方面，有研究者对男生、女生创新创业能力中的具体能力进行分析，发现了新的结果。如王志军和武毅英利用浙江省10所"应用型建设试点院校"的问卷数据，分析应用型大学中不同性别学生创业能力的差异情况发现：在核心创业能力上，男生显著高于女生；在基本创业能力、社会应对能力和创业人格三项能力方面，男生和女生之间不存在显著差异。[③] 鉴于不同研究的结果并不完全一致，本研究不可忽视不同性别间的创新创业能力差异，应将男、女大学生的创新创业能力差异分析纳入研究范围。

在学科方面，不同的研究也有着不同的发现。一方面，有的研究发现不同学科间大学生的创新能力、创业意愿等存在显著差异。如马雷什（Maresch）等人利用GUESSS项目"全球大学创业精神学生调查"2011年奥地利23所大学的4585份研究数据，通过实证分析发现，创业教育对理工科和经管科学生的创业能力都有正向影响，但对经管科学生的影响更大。[④] 再如曹科岩等人

---

①YASIN N, KHANSARI Z. Evaluating the impact of social enterprise education on students' enterprising characteristics in the United Arab Emirates [J]. Education + training, 2021,63(6):872-905.

②JOHANSEN V. Entrepreneurship education and start-up activity: a gender perspective[J]. International journal of gender and entrepreneurship, 2013,5(2):216-231.

③王志军，武毅英. 应用型高校学生创业能力现状实证分析[J].高教发展与评估，2020,36(5):105-114,120.

④MARESCH D, HARMS R, KAILER N, et al. The impact of entrepreneurship education on the entrepreneurial intention of students in science and engineering versus business studies university programs[J].Technological forecasting and social change, 2016(4):172-179.

的研究发现经管类专业学生创业意向显著高于其他专业学生，医学类专业学生创业意向最低。[①] 另一方面，也有研究发现不同学科间大学生的创新创业能力不存在显著差异，如胡海青利用自编问卷对我国 438 名创业大学生的创业素养进行调查分析，发现不同专业不存在显著差异。[②] 此外，也有研究发现不同学科大学生在不同创新创业能力上的差异性不同，如王志军和武毅英的研究发现在核心创业能力上，理工类大学生显著高于人文社科类大学生；在基本创业能力、社会应对能力和创业人格三项能力方面，理工类大学生和人文社科类大学生之间不存在显著差异。[③] 整体来看，理工类的大学生创新创业能力可能更强，为证明这一猜想，本研究将分析理工农医与人文社科大学生的创新创业能力差异。

在年级方面，有的研究认为年级与能力呈线性关系，如罗云在研究中发现学生的学业能力随着年级升高而升高。[④] 但也有研究发现年级与能力并非线性关系，如杨立军和何祥玲利用某高校“中国大学生学习与发展追踪（CCSS）”2016 年调查数据探究大学生发展指数水平，发现大学生发展指数呈现曲线提升趋势，即一年级最低，四年级最高，但出现二年级和三年级差异不显著的“三年级停滞”现象。[⑤] 已有研究并未很好地回答不同年级大学生创新创业能力的水平情况，故本研究将年级纳入研究变量内，以分析大学生在大学期间创新创业能力发展变化规律。

在学业成绩方面，我们往往认为学业成绩代表了学生的认知能力，学生成绩与认知能力直接相关，而与非认知能力关系不大。但实际上已有研究发现学业成绩处于中等以上的学生，比学业成绩处于中等以下的学生拥有更强的

①曹科岩，尤玉钿，马可心，等．大学生创业意向及其影响因素调查研究[J]．高教探索，2020(1)：117-122．

②胡海青．创业素养调查及对高校创业教育的启示[J]．中国高教研究，2021(7)：49-54．

③王志军，武毅英．应用型高校学生创业能力现状实证分析[J]．高教发展与评估，2020(5)：105-114，120．

④罗云．本科生一般学业自我及相关因素研究：基于 5 所高校的调查[J]．中国大学教学，2012(8)：90-92，78．

⑤杨立军，何祥玲．大学生发展指数：结构与水平：基于 2016 年 CCSS 调查数据的分析[J]．中国高教研究，2018(12)：46-52．

非认知能力。[①] 也有研究发现学业成就与创造力显著正相关。[②] 创新创业能力是一种更倾向于非认知能力的综合能力，创新创业能力与学生的学业成绩应该也有某种关系，甚至应该是正向的关系。故本研究也将学生的学业成绩作为研究变量之一，进而分析拥有不同学业成绩的大学生创新创业能力的水平。

在学生社团参与经历方面，对大学生发展有重要影响的经历主要为社团和学生干部。如有研究发现担任过学生干部的大学生的创业意向显著高于未担任过学生干部的大学生，[③]有研究发现担任学生干部级别越高的大学生的就业能力就越强，[④]也有研究发现社团经历对创新创业能力增长存在边际递减效应。[⑤] 整体看，社团、学生干部的参与经历对大学生的发展都是有正向影响的。所以本研究将比较具有不同社团参与经历的大学生的创新创业能力发展水平，以及具有不同学生干部参与经历的大学生的创新创业能力发展水平。

第三节　过程性因素对大学生创新创业能力发展的影响

已有大学生能力发展研究认为学生个体投入、院校支持是影响大学生能力发展的重要过程性因素。学生个体投入往往分为学生的认知投入、行为投入等，院校支持主要分为教师支持、课程支持、环境支持等。这些过程性因素对大学生能力发展有着不同的影响作用。

一、个体学习投入对大学生创新创业能力发展的影响

英国高等教育质量保障总署（QAA）认为发展学生创新行动能力的关键是学生的主动学习模式（active learning mode），在这种模式中学生把问题和

①雷万鹏，李贞义. 非认知能力对初中生学业成绩的影响：基于 CEPS 的实证分析[J]. 华中师范大学学报（人文社会科学版），2021，60(6)：154-163.

②张淳俊，陈英和. 学业成就、创造力与跨学科概念图创作能力的关系[J].心理与行为研究，2010，8(1)：35-42.

③乐国安，张艺，陈浩. 当代大学生创业意向影响因素研究[J].心理学探新，2012，32(2)：146-152.

④李军凯. 大学生就业能力的结构及影响因素研究[J].中国青年研究，2012(11)：89-92.

⑤王洪才，郑雅倩. 大学生创新创业能力测量及发展特征研究[J].华中师范大学学报（人文社会科学版），2022，61(3)：155-165.

机遇当作创造性解决问题的工具，从而进行深入探索。[①] 创新创业教育的教学和学习活动依赖于建构主义范式。这种范式要求个人参与和反思，也就是说实现学习目标的前提条件是每一个学生都必须是积极的创造者，新知识是通过将新信息与先验知识联系后而创建起来的。[②] 这就意味着大学生个体在创新创业能力发展过程中应是占据主导地位的，学生自身的投入和参与才是能力发展的最根本因素。已有研究也发现学生学习性投入作为"过程"变量对学生学业收获的影响，比院校环境和学生家庭背景等"输入"因素的影响更大。[③] 所以在发展创新创业能力的过程中，大学生个体必须要有大量的投入。

学生个体投入被认为是促进学生成长的关键要素，这一结论已经得到普遍的认可。不论是创新创业教育理论，还是大学生发展理论，几乎都认为大学生个体投入是决定学生能力发展的内因。遗憾的是，不同学者对学生个体投入有着不同的分类界定方式。如乔治・库的"学生学习性投入"分为两个层面：行为维度（积极参与课堂、多元人际互动、个人努力学习等）、心理和情感维度（校园环境感受、校园满意度等）。[④] 佩斯基于"努力的质量"理论认为个体投入包括课程学习、写作经验、师生交往、同伴交往、课外活动参与等，涵盖了大学生就读期间几乎所有的学习行为。[⑤] 史静寰团队引入美国"全国大学生学习性投入调查"（NSSE）开发了"中国大学生学习性投入调查研究"测量问卷，将大学生学习性投入分为学业挑战度、主动合作学习水平、生师互动、教育经验丰富程度、校园环境支持度；课程的教育认知目标、课程要求的严格程度、课程学习行为、课程外拓展性学习行为、向学/厌学、自我报告教育收获、在校满意度。[⑥] 整体而言，这些研究较为关注学生行为层面的个体投入对学生发

---

①Quality assurance agency for higher education. Enterprise and entrepreneurship education: guidance for UK higher education providers[M].Gloucester:QAA,2012:19.

②ILONEN S. Creating an entrepreneurial learning environment for entrepreneurship education in HE: the educator's perspective[J]. Industry and higher education, 2021:35(4):518-530.

③王纾.研究型大学学生学习性投入对学习收获的影响机制研究：基于2009年"中国大学生学情调查"的数据分析[J].清华大学教育研究,2011,32(4):24-32.

④KUH G D. Assessing what really matters to student learning: inside the national survey of student engagement [J].Change: the magazine of higher learning, 2001,33(3):10-17,66.

⑤黄琼萃.大学生就读经验调查[D].上海:上海师范大学,2011:23.

⑥涂冬波,史静寰,郭芳芳.中国大学生学习性投入调查问卷的测量学研究[J].复旦教育论坛,2013,11(1):55-62.

展的影响，对学生个体投入分类较为全面。此外，也有不少研究探究了某些行为投入对学生发展的影响，具体如下。

博多利卡（Bodolica）等人研究发现学生的课堂学习、课外学习都可以显著影响学生的创新创业能力。[①] 国内学者如王烁[②]、周菲[③]等人发现课程学习、课外活动等学习行为对学生自我认知能力、组织领导能力、决策能力等都有正向影响。此外，不少学者也关注了学生的互动行为对能力发展的影响。如尼亚杜（Nyadu）等人都强调了生生互动在创业学习中的重要性，生生互动有助于塑造每个学生的态度和行为。[④] 生生互动促进了同辈学习，同辈可以在互动中看到"镜中我"，进而反思并改进自身，从而促进自身的发展与成长。如袁建林和张亮亮研究发现生生互动投入对领导能力、人际交往能力、团队合作能力等有显著促进作用[⑤]；哈达德（Haddad）和纳格帕尔（Nagpal）研究发现生生互动对批判性思维、创业自我效能感、创业意图都有积极影响。[⑥] 除生生互动外，师生互动也是一种重要的学习行为。已有研究发现师生互动投入对学生的自我认知与社会沟通技能[⑦]、创新精神[⑧]等都有显著促进作用。

随着互联网时代的到来，当代大学生的学习方式也发生了一定改变，学生开始大量利用手机、电脑等工具进行学习、互动，近年来的研究也开始关注工具学习对学生能力发展的影响。陆根书和刘秀英研究发现学生利用在线资源

---

①BODOLICA V, SPRAGGON M, BADI B. Extracurricular activities and social entrepreneurial leadership of graduating youth in universities from the Middle East[J].The international journal of management education,2021,19(2):1-11.

②王烁. 基于学生参与度的课程学习收获实证研究[J].高教探索,2017(5):49-53.

③周菲. 学习参与、能力发展与院校认同：基于四川省"双高计划"职业院校的调查数据分析[J].南京师大学报(社会科学版),2020(5):36-48.

④NYADU-ADDO R, MENSAH M. Entrepreneurship education in Ghana: the case of the KNUST entrepreneurship clinic[J].Journal of small business and enterprise development,2018(4):573-590.

⑤袁建林,张亮亮. 教育教学中的互动何以影响大学生能力发展：院校归属感的中介作用分析[J].大学教育科学,2020(4):105-112.

⑥HADDAD G, NAGPAL G. Can students' perception of the diverse learning environment affect their intentions toward entrepreneurship? [J].Journal of Innovation & Knowledge, 2021(3):167-176.

⑦陆根书,刘秀英. 大学生能力发展及其影响因素分析：基于西安交通大学大学生就读经历的调查[J].高等教育研究,2017(8):60-68.

⑧岳昌君,吕媛. 硕士研究生创新精神特征及影响因素分析[J].复旦教育论坛,2015(6):20-25,112.

等投入越多，学生自我认知、社会沟通技能发展越好。[①] 与之相反的是，有人认为当代大学生过度使用电子产品，已达到手机成瘾的程度，手机成瘾负向预测大学生学习投入。[②]

个体行为的形成是受到认知影响的，所谓“知是行之始，行是知之成”。我们在探究学生行为投入的时候，不得不考虑心理层面的因素。阿斯汀的“学生参与”理论在提出之初是承认大学生心理因素的，也提出了学生的学习动机、价值观等对大学生发展的影响假设，但有关大学生发展的心理因素探讨是在2003年以后。阿斯汀认为学生参与既是一种心理现象，也是一种物理现象。[③] 行为参与体现了学生的情感和认知参与，但情感和认知参与也可能根本没有表现出来，所以如果只评估学生在某些活动中的参与程度或频次，是难以全面测量学生投入的。2003年后阿斯汀在美国大学中开展了学生精神性(spirituality)发展的调查研究，探讨大学生内在的情感体验和生活信仰以及群体归属感等对大学生学习成果的影响。[④] 这些研究表明我们在探究大学生创新创业能力影响因素时，不仅需要关注行为投入，而且需要关注学生的认知投入。

雷(Rae)也关注大学生在创业教育中自主学习的认知层面因素。雷认为大学生在创业教育中自主学习的原因为兴趣或好奇心、计划学习、对机会的反应、对紧急或当前需要的认识等，这就是强调了大学生自主学习的动机。[⑤] 冈萨雷斯(Gonzales)等人发现目标定向对自我完善具有直接的推动作用，[⑥]也就是说成就目标作为动机是一种激励性的心理力量，促使人获得自我成长和发展。

上文梳理了行为学习投入、认知学习投入对学生创新创业能力的影响和

①陆根书，刘秀英.大学生能力发展及其影响因素分析：基于西安交通大学大学生就读经历的调查[J].高等教育研究，2017(8)：60-68.

②高斌，朱穗京，吴晶玲.大学生手机成瘾与学习投入的关系：自我控制的中介作用和核心自我评价的调节作用[J].心理发展与教育，2021(3)：400-406.

③ASTIN A W. Student involvemental theory for higher education[J]. Journal of college student development, 1999,40(5):519-523.

④ASTIN A W, ASTIN H S, LINDHOLM J A. Cultivating the spirit: how college can enhance students' inner lives[M].San Francisco, CA: Jossey-Bass, 2011:12-26.

⑤RAE D. Action learning in new creative ventures[J]. International journal of entrepreneurial behaviour and research, 2012,18(5):603-623.

⑥GONZALES M H, BURGESS D J, MOBILIO L J. The allure of bad plans: implications of plan quality for progress toward possible selves and postplanning energization[J]. Basic and applied social psychology, 2001(2):87-108.

作用，但有些学习投入是兼具行为和认知两个层面的综合性学习投入，如反思性学习。在创新创业教育中，学生是主动行动者，学生在行动前、行动中、行动后都离不开自我反思，因为学生只有在反思中才能不断修正行动目标、路径、具体行动等。反思学习是一种主动的与建构性的学习过程，是学生自我教育的重要策略，如已有研究发现自我反思对自主发展有显著的正向作用。[①] 也有研究发现反思学习与能力收获（如表达能力、批判性思维等）、自我收获（如自我发展规划、自我认知等）显著正相关。[②]

综上所述，个体学习投入大致可以分为学习认知投入（如自我效能感、学习动机）、行为投入（如课程学习、课外活动学习、生生互动、师生互动、利用工具学习）、反思性学习等不同类型。已有研究均在一定程度上探讨了这些因素对学生发展的影响，我们在探究大学生创新创业能力影响因素时，也不能忽略这些关键影响因素。

二、院校支持对大学生创新创业能力发展的影响

院校层面的因素大致可以分为教师、课程教学、环境三个方面，已有研究分析了这些因素对学生发展的影响和作用。

教师在促进学生主动学习过程中有着不可推卸的责任，教师应为学生提供自主支持、情感支持、能力支持，[③]以满足学生在自主探索和行动过程中的不同需要。如梅红等人发现教师提供的人际支持对学生的创新行为具有显著的影响[④]；雷万鹏等人研究发现学生感知的情感支持、人际支持等教师支持，均可以显著正向影响学生的学习毅力、交往能力、开放性等非认知能力和心理素质。[⑤] 教师的自主支持能够给予学生充分的自主发展空间，情感支持能够给予学生充分的尊重、理解与关怀，能力支持能够给予学生鼓励并帮助学生确

---

①SUTTON A. Measuring the effects of self-awareness: construction of the self-awareness outcomes questionnaire [J].Europe's journal of psychology, 2016(4):645-658.

②查奇芬，胡蕾，汪云香. 大学生课外时间分配特征及对学习收获的影响：基于2016年J大学学情数据的调查分析[J].高教探索，2017(7):44-49.

③迟翔蓝. 基于自我决定动机理论的教师支持对大学生学习投入的影响机制研究[D]. 天津：天津大学，2017.

④梅红，任之光，冯国娟，等. 创新支持是否改变了在校大学生的创新行为？[J].复旦教育论坛，2015(6):26-32.

⑤雷万鹏，李贞义. 教师支持对农村留守儿童非认知能力的影响：基于CEPS数据的实证分析[J].华中师范大学学报（人文社会科学版），2020(6):160-168.

定发展目标，这些教师支持能够创设支持学生自主发展环境，让学生有机会、有勇气进行自我探索和发展。

创新创业教育是强调“学习范式”的全新教育模式，改革重点就是课程及教学。创新创业教育须为大学生设置符合发展需求的课程，激励高水平的教师采用创新的教学方式，提高学生的课程学习参与程度。融合专业教育的课程学习是影响大学生创新创业能力的重要发展途径，课程及教学活动是影响大学生创新创业能力的关键因素。创新创业教育的教学方式超越了传统的说教方式，①强调学生的主动参与、自主行动和基于经验发展能力。简言之，教师教学水平、创新教学方式、课程教学管理是影响学生创新创业能力发展的课程教学要素。

在创新创业教育中，学生作为主动行动者，除了需要教师、课程教学为其创造支持性环境外，也需要制度、资源等环境支持。如有些学校为本科生提供了导师制，可以促进师生互动学习投入，促使学生获得更多的教师支持，保障学生获得学业规划、职业规划等方面的指导，这种制度就为学生的自我发展和探索提供了制度性的支持。再如有些学校为学生的自主学习提供了较为丰富的学习资源，让学生感受到学校支持自由探索的学习氛围，促使学生发挥自身的主动性和创新性。可以说，制度、资源等环境支持能够直接或间接地促进学生个体的发展。吉尤尔(Gieure)通过理论分析认为学习环境对学生创新创业能力有直接影响和间接影响，他调查了 34 个国家 74 所大学的 276 位大学生，经过数据分析后却发现大学环境不能直接影响学生创业能力的发展，而是间接影响创业能力的发展。② 培养学生创新创业能力需要充分发挥学生的主体性、自主性、能动性，让学生在行动中不断探索、反思、互动等，从而认识自我并发展自我。如此，院校应为大学生提供基于“需求模式”的自主学习环境。

综上所述，本研究在系统梳理创新创业教育理论及大学生发展理论的相关研究后，发现影响大学生创新创业能力的因素主要分为两大类：背景性因素和过程性因素(见图 2-1)。探究背景性因素与创新创业能力的关系，可以分析不同群体大学生创新创业能力的水平、差异等，进而为探究不同群体大学生

①CHEUNG C K. An overview of entrepreneurship education programmes in Hong Kong[J].Journal of vocational education & training,2008(3):241-255.

②GIEURE C, DEL MAR BENAVIDES-ESPINOSA M, ROIG-DOBÓN S. Entrepreneurial intentions in an international university environment[J].International journal of entrepreneurial behavior & research,2019(8):1606-1620.

创新创业能力发展路径提供基础。探究过程性因素与创新创业能力的关系，可以发现个体、院校这些因素在学生能力发展中的作用机制，进而为创新创业教育的实施提供建设性建议。

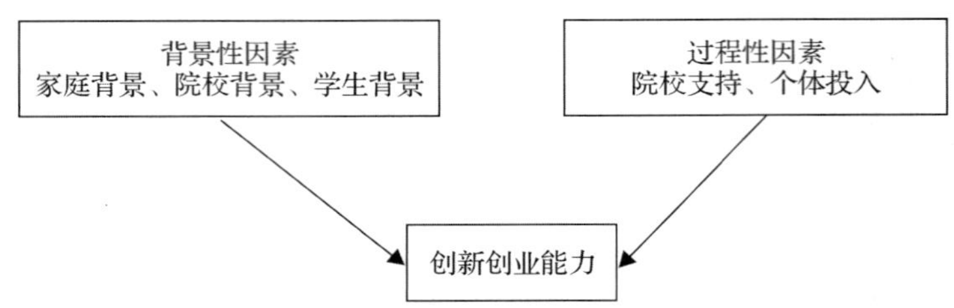

图 2-1 影响大学生创新创业能力发展的两大因素

本研究构建了大学生创新创业能力影响因素框架（见图 2-2），后续研究将对这些因素的影响作用进行具体的实证性分析，以探究这些因素是否能够影响大学生创新创业能力发展，以及如何影响大学生创新创业能力发展。

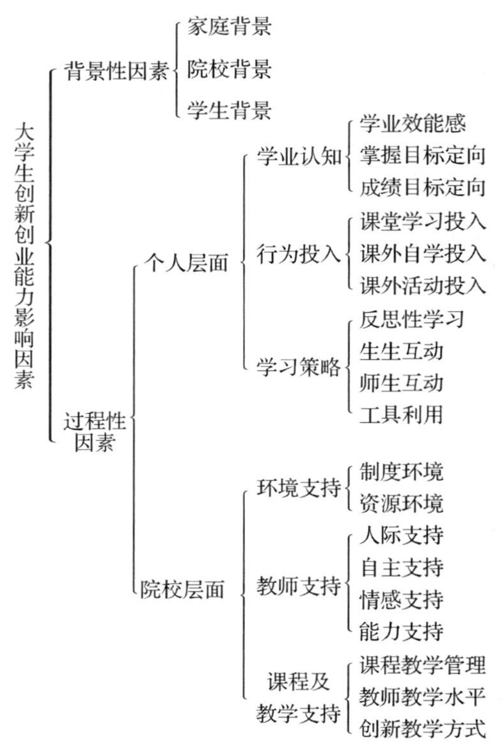

图 2-2 大学生创新创业能力影响因素框架

第三章

大学生创新创业能力研究的设计思路与调查工具

本章论述了本研究的研究内容、研究方法、研究资料、研究工具等，即本研究拟用何种研究方法解决什么问题、如何获取研究资料等。

第一节　大学生创新创业能力研究的设计思路

研究问题决定了本研究的研究内容。本研究围绕一个关键问题——大学生创新创业能力受哪些因素的影响和制约，对研究问题进行深入剖析，期望能够破解不同类型高校创新创业教育人才培养难题。在确定研究问题后，本研究决定采用量化为主的研究方法，以解决本研究的研究问题。

一、大学生创新创业能力研究的基本内容

当前，不同类型高校在创新创业教育上投入了大量的人力、物力和财力，尤其是近几年的投入更是不断增加，但是不同类型高校如何实施创新创业教育，不同类型高校的学生创新创业能力究竟处于什么水平，不同类型高校学生创新创业能力都受到哪些因素的影响，这些问题并未得到很好的实证解答。要提高全体大学生创新创业能力水平，深入推进不同类型高校创新创业教育特色化发展，就必须回答上述问题，故本研究拟解决以下问题。

首先，当前不同类型高校大学生创新创业能力现状是什么样的？具体而言，一是不同类型高校大学生整体的能力状况，与全国大学生创新创业能力相

比，某一类型高校的大学生创新创业能力是否存在差异；二是某一类型高校中不同背景的大学生创新创业能力状况，如不同家庭背景（家庭所在地、父母受教育程度等）、不同学生背景（性别、年级、学科、学业成绩等）的大学生创新创业能力水平现状、差异等。探究创新创业能力现状，一方面能够描绘当前不同类型高校大学生创新创业能力水平的基本图景，另一方面能够为进一步探究不同类别学生的创新创业能力影响因素提供起点。

其次，大学生创新创业能力影响因素在不同类型高校中处于何种状况？通过前文的文献综述，研究发现影响大学生创新创业能力发展的过程性因素主要为个体投入和院校投入。这两类影响因素究竟处于何种水平？个体投入是否存在不足？院校投入能否满足学生创新创业能力发展的需求？回答这些问题，能够科学判断不同类型高校创新创业教育的投入情况，进而帮助不同类型高校调整创新创业教育策略。

再次，个体投入和院校投入这两类过程性因素如何影响不同类型高校大学生创新创业能力？个体投入的因素主要为学业认知、行为投入、学习策略，院校投入的因素主要为环境支持、教师支持、课程及教学支持。这些不同的因素对不同类型高校大学生创新创业能力是否有影响？其影响程度是否一致？回答这些问题，能够系统描绘不同类型高校大学生创新创业能力影响因素的体系框架，进而为不同类型高校创新创业教育的改进提供方向。

最后，本研究期望能够在回答上述三个问题的基础上，结合不同类型高校现有的创新创业教育措施，为不同类型高校创新创业教育的深入推进提供建设性意见和建议。

回答这些问题需要一系列的研究：一是凝练当前不同类型高校创新创业教育的主要举措；二是研制大学生创新创业能力的影响因素问卷；三是大规模测量当前不同类型高校大学生创新创业能力及影响因素；四是利用数据分析不同类型高校大学生创新创业能力及影响因素的水平、作用机制等。

二、大学生创新创业能力研究的基本方法

本研究采用量的研究取向。因为量化研究可以描述总体的分布、结构、趋势及其相关特征，揭示变量之间的关系，验证已有理论假设等。[①] 本研究期望

①风笑天．定性研究与定量研究的差别及其结合[J]．江苏行政学院学报，2017(2)：70-76．

探究大学生创新创业能力现状、大学生创新创业能力影响因素现状、大学生创新创业能力与影响因素之间的关系，故本研究更适合采用量化研究方法。

本研究主要使用的数据分析软件为 SPSS 25 和 AMOS 22。在研制研究工具阶段，本研究利用 SPSS 25 软件进行项目分析、共同方法偏差检验、KMO 检验、Bartlett's 球形检验、探索性因子分析等；利用 AMOS 22 软件进行验证性因素分析，以确定研究工具的信效度。在数据分析阶段，本研究利用 SPSS 25 软件进行单因素方差分析、独立样本 *T* 检验、Pearson 相关分析、回归分析等，以描述大学生创新创业能力水平，分析不同群体大学生创新创业能力的差异，以及验证不同影响因素对大学生创新创业能力的影响作用等。需要指出的是，在回归分析中，使用虚拟变量对类别变量进行重新编码：在城乡变量中，城市＝1，农村＝0；在父母受教育程度变量中，父亲接受过高等教育＝1，未接受过高等教育＝0，母亲接受过高等教育＝1，母亲未接受过高等教育＝0；在性别变量中，男性＝1，女性＝0；在年级变量中，以大一作为参照组；在学科变量中，理工科＝1，人文社科＝0；在学业基础变量上，以学业成绩在前 25％的同学作为参照组；在学生干部经历变量上，以不具有学生干部经历的同学作为参照组；在社团经历变量上，以不具有社团经历的同学作为参照组。在事后多重比较检验中，首先进行方差齐性检验，若方差齐性则采用 LSD 方法进行检验；若方差不齐，则采用 Tamhane's T2 开展检验。

第二节　大学生创新创业能力研究资料的收集过程

本研究面向全国 19 所高校发放“大学生（创新创业）能力发展及学习体验”调查问卷，收集了不同区域、不同类型高校的数据。同时，本研究确定了 5 所大学作为研究案例，进而对三类高校的研究数据进行重点分析。

一、大学生创新创业能力研究的基本资料收集

为科学、准确、全面测量全国大学生创新创业能力状况，本研究根据八大经济区域[①]划分，在不同经济分区内按照高校数量的 1％取样，初步计划取样

---

①李硕豪，魏昌廷．我国高等教育布局结构分析：基于 1998—2009 年的数据[J]．教育发展研究，2011(3)：8-13.

27所高校。本研究不仅考虑高校水平、类型、层次、性质等，同时也要考虑研究者能够联系到中间人协助发放问卷，在此前提下确定了27所高校的名单。但在施测时由于部分高校难以发放问卷，最终本研究测量了包含大连理工大学、扬州大学等在内的19所高校。东部沿海地区、西北地区和西南地区如期完成了取样数量指标，南部沿海地区超额完成了取样数量指标，东北地区、北部沿海地区、黄河中游地区、长江中游地区未完成取样数量指标。针对未完成取样的地区，在发放问卷时尽量增加单所院校问卷数量，以弥补高校取样数量的不足。

在每所高校具体施测时，考虑文、理、工、管、医等各个学科，并考虑年级分布，初步计划在每个学科回收100份问卷，每所学校回收500份左右，共计12000份。在问卷回收后，对问卷质量进行严格审核，最终共标记了9803份有效问卷，有效率为81.7%。

二、大学生创新创业研究的典型案例选取

当前已有研究在探究不同类型高校时，多是将高校分为研究型大学、应用型大学、高职院校等，[①]本研究也采用了这一分类方式，对三类高校的创新创业教育进行探讨。在探究研究型大学创新创业教育时，本研究将两所研究型大学——DL大学、DZ大学作为研究案例。在探究应用型大学创新创业教育时，将AH大学作为研究案例。在探究高职高专院校的创新创业教育时，将ZJ学院和LD学院作为研究案例。

从东中西地域分布看，DL大学处于东部，DZ大学处于西部，选取这两所高校便于综合分析东西部研究型高校间创新创业教育现状；ZJ学院处于东部，LD学院处于西部，选取这两所高校便于综合分析东西部高职高专院校间创新创业教育现状；AH大学处于中部，更能代表全国应用型大学的状况。通过对比不同区域的高校创新创业情况，更能够全面把握全国高校创新创业教育的现状。从学科分布看，本研究选取的三类五所高校多是学科较为齐全且特色化学科鲜明的高校，如此便于分析不同学科间大学生创新创业能力的差异情况。从高校创新创业教育特色看，本研究选取的案例高校重视创新创业教育，实施了较为有效的创新创业教育举措，且取得了一定教育成效。从问卷

① 宋跃芬，潘文华，田起香，等. 国内创新创业教育评价研究现状及主题述评[J].黑龙江高教研究，2020，38(6)：126-131.

数量及质量看，本研究选取的五所案例高校的问卷数量较多，作答质量较高，符合测量学的要求。

第三节　大学生创新创业能力研究的工具运用

本研究使用了两个测量工具，分别为“大学生创新创业能力量表”和“大学生创新创业能力发展影响因素问卷”。经过小样本测试、大样本测试，两个量表的信效度均较好，适合用于测量大学生创新创业能力水平及大学生创新创业能力影响因素。将两个量表合并为“大学生（创新创业）能力发展及学习体验”问卷，作为本研究的测量工具。

一、大学生创新创业能力量表

“大学生创新创业能力量表”（附录一）由国家自然科学基金“大学生创新创业能力评价体系与结构模型研究”课题组研制。该量表由 7 个分量表（目标确定能力量表、行动筹划能力量表、果断决策能力量表、沟通合作能力量表、把握机遇能力量表、防范风险能力量表、逆境奋起能力量表）构成，共计 93 个题目。利用 10 余所大学的 1811 名大学生的有效数据，进行信度分析、探索性因子分析及验证性因子分析，发现该量表具有良好的信效度，适宜测评中国大学生创新创业能力发展状况。

本研究使用了“大学生能力发展”（见附录二第二部分）作为大学生创新创业能力量表的简版，对创新创业能力的 7 个二级指标进行测量。因为本研究在测量大学生创新创业能力时，需要同时测量大学生创新创业能力影响因素，若使用能力原版量表则会题项过多，导致答卷质量下降。简版的大学生创新创业能力量表由 7 个分量表（目标确定能力量表、行动筹划能力量表、果断决策能力量表、沟通合作能力量表、把握机遇能力量表、防范风险能力量表、逆境奋起能力量表）构成，共计 51 个题项。为验证简版量表的信效度，利用大样本数据即 9803 份有效问卷，进行项目分析、信度分析和验证性因子分析。

在项目分析时，极端组比较法的分析结果显示，不同维度上所有题项均达到显著（$p<0.001$）；题总相关方法的分析结果显示，不同题项与分问卷总分的相关系数均达到显著水平（$p<0.001$），各题项与分问卷总分的相关系数在 0.445 至 0.791 之间。项目分析结果显示，各维度中的题项都有较好的区分

度和同质性。

在信度分析时，分别对7个分量表和总量表进行信度检验，结果显示7个分量表的Cronbach's α系数在0.803至0.889之间，总量表的Cronbach's α系数为0.963。结果表明7个分量表和总量表的信度良好，符合心理测量学要求。

在验证性因子分析时，结果显示除χ^2/df略大于5外，NFI、IFI、TLI、CFI、GFI均大于0.9，RMSEA小于0.8，说明创新创业能力模型的拟合程度良好。各题项的因子载荷均显著($p<0.001$)，各指标构成题项载荷均大于0.5，7个二级能力指标彼此呈显著正相关关系。进一步分析各个指标的相关系数，发现除防范风险能力与果断决策能力的相关系数为0.594，极为接近0.6外，其他的相关系数均大于0.6，说明这7个潜在变量还可以被另一个潜在变量所解释。故将7个能力各自的平均分作为观测变量，将创新创业能力作为潜变量，再次做验证性因子分析，并根据MI值修正模型，最终模型见图3-1。

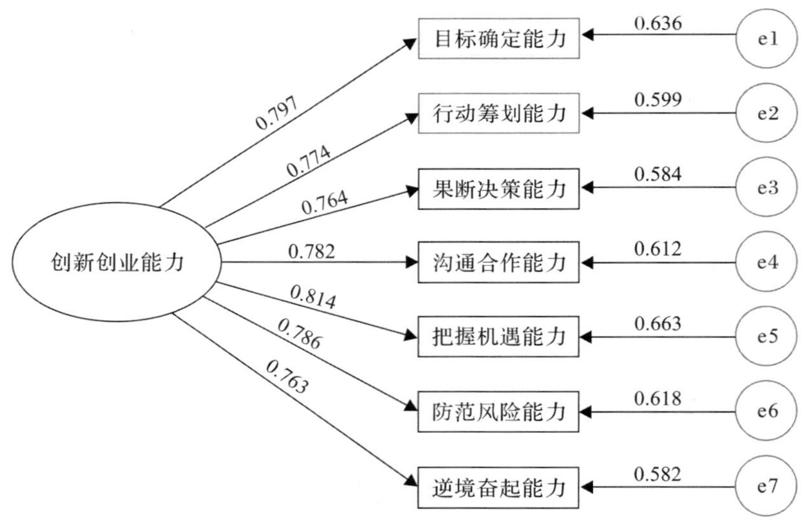

图3-1 创新创业能力验证性因子分析路径图及标准化系数

综上所述，信效度分析结果显示简版的大学生创新创业能力量表具有良好的信效度，适宜测评大学生创新创业能力发展状况。

二、大学生创新创业能力影响因素问卷

已有研究虽然已经探究了大学生创新创业能力影响因素，但并未形成被

公认的测量工具。另，本研究在理论探究和田野调查中也发现了其他影响因素，但并未找到成熟的或适切的测量工具，故本研究在访谈记录和已有问卷的基础上，遵循简明性、客观性、准确性、适切性和系统性的原则，编制了“大学生创新创业能力影响因素问卷”的初版。该问卷由学生个体投入、教师支持、课程教学支持、环境支持四个分问卷构成，共计 134 个题目。

为修订该问卷，本研究进行了小样本测试，在宁波 4 所不同类型高校发放并回收 704 份有效问卷，之后对数据进行了项目分析、信度分析和探索性因子分析。在项目分析时，极端组比较法的分析结果显示，不同维度上所有题项均达到显著（$p<0.001$）；题总相关方法的分析结果显示，不同题项与分问卷总分的相关系数均达到显著水平（$p<0.001$），各题项与分问卷总分的相关系数为 0.42～0.78。项目分析结果显示，各维度中的题项都有较好的区分度和同质性。在信度分析时，所有影响因素分问卷及总问卷的 Cronbach's α 系数均大于 0.8，这说明 4 个分问卷和总问卷的信度较高，可以用于测量被研究变量。在探索性因子分析时，所有分问卷的 KMO 均大于 0.8，Bartlett's 球形检验结果显著，之后利用主成分分析法进行因子分析，使用最大方差法进行旋转，以特征值大于 1 为标准初步确定因子数量，并根据因子载荷量大小删减部分题项。最终，个体投入问卷保留 10 个维度，分别为“学业自我效能感”“掌握目标定向”“成绩目标定向”“课堂学习”“课外自学”“课外活动”“生生互动”“师生互动”“反思学习”“工具利用”；教师支持问卷共得到 16 个题项，包含“人际支持”“情感及能力支持”“自主支持”3 个维度；课程及教学支持问卷共得到 15 个题项，包含“课程教学管理”“教师教学水平”“创新教学方式”3 个维度；环境支持问卷共得到 6 个题项，包含“资源支持”“制度支持”2 个维度。经过修订后，形成了“大学生创新创业能力影响因素问卷”的成熟版，见附录二第三部分。

为进一步验证问卷的信效度，本研究利用 15 个省区市 19 个院校中有效回收的 9803 份问卷的大样本数据，进行共同方法偏差检验、信度分析和验证性因子分析。在共同方法偏差检验时，Harman 单因子检验结果显示所有题项在分析探索性因子后得到 17 个特征根值大于 1 的因子，共解释了 63.77% 的变异。第一个因子的解释变异量为 27.33%，小于标准 40%，说明本研究数据不存在严重的共同方法偏差。在信度分析时，4 个分问卷和总问卷的 Cronbach's α 系数均大于 0.9，说明该问卷的信度较高，可以用于测量被研究变量。在分析验证性因子时，个体投入、教师支持、课程及教学支持、环境支持的

模型拟合程度均较好（RMSEA 小于 0.1，NFI、IFI、TLI、CFI、GFI 的值均大于 0.9），“成绩目标定向”与“个体投入”的标准化因子系数仅为 0.097，故删除这一测量变量，其余测量指标的标准化因子系数均大于 0.5，所有题项的因子载荷均显著（$p<0.001$），不再删除指标和题项。

综上所述，经过编制、小样本测试、大样本测试，并在分析信效度后，我们发现“大学生创新创业能力影响因素问卷”的信效度良好，可以作为大学生创新创业能力影响因素的科学测量工具。该问卷由个体投入、教师支持、课程及教学支持、环境支持 4 个分问卷组成，共计 80 个题目。

第四章

研究型大学学生创新创业能力培养及其成效

研究型大学承担着培育创新型领军人才、推动国家创新驱动发展的历史重任。① 研究型大学通常具备本、硕、博的培养层次体系，在我国以“985 工程”和部分“211 工程”大学为主体。② 本研究选取了我国两所研究型大学(DL 大学、DZ 大学)为案例进行分析。DL 大学(1949 年建校)和 DZ 大学(1956 年建校)均为国家“985 工程”和“211 工程”重点建设高校，并于 2017 年进入国家建设“世界一流大学”A 类高校行列，2022 年入选国家第二轮“双一流”建设高校名单，因此两所学校均为研究型大学的典型代表。在创新创业教育上，两所学校进行了多年的探索和实践，具有丰富的创新创业人才培养经验，均获评全国首批创新创业典型经验高校、全国首批高校实践育人创新创业基地、全国首批深化创新创业教育改革示范高校，两所学校可以称为全国创新创业教育工作的典型代表。相比应用型大学和高职高专院校，研究型大学办学时间长，办学经费充足，具有更好的创新创业教育条件和资源，我国早期的创业教育探索也主要在办学条件好的研究型大学展开，③因此，对两所研究型案例大学创新创业教育经验的挖掘将为各类高校深化创新创业教育改革、培育创新创业拔尖人才提供重要借鉴。

---

①李晓红.研究型大学助推国家创新驱动发展[J].中国高等教育，2015(2):18-20.

②潘懋元，董立平.关于高等学校分类、定位、特色发展的探讨[J].教育研究，2009，30(2):33-38.

③余潇潇，刘源浩.基于三螺旋的研究型大学创新创业教育模式探索与实践[J].清华大学教育研究，2016，37(5):111-115.

第一节　两校实施创新创业教育的主要举措及特色

本部分主要聚焦案例高校实施创新创业教育的主要举措，主要通过中国知网、案例高校官网等多种渠道进行资料搜集。

一、健全创新创业教育管理机制，保障创新创业教育可持续运行

通过资料搜集发现案例高校通过组建专门管理机构、制定管理和激励制度、完善创新创业教育支持体系等方式健全创新创业教育管理机制，保障创新创业教育可持续发展。

（一）组建专门管理和实施机构，推动创新创业教育工作有序开展

近年来，两所案例高校将创新创业教育提高到学校发展的战略高度，积极贯彻落实国家关于创新创业教育改革的相关政策，均成立创新创业教育工作领导小组进行顶层设计，形成了多部门齐抓共管、密切配合的联动协调机制，推动创新创业工作的有序开展。① 同时成立实体性机构——创新创业学院进行创新创业教育的组织和管理，推动了创新创业教育工作的专门化、规范化和可持续发展。DL 大学的创新创业学院前身为创新实验学院，因此创新创业学院更加强调创意和创新，确立了“创意、创新、创业”三创融合理念。② DZ 大学创新创业学院是高校与政府共建创新创业学院的典型代表，更加强调创业教育，打造集创业教育、创业投资、创业交流服务于一体的创新创业平台。③

（二）制定管理和激励制度，提高师生参与创新创业的积极性

1. 制定创新创业教师管理和激励制度

创新创业教育的实施主要依靠教师，为提高教师从事创新创业教育工作

---

①陈算册，冯林，李航，等.高校创新创业教育生态系统的构建与实践[J].实验室科学，2021，24(4)：217-222，227.

②陈算册，冯林，李航，等.高校创新创业教育生态系统的构建与实践[J].实验室科学，2021，24(4)：217-222，227.

③DZ 大学 2020—2021 学年本科教学质量报告[EB/OL].(2021-12-14)[2022-07-25].https://xxgkw.uestc.edu.cn/info/1080/4241.htm.

的积极性，两所高校制定了一系列创新创业教师管理和激励制度，将创新创业教育工作与教师职业发展相结合。DL 大学出台了《教师指导大学生竞赛工作量量化及奖励办法》等配套制度文件，依据指导项目和竞赛的数量对指导教师给予工作量的奖励，并纳入教师考评及职称晋升中。[①] DZ 大学也出台了教师指导大学生参加创新创业大赛的相关奖励办法，对获得国赛金奖项目的指导教师团队进行奖金、课时量等方面的奖励，对指导教师个人给予抵扣一项省级教学改革项目的奖励。

2. 制定创新创业学生管理和激励制度

创新创业教育发挥作用的关键是充分调动学生参与的积极性。为鼓励学生积极参与创新创业教育工作，两所高校建立各类管理和激励制度：一是创新创业学习管理制度。建立灵活的选课和免听制度、弹性学制、学分转换制度等。二是创新创业奖励制度。建立创新创业计划评奖制度，推免研究生优先制度，对获国赛金奖项目的学生给予奖金奖励和抵扣科研论文奖励。三是本科生参加科研制度。建立实验室和实验教学中心向本科生开放的制度、本科生早期进入科研平台与课题组制度、研究生导师指导本科生科研制度等。[②]多种激励政策激发了学生创新创业动力，形成了浓厚的创新创业氛围。

3. 制定创新创业工作管理制度

加强创新创业训练过程性指导监督，建立全流程管理体系。DL 大学针对大学生创新创业训练计划制定了全过程管理制度，同时在二级院部层面制定具体管理制度。DZ 大学创新创业中心出台了创新创业中心孵化服务政策、创业扶持政策、项目扶持与管理办法、团队入驻与管理办法、入驻团队考核制度等管理制度文件。

（三）完善创新创业支持体系，营造创新创业服务环境

1. 推进政校合作，提供政策资源支持

政府通过构建支持高层次人才创新创业的制度环境和公共服务体系，提供政策资源支持，与高校联动共同引导和推动创新创业教育发展。2016 年，DZ 大学和成都市政府签署了《深入推进全面创新改革 共建世界一流大学战

---

①陈yon册，冯林，李航，等.高校创新创业教育生态系统的构建与实践[J].实验室科学，2021，24(4)：217-222，227.

②朱泓.DL 大学实施大学生创新创业训练计划报告[J].中国大学教学，2015(1)：75-78.

略合作框架协议》，双方将充分发挥成都市政策、资源等优势和DZ大学科技、人才、教育等优势，共同推进科技成果转化，共同推进创新资源开放共享。①DL大学地处大连市高新技术产业园区（以下简称高新区），大连高新区是国务院批准设立的首批国家级高新技术产业园区，获评"国家双创示范基地""国家创新人才培养示范基地"等荣誉称号。② 2016年以来，大连市出台了若干创新创业支持政策，如《大连市高校大学生创业补贴实施细则》等；大连高新区管理委员会也出台了若干鼓励大众创新创业的政策措施。③

2. 推进校企合作，提供基金和服务支持

一是引入创新创业基金。依托"π空间"创业孵化基地，与多个风投机构设立创业风险基金，并且校企联合出资成立创意创新创业基金种子基金。④二是提供服务支持。一方面校外合作服务公司定期提供驻场支持，为创业大学生提供专业化的工商财税及法律培训和服务，引导和推动创业孵化；⑤另一方面聘请创业成功者、风险投资人等组成创业导师库，开设课程和讲座，指导创新创业竞赛。

二、探索创新创业人才培养模式，提升创新创业人才培养质量

创新创业人才培养模式体现着案例高校创新创业教育的核心思想。经过梳理，我们发现案例高校通过全面修订人才培养方案、开展课程教学改革等方式探索创新创业人才培养模式，提升创新创业人才培养质量。

（一）全面修订人才培养方案，融入创新创业教育理念

为贯彻国务院办公厅《关于深化高等学校创新创业教育改革的实施意见》（国办发〔2015〕36号），研究型大学纷纷印发了深化创新创业教育改革方案，

---

①DZ大学与成都市政府签署全面深化战略合作协议[EB/OL].(2019-10-10)[2022-07-25]. http://www.zs.uestc.edu.cn/view/311.html.

②大连高新技术产业园区概况[EB/OL].(2022-08-07)[2022-08-08]. https://www.dl-hitech.gov.cn/yqgk/gk/content.html.

③陈寡册，冯林，李航，等.高校创新创业教育生态系统的构建与实践[J].实验室科学，2021，24(4)：217-222，227.

④陈寡册，冯林，李航，等.高校创新创业教育生态系统的构建与实践[J].实验室科学，2021，24(4)：217-222，227.

⑤陈寡册，冯林，付冬娟，等.高校创新创业教育存在的问题与对策探析：以DL大学创新创业学院为例[J].创新创业理论研究与实践，2020，3(17)：24-27.

首要措施就是修订人才培养方案，健全创新创业教育课程体系。2016 年，DZ 大学启动全面修订本科人才培养方案工作，明确了“培育学术精英、行业精英和创业精英”的人才培养目标；专门设置创新创业教育相关模块；设立“创新创业辅修专业”，实现交叉复合型创新创业人才培养。① DL 大学在人才培养方案中规定大学生创新创业训练计划项目通过结题验收后可计 3 学分；②从 2016 级本科生开始，要求学生修满 2 学分创新创业类必修课。③

（二）开展创新创业课程教学改革，夯实创新创业教育基础

1. 建立创新创业教育课程体系

创新创业教育课程体系是高校创新创业教育生态系统的核心和创新创业教育最基本的载体。一是建立“3＋X”创新创业教育课程体系。DZ 大学积极引入领头企业参与课程建设，积极推进学术研究型、创新创业探索型、创业实战型相结合的“3＋X”创新创业教育课程体系建设。④ 二是建立三阶梯式“专创融合”创新创业教育课程体系。第一阶段主要针对低年级学生开展创新创业通识教育，提高创新创业意识和兴趣；第二阶段主要面向二年级及以上的学生开展创新创业专题教育，培养创新创业思维；第三阶段主要面向已完成前两个阶段的高年级学生开展创新创业实践活动，提高创新创业技能。⑤ 三是建立研究生实践创新课程体系。DL 大学管理与经济学部依托中国管理案例共享中心、企业实践教学基地、众创空间构建了以“管理案例分析”“企业诊断咨询”“创新创业实作”三大实践课程为核心的 3C（case→ consultation→creation）实践创新课程体系，显著提升了专业学位学生的创新创业能力。⑥

---

①余魅，王冠，彭小丹.构建“普惠性”大学生创新创业教育体系的探索与实践[J].中国大学教学，2018(4)：48-50.

②朱泓. DL 大学实施大学生创新创业训练计划报告[J].中国大学教学，2015(1)：75-78.

③付冬娟，王瑞佳，陈羿册，等.创新创业类课程慕课建设实践与思考：基于 DL 大学“创业基础与实务”课慕课的探究[J].创新与创业教育，2018，9(5)：110-112.

④余魅，王冠，彭小丹.构建“普惠性”大学生创新创业教育体系的探索与实践[J].中国大学教学，2018(4)：48-50.

⑤陈羿册，李航，张崴，等.专创融合视角下的高校创新创业课程体系构建[J].实验室科学，2020，23(5)：236-240.

⑥宋金波，吕一博，孙力，等.管经专业学位研究生 3C 实践创新课程体系构建[J].学位与研究生教育，2018(6)：38-43.

2. 开展创新创业教育教学改革

一是开展创新创业教育课堂教学改革。进一步优化创新创业教学方法和教学模式，开展线上线下混合式教学，制作并开设了创新创业类在线课程，在全国高校产生了一定辐射力。[①] 二是开展创新创业教育实践教学改革。建设创新创业案例资源库，实施案例教学；借助校企合作项目和国际高校联合项目，丰富创新创业课程实践教学环节，开展国际联合创新性科研和学术活动。[②] 三是开展创新创业教育教材建设。首先，提升创新创业教育教材的生动性与立体性。DL 大学紧跟国家在线课程建设，开展混合式教学改革，编写了多本集课内外内容于一体的体验式创业教育立体化、新形态教材，为全国高校创新创业教学提供了优质的教学资源。[③] 其次，挖掘创新创业教育教材的特色性与实用性。DZ 大学大力推进特色性创新创业类竞赛教材编写，与校外基金会和公司联合开发“互联网＋”创新创业培训系列教材。[④]

三、营造创新创业的良好氛围，建设科教融合的教育体系

经梳理，案例高校通过开展系列学科竞赛、创新创业大赛构建科教融合的教育体系，并营造起浓厚的创新创业氛围。

（一）以各类竞赛为抓手，提升学生创新创业能力

首先，围绕创新创业人才培养，推动学科竞赛培训。一是通过建设依托学科竞赛培训的特色课程、配套教材和在线课程深化教育教学改革；二是鼓励学院自主承办和参与高水平竞赛活动，推动所有本科专业学科竞赛项目全覆盖，发挥学科竞赛对学生创新创业能力的促进作用；三是完善激励政策，加强学科竞赛管理；四是建设三级竞赛体系，建设学生科技创新基地，展示学科竞赛成

---

①杨璐嘉，吴振宇，冯林.“三创融合”创新创业教育新理念[J].实验室科学，2020，23(4)：233-236.

②陈界册，冯林，李航，等.高校创新创业教育生态系统的构建与实践[J].实验室科学，2021，24(4)：217-222，227.

③孙琳，付冬娟.体验式创新创业教育立体化新形态教材的建设与研究[J].创新与创业教育，2019，10(3)：19-23.

④余魅，王冠，彭小丹.构建“普惠性”大学生创新创业教育体系的探索与实践[J].中国大学教学，2018(4)：48-50.

果，发挥学科竞赛示范引领作用。[①] 其次，开展创新创业竞赛，促进学生创新创业实践能力提升。创新创业学院通过建立竞赛机制，邀请校内外专家开展主题讲座，邀请往年竞赛获奖团队做经验分享，开展校级选拔赛和赛前专题培训，制定竞赛导师指导制等方式做好创新创业竞赛的组织工作，使竞赛成为创新创业教育实践活动的有力载体，促进创新创业竞赛形成良性循环，从而营造了学生参与创新创业实践的良好氛围，促进了学生创新创业能力的提升。[②]

（二）营造创新创业氛围，培育校内外创新创业文化

从学者（专业知识）、企业（行业最新动态）、优秀学生（优秀典范）等方面搭建学术交流平台，活跃创新氛围，注重年级特点，对低年级学生注重氛围营造，对高年级学生注重专业提升，为学生提供学习与创新的阶梯。[③] 同时营造区域创新创业氛围，推动创新创业深入发展。以政府丰富的创新创业活动和大赛为载体，打造创新创业的社会氛围，让学生近距离体验科技创新创业之旅，激发学生创新创业的热情。[④]

四、完善师生创新创业服务体系，汇聚、共享创新创业资源

经梳理，案例高校通过建立创新创业实践平台、创新创业协同育人平台等方式完善师生创新创业服务体系，汇聚、共享创新创业资源。

（一）建立创新创业实践平台

两所高校打造了集创意、创新、创业于一体的众创空间，为师生和校友提供有特色、有创意、高标准的全球领先的高校创新创业孵化空间和活动空间，

---

①教育部.DZ大学以学科竞赛为抓手培养提升大学生双创能力[EB/OL].(2022-04-28)[2022-08-08].http://www.moe.gov.cn/jyb_xwfb/s6192/s133/s211/202204/t20220429_623334.html.

②陈槑册，冯林，李航，等.高校创新创业教育生态系统的构建与实践[J].实验室科学，2021,24(4):217-222,227.

③吴祖峰，王陆一，魏娟，等.创新型工程人才进阶式培养路径探析：以DZ大学软件工程专业为例[J].科教文汇(上旬刊)，2018(1):67-69,75.

④陈槑册，冯林，李航，等.高校创新创业教育生态系统的构建与实践[J].实验室科学，2021,24(4):217-222,227.

搭建创客交流平台。[①] DZ 大学建立了无线通信国家专业化众创空间，为入驻团队和企业提供了技术、产品等方面全方位的专业化服务。[②] DL 大学建立了国家专业化众创空间——π 空间，通过“培训辅导＋活动聚合＋种子选育＋场地提供”模式，[③]为校内创客们提供交流、学习、体验、实践平台，为大学生创意实现提供技术指导、软硬件设施和场地保障，为创业团队和初创企业提供创业辅导和服务。[④]

（二）建立创新创业协同育人平台

DL 大学通过创新创业协同育人平台的建设，协同校内外资源为学生创新创业提供全方位服务。在辽宁省政府大力支持下，DL 大学协同多家高校及企业成立了辽宁重大装备制造协同创新中心，其中沈阳鼓风机集团股份有限公司研究院是改革示范区，通过“驻校建院”模式联合培养硕博研究生 200 余人。[⑤]

五、两校创新创业教育的主要特色

通过探索两所研究型案例高校创新创业教育实施举措，归纳出两校创新创业教育的主要特点，包括进阶性、体验性和研究性。

（一）创新创业教育具有进阶性

根据不同年级学生的学习习惯和学习需求，构建三阶梯式“专创融合”创新创业教育课程体系，从低年级学生的创新创业通识教育，到二年级学生的创新创业专题教育，再到高年级学生的创新创业提升教育，可以看出创新创业教育是一个螺旋上升、逐步进阶和递进的过程。对不同年级的学生因材施教，低年级学生以提升兴趣为主，高年级学生以提升专业能力为主，建立阶梯式竞

①DZ 大学 2020—2021 学年本科教学质量报告[EB/OL].(2021-12-14)[2022-07-25]. https://xxgkw.uestc.edu.cn/info/1080/4241.htm.

②袁俊榆，谢鑫.高校专业化众创空间的建设与运行：以 DZ 大学无线通信国家专业化众创空间为例[J].中国高校科技，2017(S2)：68-69.

③陈昇册，冯林，李航，等.高校创新创业教育生态系统的构建与实践[J].实验室科学，2021，24(4)：217-222，227.

④张崴，李航，陈昇册，等.基于“三创融合”的高校众创空间建设模式探索与实践[J].创新创业理论研究与实践，2018，1(20)：72-75，92.

⑤赵玉鹏，马进，黄云飞，等.直迎时代风潮，紧抓“双创”机遇[J].中国研究生，2018(9)：64-66.

赛体系。[①] 针对不同阶段学生学习特点进行引导，促进创新创业教育进阶式发展。

（二）创新创业教育具有体验性

案例高校创新创业教育的体验性表现在以下方面。一是通过各类创新创业教育实践平台为校内创客们提供体验式和互动式学习、创意实践、团队协同创新的空间。二是建立创业强化训练营，打造创业环境，开展“浸入式”学习和高强度创业思维和技能训练。[②] 三是定期举行创新创业活动和各类创新创业竞赛，激发学生的创新精神和创业意识，在各类实践活动中提高学生的实际操作能力。四是采用参与式和游戏化等教学方法，增加学生创新创业体验感。五是构建体验式创业教育立体化教材体系，注重创新创业教材的体验性。

（三）创新创业教育具有研究性

研究型大学的创新创业教育需要以科研作为强力支撑，积累学术资本，只有通过高水平科研项目才能衍生出高水平的创新创业项目，因此案例高校的创新创业教育也体现出了研究性。一是创新创业平台建设上体现出研究性。在实践平台建设上，DZ 大学将众创空间打造成科研设备与科研资源共创共享、科研人才与前沿技术聚集的创新高地；[③]在实训平台建设上，DL 大学人工智能创新创业育人实训平台采用了“科研项目牵引、校区培养、企业研究所转化”的学以致用的培养体系、“学校师生＋企业职工”的科研项目共建双赢模式。[④] 二是在创新创业人才培养上体现出研究性。案例高校积极探索融入学生学术思维的创新创业教育课程体系，开展国际联合创新性科研和学术活动，通过课外创新项目提高学生科研水平；打造研究生创新创业实践示范基地，通过“驻校建院”模式联合培养硕博研究生。

---

①吴祖峰，王陆一，魏娟，等.创新型工程人才进阶式培养路径探析：以 DZ 大学软件工程专业为例[J].科教文汇（上旬刊），2018(1)：67-69，75.

②张崴，李航，陈赛册，等.基于“三创融合”的高校众创空间建设模式探索与实践[J].创新创业理论研究与实践，2018，1(20)：72-75，92.

③袁俊榆，谢鑫.高校专业化众创空间的建设与运行：以 DZ 大学无线通信国家专业化众创空间为例[J].中国高校科技，2017(S2)：68-69.

④姚翠莉，卢湖川，刘一玮，等.人工智能创新创业育人实训平台建设研究与实践[J].实验室科学，2021，24(5)：182-185.

第二节 研究型大学学生创新创业能力发展水平分析

为更好地研究两所研究型案例高校创新创业教育实施的成效以及可能存在的改进空间，本次调研以大学生创新创业能力发展情况作为切入点，于2021年6—7月通过网络调查平台向两所案例高校的大学生发放问卷。本次调查共回收有效问卷710份。如表4-1所示，总体来看，本次调查对象的背景涵盖范围较广，各类型大学生均有涉及，且每类型取样相对均衡，具有一定代表性。本节将以案例高校为样本，描述研究型大学学生创新创业能力总体水平特征以及不同群体大学生创新创业能力发展样态，以期展现出案例高校大学生创新创业能力发展全貌。

表4-1 研究对象的基本信息(N＝710)

变量	属性	样本数/人	占比/%
学校	DL大学	344	48.45
	DZ大学	366	51.55
性别	男	402	56.62
	女	308	43.38
年级	大一	258	36.34
	大二	232	32.68
	大三	133	18.73
	大四	87	12.25
学科	人文社科	219	30.85
	理工科	491	69.15
家庭所在地	农村	247	34.79
	城市	463	65.21
学业成绩排名	前25%	258	36.34
	26%～50%	231	32.54
	51%～75%	151	21.27
	后25%	70	9.85
学生干部经历	无	248	34.93
	1年及以下	227	31.97
	1～2年(含)	174	24.51
	2年以上	61	8.59

续表

变量	属性	样本数/人	占比/%
社团经历	无	225	31.69
	1年及以下	290	40.85
	1～2年(含)	159	22.39
	2年以上	36	5.07
父亲受教育程度	未受过高等教育	445	62.68
	接受过高等教育	265	37.32
母亲受教育程度	未受过高等教育	480	67.61
	接受过高等教育	230	32.39

注:(1)本案例不涉及军事学科。(2)本案例在划分学科分类时,将文学、历史学、哲学、艺术学、经济学、管理学、法学和教育学归为人文社科;将理学、工学、农学、医学归为理工科。

一、研究型大学学生创新创业能力总体水平与比较分析

以课题组开发的测量工具测量大学生创新创业能力水平,并对其创新创业能力子能力之间的水平、通过聚类分析后得到的高中低不同群体之间的水平以及不同学生群体之间的水平进行比较,为差异化创新创业教育的开展奠定基础。

(一)研究型大学学生创新创业能力总体水平特征

1. 总体水平特征

描述性分析显示,两所案例大学学生的创新创业能力平均值为3.644(SD=0.469)。具体而言,学生逆境奋起能力(M=3.818,SD=0.662)、目标确定能力(M=3.799,SD=0.530)、沟通合作能力(M=3.749,SD=0.565)、防范风险能力(M=3.712,SD=0.561)的自我评价较好,高于创新创业能力平均值(M=3.644);而行动筹划能力(M=3.538,SD=0.672)、把握机遇能力(M=3.477,SD=0.570)以及果断决策能力(M=3.342,SD=0.685)的评价分数较低,低于创新创业能力平均值(M=3.644)。

由此可见,研究型大学学生创新创业能力具有明显的能力短板。研究型大学学生缺乏对目标进行深入谋划和主动行为的能力,缺少对环境变化和各类机遇的敏感性,缺乏在复杂的、不确定的环境中权衡利弊、做出决定的勇气和智慧,这些能力的缺乏易导致学生不能及时将目标转化为行动,使学生在个

人发展的关键节点犹豫不决，从而错失发展良机。

2. 能力整体样态

为了解研究型大学学生创新创业能力的整体样态，本研究采用K组平均聚类法(K-means clustering method)对创新创业能力的7个子能力进行快速聚类分析，共分为三组：第一组为高分组，该组大学生创新创业能力均值为4.291(SD=0.301)，共有143人，占比20.14%；第二组为中分组，该组大学生创新创业能力均值为3.668(SD=0.165)，共有390人，占比54.93%；第三组为低分组，该组大学生创新创业能力均值为3.067(SD=0.275)，共有177人，占比24.93%。

从聚类分析的结果可知，在创新创业能力维度上，超过一半的学生的创新创业能力处于中间水平，约五分之一的学生的创新创业能力处于较高水平，近四分之一的学生的创新创业能力处于较低水平。具体来看，高分组学生7个子能力的发展水平差距为0.436，逆境奋起能力($M=4.511$)分值最高；中分组学生7个子能力的发展水平差距为0.550；低分组学生7个子能力的发展水平差距为0.542，果断决策能力($M=2.717$)分值最低。(见图4-1)

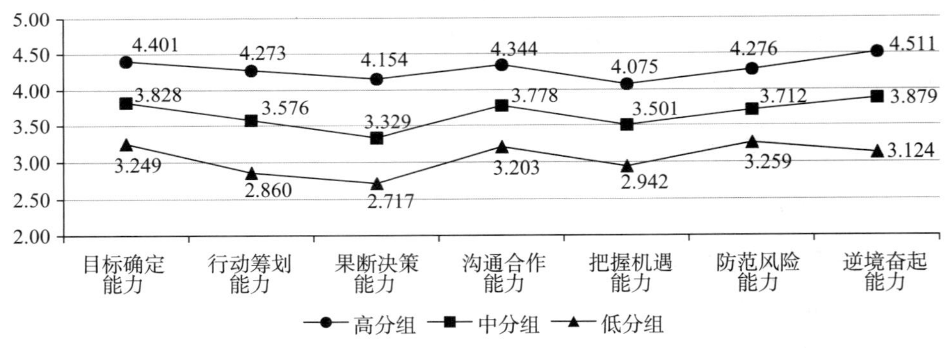

图4-1 研究型大学不同组别学生的创新创业能力发展情况图

本研究同时对全国样本进行聚类分析，将大学生创新创业能力均值进行三分组，其中大学生创新创业能力高分组($M=4.222$，SD=0.311)有2860人，占比29.17%；中分组($M=3.644$，SD=0.164)有5069人，占比51.71%；低分组($M=3.067$，SD=0.315)有1874人，占比19.12%。由此可见，研究型大学聚类分析的高中低三组分布情况与全国样本分布基本一致，均为中分组占比较多、高分组与低分组占比较少。不同的是，研究型大学高分组占比低于全国总样本高分组占比，研究型大学低分组占比高于全国总样本低分组占比。

由此可见，研究型大学学生的创新创业能力与全国高分组占比仍有差距，这表明研究型大学学生创新创业能力具有一定提升空间。研究型大学作为创新创业人才培养的重要阵地，其创新创业教育资源的丰富性远高于其他类型高校，但就目前而言，研究型大学学生创新创业能力高分组占比却较低，这一现象值得重视，下一步需要去探究研究型大学创新创业教育资源如何更好地转化为学生的创新创业能力。

（二）研究型大学学生创新创业能力子能力水平及比较分析

相比其他类型高校，在大学生创新创业能力上，研究型大学（$M=3.644$，SD＝0.469）低于全国高校（$M=3.702$，SD＝0.468）、应用型大学（$M=3.696$，SD＝0.466）和高职高专院校（$M=3.751$，SD＝0.473）。就创新创业能力子能力发展情况而言，除了目标确定能力、沟通合作能力、防范风险能力略低于其他类型高校外，行动筹划能力、果断决策能力、把握机遇能力和逆境奋起能力4项子能力与其他类型高校相比仍有差距。（见图4-2）

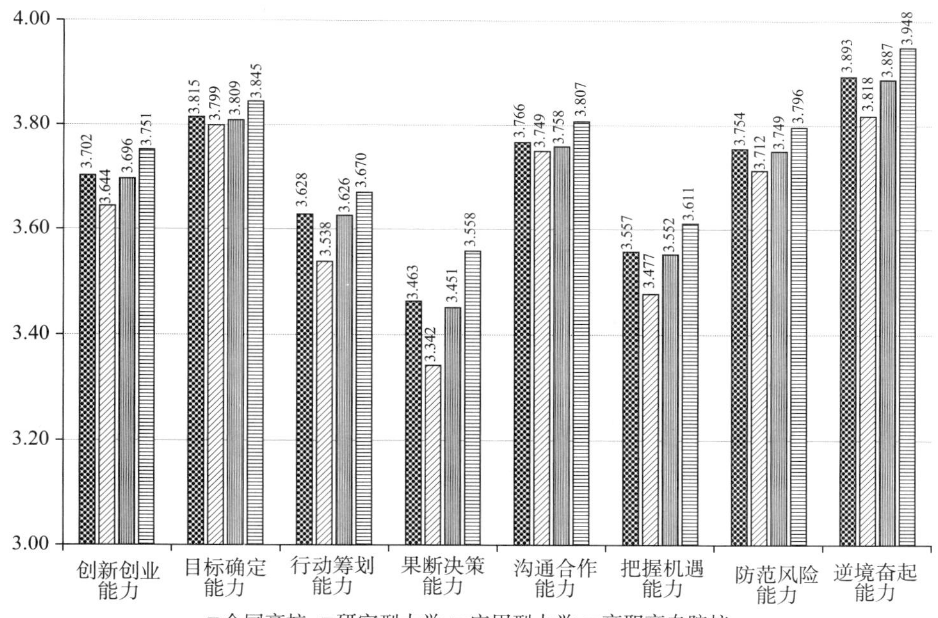

图4-2　不同类型高校与研究型大学学生创新创业能力发展对比图

1. 研究型大学学生的目标确定能力发展水平及其比较分析

研究型大学学生的目标确定能力平均值为 3.799(SD=0.530)，在创新创业 7 项子能力中仅低于逆境奋起能力，说明学生在确定发展目标上表现较好。对目标确定能力的二级维度进行分析，发现学生在“评估形势”上的表现(M=3.625，SD=0.616)明显弱于“自我认同”(M=3.913，SD=0.654)、“自我认知”(M=3.921，SD=0.577)以及“设置目标”(M=3.782，SD=0.586)，这表明学生对自己未来的发展道路还缺少清晰的认知，但是对自己的能力、性格、兴趣还比较了解，具有相对清晰的自我认知以及较高的个人目标感、价值感和自我效能感。

相比其他类型高校，在大学生目标确定能力发展水平上，研究型大学(M=3.799，SD=0.530)低于全国高校(M=3.815，SD=0.507)、应用型大学(M=3.809，SD=0.506)和高职高专院校(M=3.845，SD=0.497)。对目标确定能力的二级维度进行分析，发现研究型大学学生在“自我认同”和“自我认知”能力上高于其他类型高校，但是在“评估形势”和“设置目标”能力上均低于其他类型高校，这再次表明研究型大学学生具有较强的自我认同和自我认知能力。

2. 研究型大学学生的行动筹划能力发展水平及其比较分析

研究型大学学生的行动筹划能力均值为 3.538(SD=0.672)，在创新创业 7 项子能力中，仅高于果断决策能力和把握机遇能力。对行动筹划能力的二级维度进行分析，发现“制定规划”和“主动行为”两者发展水平相近，但“制定规划”(M=3.527，SD=0.809)略低于“主动行为”(M=3.549，SD=0.728)和行动筹划能力总体水平(M=3.538，SD=0.672)。

相比其他类型高校，在大学生行动筹划能力上，研究型大学(M=3.538，SD=0.672)低于全国高校(M=3.628，SD=0.620)、应用型大学(M=3.626，SD=0.618)和高职高专院校(M=3.670，SD=0.602)。对行动筹划能力的二级维度进行分析，发现研究型大学学生“制定规划”以及“主动行为”能力均低于其他类型高校，在制定规划上与其他类型高校的差距相对更大。

3. 研究型大学学生的果断决策能力发展水平及其比较分析

调查结果显示，研究型大学学生的果断决策能力均值为 3.342(SD=0.685)，在研究型大学学生创新创业能力 7 项子能力中为最低值。对果断决策能力的二级维度进行分析，发现“冒险精神”(M=3.455，SD=0.861)和“大胆决策”(M=3.230，SD=0.777)水平均不佳，尤其是“大胆决策”更为薄弱。

这表明研究型大学学生冒险精神不足，惧怕冒险可能带来的损失，更愿意追求稳定，因此在决策上可能也更为瞻前顾后、犹豫不决、害怕失败，缺乏果敢性。

相比其他类型高校，在大学生果断决策能力及其二级维度发展水平上，研究型大学均低于全国高校、应用型大学和高职高专院校，尤其在“大胆决策”上与其他类型高校差距更大，这表明研究型大学学生在果断决策能力尤其是“大胆决策”能力上亟须加强。

4. 研究型大学学生的沟通合作能力发展水平及其比较分析

调查结果显示，研究型大学学生的沟通合作能力发展情况较为良好，能力均值为3.749(SD=0.565)，高于研究型大学学生创新创业能力平均值3.644(SD=0.469)。对沟通合作能力的二级维度进行分析，发现“团队合作”(M=4.110，SD=0.523)远高于“沟通交往”(M=3.387，SD=0.797)，这说明研究型大学学生强于团队合作，能够在团队合作时与团队成员密切配合；但是弱于沟通交往，在自如地表达想法、在公共场合从容发言、使自己被别人理解等语言表达和沟通能力上仍有待加强。

相比其他类型高校，在大学生沟通合作能力发展水平上，研究型大学(M=3.749，SD=0.565)低于全国高校(M=3.766，SD=0.524)、应用型大学(M=3.758，SD=0.521)和高职高专院校(M=3.807，SD=0.521)。对沟通合作能力的二级维度进行分析，发现研究型大学学生“沟通交往”能力低于全国高校、应用型大学和高职高专院校，而“团队合作”能力高于全国高校、应用型大学和高职高专院校。由此可见，相比其他类型高校，研究型大学学生也是弱于“沟通交往”，强于“团队合作”。

5. 研究型大学学生的把握机遇能力发展水平及其比较分析

调查结果显示，研究型大学学生的把握机遇能力均值(M=3.477，SD=0.570)低于研究型大学学生创新创业能力平均值(M=3.644，SD=0.469)，这表明研究型大学学生在把握机遇能力上仍具有较大提升空间。对把握机遇能力的二级维度进行分析，发现“忍受不确定性”能力(M=3.139，SD=0.916)远低于“创新行为”(M=3.668，SD=0.682)和“发现并评估机会”(M=3.624，SD=0.648)。可见，研究型大学学生不善于忍受和平静接受不确定性的状态。

相比其他类型高校，在大学生把握机遇能力及其各维度发展水平上，研究型大学均低于全国高校、应用型大学和高职高专院校。尤其在“忍受不确定

性”维度上，更是远低于其他类型高校。这再次说明提升研究型大学学生把握机遇能力尤其是培养学生忍受不确定性的急迫性。

6. 研究型大学学生的防范风险能力发展水平及其比较分析

调查结果显示，研究型大学学生的防范风险能力（$M=3.712$，SD$=0.561$）高于研究型大学学生的创新创业总能力（$M=3.644$，SD$=0.469$）。由于防范风险能力较强，在一定程度上阻碍了研究型大学学生果断决策能力和把握机遇能力的提升，学生越重视防范风险和潜在的失败可能，就越倾向于选择求稳，从而容易错失发展良机。对防范风险能力的二级维度进行分析，发现研究型大学学生“反思学习”能力（$M=3.501$，SD$=0.694$）远低于“风险管理”能力（$M=3.924$，SD$=0.610$）。这说明研究型大学学生强于风险管理，行事谨慎，考虑周全，善于进行风险预案；弱于反思学习，对自身目标和工作方法缺乏深度思考，不善于总结经验与教训。

相比其他类型高校，在大学生防范风险能力上，研究型大学低于全国高校、应用型大学和高职高专院校，尤其是在“反思学习”上差距较大。然而，在“风险管理”上，研究型大学则高于全国高校、应用型大学和高职高专院校。

7. 研究型大学学生的逆境奋起能力发展水平及其比较分析

研究型大学学生的逆境奋起能力（$M=3.818$，SD$=0.662$）在创新创业7个子能力中得分最高，反映了研究型大学学生能够勇敢面对失败和挫折的打击，具有较强的抗挫折能力和坚毅品质，在逆境中也能保持乐观态度，积极寻求新的突破并重新崛起。对逆境奋起能力的二级维度进行分析，发现均表现较好，其中“韧性”维度（$M=3.827$，SD$=0.690$）略高于“乐观”维度（$M=3.809$，SD$=0.830$）。

相比其他类型高校，在大学生逆境奋起能力及其各维度发展水平上，研究型大学低于全国高校、应用型大学和高职高专院校。尤其在“乐观”子维度上，研究型大学（$M=3.809$，SD$=0.830$）明显低于全国高校（$M=3.920$，SD$=0.695$）、应用型大学（$M=3.916$，SD$=0.683$）和高职高专院校（$M=3.982$，SD$=0.679$）。

二、研究型大学不同群体学生创新创业能力发展水平及比较分析

本部分主要基于性别、学科类别、年级、城乡、学业基础、学生干部经历、社团经历，对研究型大学学生的创新创业能力进行比较分析。同时将研究型大

学与全国高校、应用型大学和高职高专院校相应类型学生的创新创业能力进行比较分析。

(一)基于性别的大学生创新创业能力发展水平比较分析

1. 研究型大学不同性别学生的创新创业能力比较分析

根据描述性统计结果,研究型大学男生的创新创业能力($M=3.654$,SD$=0.476$)与女生的创新创业能力($M=3.631$,SD$=0.459$)差值仅为0.023,无显著差异($p>0.05$)。

男生群体各能力的发展情况为:逆境奋起能力($M=3.813$,SD$=0.674$)>目标确定能力($M=3.795$,SD$=0.535$)>沟通合作能力($M=3.727$,SD$=0.587$)>防范风险能力($M=3.699$,SD$=0.591$)>创新创业总能力($M=3.654$,SD$=0.476$)>行动筹划能力($M=3.556$,SD$=0.672$)>把握机遇能力($M=3.511$,SD$=0.582$)>果断决策能力($M=3.409$,SD$=0.676$)。

女生群体各能力的发展情况为:逆境奋起能力($M=3.825$,SD$=0.648$)>目标确定能力($M=3.803$,SD$=0.523$)>沟通合作能力($M=3.778$,SD$=0.536$)>防范风险能力($M=3.731$,SD$=0.520$)>创新创业总能力($M=3.631$,SD$=0.459$)>行动筹划能力($M=3.515$,SD$=0.674$)>把握机遇能力($M=3.433$,SD$=0.552$)>果断决策能力($M=3.255$,SD$=0.689$)。

可见,与创新创业总能力相比较,研究型大学男女生优势能力及弱势能力表现基本一致,男女生共同的优势能力为逆境奋起能力、目标确定能力、沟通合作能力以及防范风险能力;男女生共同的弱势能力为果断决策能力、把握机遇能力和行动筹划能力。

采用独立样本 T 检验分析不同能力在性别上的差异。分析结果显示,除果断决策能力存在显著性差异外($p<0.01$),其他能力在性别上不存在显著性差异($p>0.05$)。女生的果断决策能力显著低于男生,差值为0.154,今后要采取措施提高研究型大学学生的果断决策能力,尤其是女生的果断决策能力。

2. 与全国高校及其他类型高校不同性别学生的创新创业能力发展比较分析

从创新创业总体能力来看，研究型大学男女生能力发展水平均低于全国高校、应用型大学和高职高专院校男女生群体的平均水平。从创新创业子能力来看，研究型大学女生除沟通合作能力高于全国高校和应用型大学女生群体的平均水平，在其他 6 项子能力上均低于全国高校、应用型大学和高职高专院校女生群体的平均水平；研究型大学男生的 7 项子能力均低于全国高校、应用型大学和高职高专院校男生群体的平均水平。说明研究型大学男生和女生的创新创业能力均有待进一步提高。

(二)基于学科类别的大学生创新创业能力发展水平比较分析

1. 研究型大学不同学科类别学生的创新创业能力比较分析

描述性统计结果显示，研究型大学人文社科学生($M=3.659$，SD$=0.454$)仅略高于理工科学生的创新创业能力($M=3.637$，SD$=0.475$)，无显著差异。从 7 个子能力发展情况来看，人文社科学生在目标确定能力、行动筹划能力、防范风险能力、逆境奋起能力 4 项子能力上高于理工科学生，在果断决策能力、沟通合作能力、把握机遇能力上低于理工科学生。其中行动筹划能力差距最大，差值为 0.097。

就理工科学生本身而言，各项能力发展水平比较如下：逆境奋起能力($M=3.795$，SD$=0.671$)＞目标确定能力($M=3.783$，SD$=0.540$)＞沟通合作能力($M=3.752$，SD$=0.559$)＞防范风险能力($M=3.697$，SD$=0.581$)＞创新创业能力($M=3.637$，SD$=0.475$)＞行动筹划能力($M=3.508$，SD$=0.676$)＞把握机遇能力($M=3.494$，SD$=0.576$)＞果断决策能力($M=3.356$，SD$=0.681$)。

就人文社科学生本身而言，各项能力发展水平比较如下：逆境奋起能力($M=3.870$，SD$=0.640$)＞目标确定能力($M=3.834$，SD$=0.505$)＞防范风险能力($M=3.748$，SD$=0.512$)＞沟通合作能力($M=3.742$，SD$=0.580$)＞创新创业能力($M=3.659$，SD$=0.454$)＞行动筹划能力($M=3.605$，SD$=0.660$)＞把握机遇能力($M=3.439$，SD$=0.555$)＞果断决策能力($M=3.312$，SD$=0.695$)。可见，研究型大学理工科学生和人文社科学生的优势能力及弱势能力表现基本一致。

采用独立样本 T 检验分析，发现研究型大学不同学科的学生在创新创业能力及子能力上无显著性差异。这说明研究型大学不同学科学生创新创业能力发展水平基本一致。

2. 与全国高校及其他类型高校不同学科类别学生的创新创业能力发展比较分析

研究型大学理工科学生的创新创业能力发展水平均低于全国高校、应用型大学和高职高专院校，研究型大学人文社科学生的创新创业能力发展水平高于全国高校，但是低于应用型大学和高职高专院校。

就研究型大学人文社科学生而言，创新创业能力及其5个子能力(行动筹划能力、果断决策能力、沟通合作能力、把握机遇能力、逆境奋起能力)发展水平均低于全国高校、应用型大学和高职高专院校；目标确定能力发展水平与高职高专院校持平，高于全国高校和应用型大学；防范风险能力与应用型大学持平，低于全国高校和高职高专院校。此外，相比其他类型高校，研究型大学人文社科学生的创新创业7个子能力发展最不均衡，最高为逆境奋起能力($M=3.870$，$SD=0.640$)，最低为果断决策能力($M=3.312$，$SD=0.695$)，差值为0.558。

就研究型大学理工科学生而言，创新创业能力及其7个子能力发展水平均低于全国高校、应用型大学和高职高专院校。此外，相比其他类型高校，研究型大学理工科学生的创新创业7个子能力发展最为不均衡，最高为逆境奋起能力($M=3.795$，$SD=0.671$)，最低为果断决策能力($M=3.356$，$SD=0.681$)，差值为0.439。

(三)基于年级的大学生创新创业能力发展水平比较分析

1. 研究型大学不同年级学生的创新创业能力比较分析

根据描述性统计分析结果，研究型大学学生的创新创业能力总体趋势是从大一到大二略有上升，大二到大三开始下降，大三时期最低，而大四继续上升。除了防范风险能力和把握机遇能力外，其他子能力总体上均呈现先升后降再升的趋势。在目标确定能力、沟通合作能力上，大一为最低值，大四为最高值，这可能说明研究型大学的课内外学习、生活和人际交往对学生的目标确定能力和沟通合作能力产生了积极的影响。在防范风险能力上，大一为最低值，大三为最高值，呈现先升后降的趋势。在把握机遇能力上，大二为最高值，

大四为最低值，呈现先升后降的趋势。

采用单因素方差分析考察研究型大学学生的创新创业能力在年级上的差异。首先进行方差齐性检验，发现所有能力方差齐性（$p>0.05$），因此采用参数检验（LSD）进行事后多重比较。检验结果显示，研究型大学不同年级学生在创新创业能力及其子能力上不存在显著差异。换言之，随着年级的增加，研究型大学学生创新创业能力及其子能力未见明显增值，说明研究型大学提供的丰富的创新创业教育资源并未形成学生创新创业能力增值的助推力，这值得进一步探究。（见表4-2）

表4-2 研究型大学不同年级大学生创新创业能力的差异比较

能力维度	年级（$M\pm SD$）				F	p
	大一（$N=258$）	大二（$N=232$）	大三（$N=133$）	大四（$N=87$）		
创新创业能力	3.626±0.489	3.678±0.439	3.599±0.463	3.672±0.491	1.050	0.370
目标确定能力	3.761±0.569	3.821±0.482	3.781±0.535	3.878±0.517	1.288	0.278
行动筹划能力	3.515±0.689	3.587±0.625	3.465±0.696	3.588±0.705	1.197	0.310
果断决策能力	3.345±0.713	3.381±0.638	3.247±0.676	3.377±0.732	1.192	0.312
沟通合作能力	3.705±0.563	3.777±0.578	3.718±0.548	3.852±0.557	1.821	0.142
把握机遇能力	3.487±0.545	3.538±0.567	3.412±0.579	3.384±0.622	2.275	0.079
防范风险能力	3.682±0.599	3.720±0.550	3.748±0.545	3.728±0.498	0.464	0.707
逆境奋起能力	3.826±0.675	3.852±0.624	3.734±0.687	3.833±0.684	0.938	0.422

2. 与全国高校及其他类型高校不同年级学生的创新创业能力发展比较分析

在创新创业能力上，研究型大学除大二学生仅高于应用型大学大二学生外，其他三个年级学生的创新创业能力均低于全国高校、应用型大学和高职高专院校。在创新创业子能力上，研究型大学大一学生的目标确定能力、沟通合作能力最低，低于全国高校、应用型大学和高职高专院校四个年级的学生；研究型大学大一学生的防范风险能力低于全国高校、应用型大学四个年级的学生；研究型大学大三学生行动筹划能力、果断决策能力、逆境奋起能力最低，低于全国高校、应用型大学和高职高专院校四个年级的学生。

（四）基于城乡的大学生创新创业能力发展水平比较分析

1. 研究型大学不同家庭所在地的学生的创新创业能力比较分析

根据描述性统计分析结果，除果断决策能力和逆境奋起能力外，研究型大学城市学生的创新创业总能力以及 5 个子能力均高于农村学生，其中沟通合作能力差距最大，差值为 0.173。

具体而言，研究型大学城市学生创新创业能力发展情况为：目标确定能力（M=3.827，SD=0.511）＞逆境奋起能力（M=3.814，SD=0.657）＞沟通合作能力（M=3.809，SD=0.563）＞防范风险能力（M=3.763，SD=0.531）＞创新创业能力（M=3.671，SD=0.456）＞行动筹划能力（M=3.582，SD=0.660）＞把握机遇能力（M=3.493，SD=0.578）＞果断决策能力（M=3.342，SD=0.674）。

研究型大学农村学生创新创业能力发展情况为：逆境奋起能力（M=3.827，SD=0.673）＞目标确定能力（M=3.745，SD=0.559）＞沟通合作能力（M=3.636，SD=0.553）＞防范风险能力（M=3.618，SD=0.604）＞创新创业能力（M=3.593，SD=0.489）＞行动筹划能力（M=3.455，SD=0.690）＞把握机遇能力（M=3.447，SD=0.555）＞果断决策能力（M=3.344，SD=0.707）。可见城乡大学生创新创业能力的优劣势能力基本一致。

采用独立样本 T 检验分析城乡大学生创新创业能力差异，可以发现，在创新创业总能力、目标确定能力、行动筹划能力、沟通合作能力、防范风险能力上，研究型大学的城市学生显著高于农村学生。其中在沟通合作能力、防范风险能力上具有极其显著差异。这表明，提升农村大学生的目标确定能力、行动筹划能力、沟通合作能力和防范风险能力是缩小城乡大学生创新创业能力差距的关键。在果断决策能力、把握机遇能力和逆境奋起能力上，研究型大学的城市和农村学生不存在显著差异。

2. 与全国高校及其他类型高校不同家庭所在地的学生的创新创业能力发展比较分析

在创新创业总能力上，研究型大学的城市和农村学生均低于全国高校、应用型大学和高职高专院校。在目标确定能力、防范风险能力、沟通合作能力上，研究型大学农村学生最低，不仅低于研究型大学城市学生，还低于其他类型高校的城市和农村两类学生；研究型大学的城市学生均低于其他类型高校

的城市学生。在行动筹划能力、把握机遇能力上，研究型大学农村学生最低，其次是研究型大学的城市学生，其他类型高校的城市和农村学生均高于研究型大学的城市和农村学生。在果断决策能力、逆境奋起能力上，研究型大学城市学生最低，其次是研究型大学的农村学生，其他类型高校的城市和农村学生均高于研究型大学的城市和农村学生。可见，与全国高校、应用型大学和高职高专院校学生相比，研究型大学城市和农村学生 7 个子能力的发展水平均处于弱势。

（五）基于学业基础的大学生创新创业能力发展水平比较分析

1. 研究型大学不同学业基础的学生的创新创业能力比较分析

如表 4-3 所示，通过描述性统计分析不同学业基础大学生创新创业能力发展情况，发现学业基础越好，创新创业能力分值越高。从创新创业能力子能力发展情况来看，除逆境奋起能力和果断决策能力在 51%～75%学业成绩群体中的自评得分高于 26%～50%和后 25%的学生之外，其他子能力分值均伴随学业成绩的下降而下降。

采用单因素方差分析考察研究型大学学生的创新创业能力在不同学业基础上的差异。首先进行方差齐性检验，检验结果显示，创新创业总能力和所有子能力方差齐性（$p>0.05$），因此均采用参数检验（LSD）。从检验结果来看，研究型大学学生在把握机遇能力上不存在显著性差异（$p>0.05$），在创新创业总能力上，学业成绩在前 75%的学生均显著高于学业成绩在后 25%的学生，这表明需要对学业成绩在后 25%的学生进行重点关注。学业成绩在前 50%的学生在除果断决策能力外的其他各项能力发展上均无显著差异，这表明需要对学业成绩在前 25%的学生进行重点关注。除了把握机遇能力、防范风险能力外，学业成绩后 50%的学生在创新创业总能力和其他子能力维度上存在显著性差异，学业成绩在 51%～75%的学生显著高于学业成绩在后 25%的学生。

表 4-3　研究型大学不同学业基础大学生创新创业能力的差异比较

能力维度	学业基础($M \pm SD$)				F	p	多重比较
	前 25%（N= 258）	26%～50%（N=231）	51%～75%（N=151）	后 25%（N=70）			
创新创业能力	3.707±0.488	3.640±0.428	3.620±0.480	3.477±0.463	4.702	0.003	1>4;2>4;3>4;
目标确定能力	3.872±0.539	3.824±0.489	3.747±0.531	3.555±0.548	7.456	<0.001	1>3;1>4;2>4;3>4;
行动筹划能力	3.640±0.686	3.524±0.626	3.498±0.705	3.298±0.637	5.249	0.001	1>3;1>4;2>4;3>4;
果断决策能力	3.441±0.695	3.276±0.667	3.365±0.672	3.150±0.686	4.443	0.004	1>2;1>4;3>4;
沟通合作能力	3.807±0.582	3.749±0.541	3.732±0.587	3.569±0.503	3.364	0.018	1>4;2>4;3>4;
把握机遇能力	3.492±0.583	3.466±0.550	3.473±0.599	3.468±0.537	0.096	0.962	
防范风险能力	3.771±0.549	3.733±0.518	3.624±0.633	3.619±0.551	2.984	0.031	1>3;1>4;
逆境奋起能力	3.866±0.653	3.812±0.620	3.843±0.690	3.610±0.738	2.861	0.036	1>4;2>4;3>4;

注：在多重比较中，1 表示学业成绩前 25%的学生；2 表示学业成绩 26%～50%的学生；3 表示学业成绩 51%～75%的学生；4 表示学业成绩后 25%的学生。

2. 与全国高校及其他类型高校不同学业基础学生的创新创业能力发展比较分析

研究型大学不同学业基础的学生创新创业能力、行动筹划能力、果断决策能力均低于全国高校、应用型大学和高职高专院校同等学业基础的学生。在目标确定能力上，研究型大学学业成绩在26%～50%和51%～75%阶段的学生高于其他类型高校相应学业基础的学生；但是前25%和后25%阶段的学生，目标确定能力低于其他类型高校。在沟通合作能力上，学业成绩在前25%、26%～50%、后25%阶段的学生均低于其他类型高校相应学业基础的学生，但在51%～75%阶段则反之。在把握机遇能力上，研究型大学不同学业基础的学生仅高于全国高校和应用型大学后25%的学生，低于其他高校前75%的学生。在防范风险能力上，研究型大学前三个学业基础阶段（前75%）的学生均低于其他高校相应学业基础的学生，后25%的学生高于全国高校和应用型大学相应学业基础的学生。在逆境奋起能力上，研究型大学学业成绩在51%～75%阶段的学生高于其他类型高校相应学业基础的学生；在其他三个成绩阶段则反之。

由此可见，研究型大学不同学业基础的学生的创新创业子能力发展水平相比其他院校处于劣势，但是研究型大学学业成绩后25%的学生在把握机遇能力、防范风险能力上高于全国高校和应用型大学相应学业基础的学生；研究型大学学业成绩在51%～75%阶段的学生在目标确定能力、逆境奋起能力和沟通合作能力上，高于其他类型高校相应学业基础的学生。

（六）基于学生干部经历的大学生创新创业能力发展水平比较分析

1. 研究型大学不同学生干部经历的学生的创新创业能力比较分析

如表4-4所示，担任学生干部时间越长，创新创业能力越强。从无学生干部经历到具有2年以上干部经历，学生的创新创业能力和各项子能力均有提高，增幅由高到低依次是沟通合作能力（0.352）、逆境奋起能力（0.285）、目标确定能力（0.238）、防范风险能力（0.224）、创新创业能力（0.218）、行动筹划能力（0.191）、把握机遇能力（0.142）、果断决策能力（0.121）。

研究型大学学生干部经历从“无”到“1年及以下”的学生的创新创业能力增值最大（0.139），从“1年及以下”到“1～2年（含）”增值趋缓（0.015），从“1～2年（含）”到“2年以上”增值又在提高（0.064）。

表 4-4　研究型大学不同学生干部经历学生的创新创业能力差异比较

能力维度	学生干部经历（$M \pm SD$）				F	p	多重比较
	无（$N=248$）	1 年及以下（$N=227$）	1～2 年（含）（$N=174$）	2 年以上（$N=61$）			
创新创业能力	3.543±0.484	3.682±0.480	3.697±0.415	3.761±0.445	6.540	<0.001	2>1;3>1;4>1
目标确定能力	3.710±0.575	3.815±0.530	3.852±0.459	3.948±0.471	4.635	0.003	4>1
行动筹划能力	3.448±0.717	3.515±0.681	3.660±0.589	3.639±0.629	3.977	0.008	3>1;4>1
果断决策能力	3.245±0.668	3.401±0.736	3.397± 0.639	3.366±0.651	2.617	0.050	2>1;3>1
沟通合作能力	3.585±0.567	3.805±0.549	3.842±0.548	3.937±0.517	12.036	<0.001	2>1;3>1;4>1
把握机遇能力	3.392±0.583	3.539±0.565	3.496±0.547	3.534±0.571	3.016	0.029	2>1
防范风险能力	3.634±0.586	3.736±0.573	3.743±0.519	3.858±0.489	3.332	0.019	2>1;3>1;4>1
逆境奋起能力	3.690±0.716	3.900±0.648	3.838±0.605	3.975±0.557	5.552	0.001	2>1;4>1

注：在多重比较中，1 表示无学生干部经历；2 表示 1 年及以下学生干部经历；3 表示 1～2 年（含）学生干部经历；4 表示 2 年以上学生干部经历。

采用单因素方差分析不同学生干部经历的学生的创新创业能力发展的差异性。首先进行方差齐性检验，检验结果显示，目标确定能力和逆境奋起能力方差不齐($p<0.05$)，其他能力方差齐性($p>0.05$)。对方差不齐的能力采用非参数检验(Tamhane T2)，对方差齐性的能力采用参数检验(LSD)。检验结果表明，大学生创新创业能力和7个子能力在不同学生干部经历上均具有显著性差异($p<0.05$)。这说明学生干部经历对于提升大学生创新创业能力具有正向影响作用。

2. 与全国高校及其他类型高校不同学生干部经历的学生的创新创业能力发展比较分析

研究型大学具有不同学生干部经历的学生的创新创业总体能力发展水平均低于全国高校、应用型大学和高职高专院校的学生。然而，研究型大学学生干部经历从“无”到“2年以上”的学生的创新创业能力增幅(0.218)高于全国高校(0.198)和应用型大学(0.194)，低于高职高专院校(0.278)，可见研究型大学学生干部培养在提升学生创新创业能力上具有更明显的效果。研究型大学学生干部经历从“无”到“2年以上”的学生的沟通合作能力和逆境奋起能力增值情况均高于其他院校，说明学生干部经历对研究型大学学生沟通合作能力和逆境奋起能力起到了较好的培养促进作用，但“2年以上”学生干部经历学生的沟通合作能力和逆境奋起能力评分仍然低于全国高校和高职高专院校。

(七)基于社团经历的大学生创新创业能力发展水平比较分析

1. 研究型大学不同社团经历学生的创新创业能力比较分析

如表4-5所示，具有不同社团参与年限的研究型大学学生在创新创业能力发展水平上的表现各不相同。数据显示，社团参与时间越长，学生创新创业能力发展水平越高。除防范风险能力、逆境奋起能力在社团经历1～2年时出现了阶段性下降外，创新创业总体能力和其他5个子能力均随着社团经历时间的增加而提高。

从无社团经历到具有2年以上社团经历，研究型大学学生的创新创业能力和各项子能力均有所提高，增幅由高到低依次是沟通合作能力(0.418)、防范风险能力(0.298)、果断决策能力(0.286)、逆境奋起能力(0.278)、创新创业能力(0.265)、行动筹划能力(0.250)、目标确定能力(0.242)、把握机遇能力(0.160)。

表 4-5 研究型大学不同社团经历学生的创新创业能力差异比较

能力维度	社团经历($M\pm SD$)				F	p	多重比较
	无 (N=225)	1 年及以下 (N=290)	1～2 年(含) (N=159)	2 年以上 (N=36)			
创新创业能力	3.572±0.472	3.652±0.464	3.686±0.429	3.837±0.578	4.300	0.016	
目标确定能力	3.733±0.553	3.799±0.536	3.852±0.459	3.975±0.573	3.022	0.029	3>1;4>1
行动筹划能力	3.463±0.691	3.541±0.654	3.599±0.617	3.713±0.882	2.189	0.140	
果断决策能力	3.274±0.689	3.341±0.697	3.393±0.632	3.560±0.749	2.262	0.080	
沟通合作能力	3.675±0.569	3.718±0.552	3.832±0.530	4.093±0.650	7.360	<0.001	3>1;4>1;3>2;4>2;4>3
把握机遇能力	3.417±0.546	3.497±0.574	3.502±0.562	3.577±0.702	1.420	0.236	
防范风险能力	3.633±0.548	3.745±0.572	3.716±0.542	3.931±0.574	3.670	0.012	2>1;4>1;4>3
逆境奋起能力	3.727±0.677	3.857±0.647	3.832± 0.632	4.005±0.767	2.745	0.042	2>1;4>1

注:在多重比较中,1 表示无社团经历;2 表示 1 年及以下社团经历;3 表示 1～2 年(含)社团经历;4 表示 2 年以上社团经历。

为了进一步剖析不同社团参与年限学生创新创业能力发展水平的差异性，我们使用单因素方差分析进行均值比较。首先进行方差齐性检验，检验结果显示，创新创业能力和行动筹划能力方差不齐（$p<0.05$），其他能力方差齐性（$p>0.05$）。检验结果表明，研究型大学学生的目标确定能力、沟通合作能力、防范风险能力和逆境奋起能力在不同学生社团经历上具有显著性差异，在果断决策能力、把握机遇能力、创新创业能力和行动筹划能力上不存在显著性差异。

事后多重检验结果表明，无社团经历的学生在目标确定能力、沟通合作能力上显著低于具有1年以上社团经历的学生（$p<0.05$）。具有1年以上社团经历的学生在沟通合作能力上显著高于1年及以下社团经历的学生（$p<0.001$）。具有2年以上社团经历的学生在沟通合作能力上显著高于具有1～2年社团经历的学生（$p<0.001$）。具有1年及以下社团经历的学生和2年以上社团经历的学生在防范风险能力和逆境奋起能力上显著高于无社团经历的学生（$p<0.05$）。该结果再次表明，社团参与经历对研究型大学学生目标确定能力、沟通合作能力、防范风险能力和逆境奋起能力的培养具有重要的促进作用。

2. 与全国高校及其他类型高校不同社团经历的学生的创新创业能力发展比较分析

将研究型大学与全国高校、应用型大学和高职高专院校不同社团经历学生的创新创业能力发展水平进行比较，发现研究型大学不同社团经历学生的创新创业能力、行动筹划能力、果断决策能力、把握机遇能力、逆境奋起能力均低于全国高校、应用型大学和高职高专院校相应社团经历的学生。但是研究型大学2年以上社团经历的学生在沟通合作能力上高于其他高校不同社团经历的学生，研究型大学2年以上社团经历的学生在防范风险能力上高于全国高校和应用型大学。这说明研究型大学2年以上的社团经历对学生的沟通合作能力和防范风险能力均起到了促进作用。

研究型大学学生创新创业能力发展水平从“无社团经历”到具有“2年以上”社团经历的增幅（0.265）高于全国高校（0.244）和应用型大学（0.236）。除行动筹划能力和把握机遇能力外，从“无社团经历”到具有“2年以上”社团经历，研究型大学学生在目标确定能力、果断决策能力、沟通合作能力、防范风险能力、逆境奋起能力等5项子能力上的增幅均高于全国高校和应用型大学。其中沟通合作能力、逆境奋起能力的增幅还高于高职高专院校。这表明研究型大学在社团建设上取得了一定成效，研究型大学学生在社团参与中获得了较大的收获和成长。

三、研究型大学学生创新创业能力发展情况总结

本研究通过描述性统计分析探究了研究型大学学生创新创业能力总体发展情况；通过差异性统计分析探讨了不同个体特征和院校背景的研究型大学学生创新创业能力的差异情况。

（一）研究型大学学生创新创业能力结构不均衡，与其他类型高校相比仍有差距

研究型大学学生创新创业能力 7 个子能力发展并不均衡，在逆境奋起能力、目标确定能力、沟通合作能力、防范风险能力上自我评价较好，均高于创新创业能力平均值，而在行动筹划能力、把握机遇能力以及果断决策能力上则表现略为逊色，均低于创新创业能力平均值。在大学生创新创业总能力上，研究型大学均低于全国高校、应用型大学和高职高专院校。在大学生创新创业子能力上，除了目标确定能力、沟通合作能力、防范风险能力略低于其他类型高校外，行动筹划能力、果断决策能力、把握机遇能力和逆境奋起能力 4 项子能力与其他类型高校仍有一定差距。

研究型大学学生的创新创业子能力中“自我认同”“自我认知”“团队合作”“风险管理”4 个二级维度高于其他类型高校外，其余二级维度均低于其他类型高校。7 项子能力具体对比情况如下。(1)目标确定能力：“自我认同”和“自我认知”能力高于其他类型高校，“评估形势”和“设置目标”能力低于其他类型高校。(2)行动筹划能力：“制定规划”和“主动行为”能力均低于其他类型高校，尤其是“制定规划”能力差距较大。(3)果断决策能力：最低水平子能力，“冒险精神”和“大胆决策”能力均低于其他类型高校，尤其是“大胆决策”能力差距较大。(4)沟通合作能力：强于“团队合作”，弱于“沟通交往”；“团队合作”能力高于其他类型高校，“沟通交往”能力低于其他类型高校。(5)把握机遇能力：“创新行为”、“发现并评估机会”和“忍受不确定性”能力均低于其他类型高校，尤其是“忍受不确定性”能力差距较大。(6)防范风险能力：强于“风险管理”，弱于“反思学习”；“风险管理”能力高于其他类型高校，“反思学习”能力低于其他类型高校。(7)逆境奋起能力：最高水平子能力，“韧性”和“乐观”能力低于其他类型高校，尤其是“乐观”能力差距较大。

可见，除目标确定能力中的“自我认同”能力和“自我认知”能力、沟通合作能力中的“团队合作”能力、防范风险能力中的“风险管理”能力高于其他类型高校，其他绝大多数子能力的二级维度均低于其他类型高校。

（二）研究型大学学生创新创业能力发展水平具有群体差异，存在部分创新创业能力优势群体

1. 研究型大学学生创新创业能力发展受不同方面因素影响

研究型大学学生创新创业能力在学科类别、年级上不存在显著差异，但在性别、家庭所在地、学业基础、学生干部经历、社团经历方面存在显著差异，具体如下：

(1)学科类别比较：无显著差异。研究型大学人文社科学生的创新创业能力高于理工科学生，但差异不构成统计学意义。

(2)年级比较：无显著差异。不同年级学生在创新创业能力上的差异不构成统计学意义。

(3)性别比较：研究型大学女生的果断决策能力显著低于男生，其他能力不存在显著性差异。

(4)家庭所在地比较：研究型大学的城市学生的创新创业能力显著高于农村学生。在创新创业总能力、目标确定能力、行动筹划能力、沟通合作能力、防范风险能力上，研究型大学的城市学生显著高于农村学生，其中在沟通合作能力、防范风险能力上具有极其显著差异。

(5)学业基础比较：研究型大学学生学业基础越好，创新创业能力越强，需要重点关注学业基础前25%和后25%的学生。研究型大学不同学业基础的学生除在把握机遇能力上不存在显著性差异外，在其他能力维度均存在学习成绩前25%的学生显著高于学业成绩后25%的学生的现象。在创新创业总能力上，学习成绩在前75%的学生均显著高于后25%的学生，表明需要对后25%的学生进行重点关注。学业成绩在前50%的学生在除果断决策能力外的其他各项能力发展上均无显著差异，也即“拔尖学生”的“拔尖性”并未凸显，表明需要对学习成绩在前25%的学生进行重点关注。

(6)学生干部经历比较：研究型大学学生担任学生干部时间越长，创新创业能力越强。从无学生干部经历到具有2年以上干部经历，研究型大学学生的创新创业能力和各项子能力均有提高。研究型大学学生干部经历从“无”到“1年及以下”的学生的创新创业能力增幅最大(0.139)，从“1年及以下”到

“2 年以上”增幅趋缓(0.079)。可见学生干部经历对研究型大学学生的创新创业能力的提高具有边际递减效应。研究型大学具有学生干部经历的学生的创新创业能力和 7 个子能力显著高于没有学生干部经历的学生。这表明学生干部经历对于提升大学生创新创业能力具有重要作用。

(7)社团经历比较:研究型大学学生社团参与时间越长,创新创业能力越强。从无社团经历到具有 2 年以上社团经历,研究型大学学生的创新创业能力和各项子能力均有所提高,增幅最高的是沟通合作能力,最低的是把握机遇能力。研究型大学学生的目标确定能力、沟通合作能力、防范风险能力和逆境奋起能力在不同学生社团经历上具有显著性差异,在创新创业总能力、行动筹划能力、果断决策能力、把握机遇能力上不存在显著性差异。这说明社团经历有助于提高研究型大学学生的目标确定能力、沟通合作能力、防范风险能力和逆境奋起能力。

2. 研究型大学存在部分创新创业能力优势群体

绝大多数研究型大学各类学生群体的创新创业能力均低于其他类型高校,但仍存在部分创新创业能力优势学生群体,其创新创业能力或子能力高于全国高校学生群体,具体如下:

(1)研究型大学人文社科学生。研究型大学人文社科学生的创新创业能力发展水平高于全国高校,目标确定能力高于全国高校和应用型大学。

(2)研究型大学女生。研究型大学女生的沟通合作能力高于全国高校和应用型大学。

(3)研究型大学学业成绩后 50%的学生。研究型大学学业成绩后 25%的学生在把握机遇能力、防范风险能力上高于全国高校和应用型大学同等学业基础的学生;研究型大学学业成绩在 51%～75%阶段的学生在目标确定能力、逆境奋起能力和沟通合作能力上,高于其他类型高校同等学业基础的学生。

(4)研究型大学具有 2 年以上社团经历的学生。研究型大学具有 2 年以上社团经历的学生在沟通合作能力上高于其他类型高校不同社团经历的学生,研究型大学具有 2 年以上社团经历的学生防范风险能力高于全国高校和应用型大学学生。这说明 2 年以上的社团经历对学生的沟通合作能力和防范风险能力均起到了促进作用。

3. 实践经历对研究型大学学生创新创业能力具有明显影响

具有 2 年以上学生干部经历或社团经历对研究型大学学生创新创业能力

的增进作用高于其他类型高校，具体如下：

(1)从无学生干部经历到具有2年以上干部经历，研究型大学学生的创新创业能力增幅高于全国高校和应用型大学，沟通合作能力和逆境奋起能力增幅高于其他类型院校。

(2)从无社团经历到具有2年以上社团经历，研究型大学学生创新创业能力和5项子能力(目标确定能力、果断决策能力、沟通合作能力、防范风险能力、逆境奋起能力)的增幅高于全国高校和应用型大学。这表明研究型大学在社团建设上取得了一定成效，研究型大学学生在社团参与中得到了较大的收获和成长。

第三节　创新创业教育过程性因素的特征分析

创新创业教育过程性因素是影响大学生创新创业能力的重要因素，包含个体层面和院校层面。本节将对案例高校创新创业教育过程性因素特征进行分析。

一、研究型大学创新创业教育个体层面影响因素的特征分析

本部分聚焦案例高校创新创业教育个体层面影响因素的基本特征，并与其他类型高校进行比较分析。

(一)研究型大学学生个体投入维度的基本特征

1. 总体水平特征

描述性结果显示，研究型大学学生个体投入度为3.261(SD=0.514)，接近全国样本聚类分析结果的中分组均值(M=3.286)。这表明研究型大学学生个体投入处于中等水平。具体而言，工具利用(M=3.920，SD=0.666)>掌握目标定向(M=3.646，SD=0.683)>反思性学习(M=3.612，SD=0.623)>学业效能感(M=3.479，SD=0.691)>生生互动(M=3.347，SD=0.760)>课堂学习投入(M=3.334，SD=0.774)>课外自学投入(M=3.028，SD=0.734)>课外活动投入(M=2.708，SD=0.788)>师生互动(M=2.629，SD=0.888)。从该数据可知，研究型大学学生在工具利用、深度学习等方面投入相对较好，而在课外自学、课外活动和师生互动上的投入亟待

提高。

从院校对比来看，研究型大学学生的个体投入度（$M=3.261$，$SD=0.514$）略低于全国高校（$M=3.296$，$SD=0.547$）、应用型大学（$M=3.287$，$SD=0.545$）和高职高专院校（$M=3.344$，$SD=0.570$）。

2. 整体样态

将个体投入的9个维度作为分析变量进行快速聚类，分析结果如表4-6所示。研究结果显示，个体投入可以分为三个组别：个体投入高分组（$M=3.796$，$SD=0.276$）共241人，占比33.94%；个体投入中分组（$M=3.176$，$SD=0.189$）共337人，占比47.46%；个体投入低分组（$M=2.500$，$SD=0.262$）共132人，占比18.60%。

从聚类分析结果来看，约三分之一的同学认为其个体投入较高；近一半的学生认为其个体投入中等；近20%的学生认为其个体投入较低。三组在课外活动投入、师生互动方面的情况均不佳，但工具利用维度在三组中得分均为最高值。高分组内各维度得分差距为0.801，中分组内各维度得分差距为1.438，低分组内各维度得分差距1.871，可见低分组中各维度得分差距最大，在师生互动（$M=1.619$）上的表现最弱。

与全国总样本的聚类分析结果相比较，研究型大学学生个体投入的高分组（33.94%）占比高于全国高分组（24.89%）；研究型大学学生个体投入的中分组（47.46%）占比低于全国中分组（50.83%）；研究型大学学生个体投入的低分组（18.59%）占比也低于全国低分组（24.28%）。

研究型大学在中分组内的课外自学投入、工具利用以及低分组的工具利用上高于全国样本对应维度，但在其他各组各维度上均低于全国样本，这表明研究型大学亟须采取措施提升学生个体投入，尤其是师生互动和课外活动投入。

表4-6　研究型大学学生个体投入聚类分析结果

维度	高分组（$N=241$）	中分组（$N=337$）	低分组（$N=132$）
学业效能感	3.888±0.599	3.387±0.555	2.967±0.738
掌握目标定向	4.090±0.535	3.561±0.559	3.052±0.677
课外活动投入	3.383±0.575	2.572±0.556	1.820±0.525
课外自学投入	3.618±0.496	2.958±0.515	2.126±0.561
课堂学习投入	3.945±0.589	3.281±0.489	2.354±0.575

续表

维度	高分组(N=241)	中分组(N=337)	低分组(N=132)
反思性学习	3.924±0.576	3.554±0.550	3.189±0.589
师生互动	3.417±0.680	2.461±0.591	1.619±0.527
生生互动	3.920±0.555	3.281±0.549	2.471±0.635
工具利用	4.184±0.572	3.899±0.598	3.490±0.755

(二)研究型大学学生个体投入子维度的基本特征与比较分析

1. 学业效能感

学业效能感是指个体对自身成功完成学业任务所具有能力的判断与自信[①]。调查结果显示，研究型大学学生学业效能感(M=3.479，SD=0.691)略低于全国高校(M=3.522，SD=0.657)、应用型大学(M=3.520，SD=0.652)以及高职高专院校(M=3.549，SD=0.661)学生学业效能感。研究型大学相比其他类型高校，通常学业难度较高，学业负担较重，学生自我要求更高，在一定程度上也影响了研究型大学学生的学业效能感。

2. 掌握目标定向

掌握目标定向是指学生具有积极的学习动机，将学习目标设定为掌握知识和提高能力上，而不是为了好名次和好成绩。调查结果显示，研究型大学学生在"掌握目标定向"维度上的评分为3.646(SD=0.683)，在研究型大学个体投入的9个维度中仅低于"工具利用"维度，处于较高水平。然而，与全国高校(M=3.727，SD=0.621)、应用型大学(M=3.719，SD=0.615)和高职高专院校(M=3.796，SD=0.610)大学生的"掌握目标定向"评分相比仍有差距。

3. 课外活动投入

课外活动投入是指学生在各类创新创业项目、学业竞赛、社团组织或社会实践等实践性学习上的投入情况。调查结果显示，研究型大学学生的课外活动投入较低(M=2.708，SD=0.788)，仅高于研究型大学学生个体投入9个维度中的"师生互动"，低于全国高校(M=2.827，SD=0.826)、应用型大学(M=2.818，SD=0.823)和高职高专院校(M=2.915，SD=0.847)学生的课

---

① 王小新，苗晶磊．大学生学业自我效能感、自尊与学习倦怠关系研究[J]．东北师大学报(哲学社会科学版)，2012(1)：192-196．

外活动投入，这表明仍需进一步优化研究型大学组织的各类课外活动。

4. 课外自学投入

课外自学投入是指学生在课堂外的学习情况，包括阅读与专业相关的书籍、学术论文，写课程论文或报告，修读跨学科/跨专业课程，在图书馆/自习室等学习等。研究型大学学生在课外自学投入上的自评分数（$M=3.028$，SD=0.734）在个体投入9个维度中处于偏下水平，说明研究型大学学生的课外自学投入亟须提高。然而，与全国高校（$M=2.965$，SD=0.758）、应用型大学（$M=2.972$，SD=0.745）和高职高专院校（$M=2.909$，SD=0.816）学生课外自学投入相比，研究型大学学生的课外自学情况具有比较优势。

5. 课堂学习投入

课堂学习投入是指学生在课堂上积极思考、合作讨论、汇报展示和主动发言等情况。调查结果显示，研究型大学学生在课堂学习投入（$M=3.334$，SD=0.774）的自评分数低于高职高专院校学生的课堂学习投入（$M=3.383$，SD=0.781），但高于全国高校（$M=3.284$，SD=0.779）和应用型大学（$M=3.255$，SD=0.777）学生的课堂学习投入。

6. 反思性学习

反思性学习是学生反省自己的学习过程和学习结果，是元认知和问题解决的过程。调查结果显示，研究型大学学生反思性学习水平（$M=3.612$，SD=0.623）略低于全国高校（$M=3.638$，SD=0.580）、应用型大学（$M=3.630$，SD=0.577）和高职高专院校（$M=3.681$，SD=0.575）。这说明研究型大学需要进一步创造反思条件，培养学生的反思意识和技能，引导学生自觉反思，使学生能够在反思中不断进步。

7. 师生互动

师生互动是教师与学生之间相互影响和作用，主要指学生与教师讨论课程/学习/作业等问题，与教师日常交流交往，与教师交流学习规划、未来规划等问题。然而，研究型大学师生互动评分（$M=2.629$，SD=0.888）在研究型大学个体投入的9个维度中最低。与其他类型高校相比也处于明显劣势，低于全国高校（$M=2.829$，SD=0.918），差距为0.2；低于应用型大学（$M=2.814$，SD=0.915），差距为0.185；低于高职高专院校（$M=2.973$，SD=0.922），差距为0.344。可见，研究型大学亟须采取措施，为师生课内外有效互动提供有利条件，鼓励师生积极进行互动交流，从而发挥教师对学生的指导和促进作用。

8. 生生互动

生生互动是与同学之间探讨学习、个人兴趣爱好、职业理想等问题，与其他同学成为好朋友、组成学习小组等交往活动。数据结果显示，研究型大学学生在生生互动方面的表现（M＝3.347，SD＝0.760）低于全国高校学生的生生互动水平（M＝3.420，SD＝0.760），差距为 0.073；低于应用型大学学生的生生互动水平（M＝3.410，SD＝0.760），差距为 0.063；低于高职高专院校学生的生生互动水平（M＝3.492，SD＝0.752），差距为 0.145。这表明研究型大学的生生互动仍有一定提升空间。

9. 工具利用

工具利用是指学生能够借助于手机和电脑等现代化工具进行社交活动、查阅和下载学习工作资料等。工具利用是大学生个体投入维度中评分最高的维度。调查结果显示，研究型大学学生的工具利用水平（M＝3.920，SD＝0.666）高于全国高校（M＝3.766，SD＝0.668），差值为 0.154；高于应用型大学（M＝3.762，SD＝0.666），差值为 0.158；高于高职高专院校（M＝3.722，SD＝0.668），差值为 0.198。可见，研究型大学学生的工具利用水平具有明显比较优势。

二、研究型大学创新创业教育院校层面影响因素的特征分析

本部分将描绘案例高校创新创业教育院校层面影响因素现况。

（一）研究型大学院校支持维度的基本特征

1. 总体水平特征

描述性结果显示，研究型大学学生对院校支持总体评价得分为 3.714（SD＝0.514），接近全国样本聚类分析结果的中分组均值（M＝3.816），这表明研究型大学学生认为院校层面为个体发展提供的支持处于中等水平。具体而言，环境支持（M＝3.864，SD＝0.684）＞教师支持（M＝3.701，SD＝0.545）＞课程及教学支持（M＝3.667，SD＝0.586）。可见，相对而言，研究型大学学生对学校环境支持（制度支持和资源支持）的认可程度最高，而对教师支持（教师人际支持、教师自主支持和教师情感及能力支持）以及课程及教学支持（课程教学管理、教师教学水平、创新教学方式）的认可程度仍有待提高。

从院校比较来看，研究型大学院校支持维度的得分（M＝3.714，SD＝0.514）低于全国高校（M＝3.772，SD＝0.520）、应用型大学（M＝3.755，SD＝

0.520)和高职高专院校(M=3.866,SD=0.511)在院校支持维度上的得分。

2. 整体样态

通过对研究型大学院校支持维度进行聚类分析,发现高分组学生院校支持得分为4.388(SD=0.277),共有144人,占比为20.28%;中分组学生院校支持得分为3.731(SD=0.214),共有407人,占比为57.32%;低分组学生院校支持得分为3.059(SD=0.392),共有159人,占比为22.40%。(见表4-7)

总体来看,研究型大学院校支持评价良好,低分组的均值仍高于"3";高分组、中分组、低分组在院校支持三个维度上的评价不一致。高分组和中分组认为环境支持最好,低分组认为教师支持最好、环境支持最差。

与全国总样本的聚类分析情况相比较,研究型大学低分组占比数值与全国大学生总样本低分组占比较为相近,但研究型大学高分组占比数值高于全国大学生总样本高分组占比,研究型大学中分组占比数值低于全国大学生总样本中分组占比。

表4-7 研究型大学学生院校支持聚类分析结果

维度	高分组 (N=144)	中分组 (N=407)	低分组 (N=159)
环境支持	4.659±0.383	3.927±0.311	2.982±0.594
教师支持	4.334±0.381	3.702±0.310	3.128±0.507
课程及教学支持	4.337±0.413	3.683±0.336	3.017±0.511

(二)研究型大学院校支持子维度的基本特征与比较分析

1. 环境支持的基本特征与比较分析

(1)环境支持的基本特征

环境支持分为制度支持和资源支持。制度支持包括转专业制度、综合素质评价制度、充分的选课空间;资源支持主要包括良好的学业支持、自由探索的学习环境、图书馆等各类教学资源。调查结果显示,研究型大学学生对环境支持的评分为3.864,其中资源支持(M=4.013,SD=0.686)远高于制度支持(M=3.715,SD=0.804)。

(2)比较分析

从整体来看,研究型大学学生对环境支持的评分(M=3.864,SD=0.684)接近全国样本聚类分析结果的中分组均值(M=3.916,SD=0.305)。

这说明环境支持处于中等水平，但略高于全国高校（M＝3.853，SD＝0.641）和应用型大学（M＝3.845，SD＝0.640）学生对环境支持的评分，略低于高职高专院校（M＝3.882，SD＝0.630）学生对环境支持的评分。

具体而言，在制度支持维度上，研究型大学（M＝3.715，SD＝0.804）的表现低于全国高校（M＝3.820，SD＝0.688）、应用型大学（M＝3.820，SD＝0.680）和高职高专院校（M＝3.861，SD＝0.666）；在资源支持维度上，研究型大学（M＝4.013，SD＝0.686）的表现高于全国高校（M＝3.886，SD＝0.681）、应用型大学（M＝3.870，SD＝0.681）和高职高专院校（M＝3.903，SD＝0.673）。这说明研究型大学的资源支持水平较高，但制度支持水平仍有提升空间。

2. 教师支持的基本特征与比较分析

（1）教师支持的基本特征

教师支持分为教师人际支持、教师自主支持、教师情感及能力支持。根据描述性统计结果，研究型大学教师支持（M＝3.701，SD＝0.545）接近全国样本聚类分析结果的中分组均值（M＝3.763，SD＝0.282），这说明教师支持处于中等水平。其中教师自主支持（M＝3.845，SD＝0.624）评分最高，其次是教师情感及能力支持（M＝3.739，SD＝0.630），教师人际支持（M＝3.483，SD＝0.725）则明显低于教师自主支持、教师情感及能力支持。由此可见，研究型大学教师能够尊重、关心、鼓励、帮助和支持学生，认可学生的进步。然而，教师人际支持较为薄弱，学生在与任课教师、辅导员、行政人员、学院领导等教师群体的人际关系上仍有改进的空间。

（2）比较分析

总体来看，研究型大学教师支持评分（M＝3.701，SD＝0.545）略低于全国高校（M＝3.730，SD＝0.558）和应用型大学（M＝3.711，SD＝0.557），且与高职高专院校（M＝3.823，SD＝0.561）仍有一定差距。

具体而言，在人际支持上，研究型大学（M＝3.483，SD＝0.725）高于全国高校（M＝3.467，SD＝0.728）和应用型大学（M＝3.441，SD＝0.727），但低于高职高专院校（M＝3.570，SD＝0.720）。

在教师自主支持上，研究型大学（M＝3.845，SD＝0.624）略低于全国高校（M＝3.880，SD＝0.609）和应用型大学（M＝3.863，SD＝0.606），且与高职高专院校（M＝3.969，SD＝0.612）仍有一定差距。

在教师情感及能力支持上，研究型大学（M＝3.739，SD＝0.630）略低于全国高校（M=3.787，SD=0.634）和应用型大学（M=3.770，SD=0.632），且与高职高专院校（M=3.877，SD=0.637）仍有一定差距。

可见，相比其他类型高校，研究型大学在教师人际支持、教师自主支持和教师情感及能力支持上仍有一定提升空间。

3. 课程及教学支持的基本特征与比较分析

（1）课程及教学支持的基本特征

课程及教学支持分为课程教学管理支持、教师教学水平支持以及创新教学方式支持。课程教学管理支持主要是课程安排和设置合理、课程作业任务和考核评价合理、学习负担适中等。教师教学水平支持主要是教师在教学中能够将理论联系实际，鼓励学生独立思考，吸引并保持学生的注意力，激发学生学习兴趣，提供实践和参与机会等。创新教学方式支持主要是课程采用小组合作、小型研讨会或讨论、案例教学或模拟等教学方式。

根据描述性分析结果，研究型大学学生对教师教学水平（M=3.797，SD=0.647）评分最高，其次为课程教学管理（M=3.582，SD=0.706），再次为教师的创新教学方式（M=3.503，SD=0.878）。可见，研究型大学教师在课程教学管理和创新教学方式上仍有待改进。

（2）比较分析

通过对比分析发现，研究型大学学生对课程及教学支持的评分（M=3.667，SD=0.586）接近全国样本聚类分析结果的中分组均值（M=3.833，SD=0.261）。这说明课程及教学支持处于中等水平，且低于全国高校（M=3.785，SD=0.557）、应用型大学（M=3.767，SD=0.557）和高职高专院校（M=3.906，SD=0.522）。

具体而言，在课程教学管理评分上，研究型大学（M=3.582，SD=0.706）远低于全国高校（M=3.768，SD=0.630）、应用型大学（M=3.761，SD=0.630）和高职高专院校（M=3.874，SD=0.576）；在教师教学水平评分上，研究型大学（M=3.797，SD=0.647）略低于全国高校（M=3.854，SD=0.605）、应用型大学（M=3.832，SD=0.605），明显低于高职高专院校（M=3.971，SD=0.571）；在创新教学方式评分上，研究型大学（M=3.503，SD=0.878）低于全国高校（M=3.650，SD=0.761）、应用型大学（M=3.627，SD=0.763），远低于高职高专院校（M=3.807，SD=0.677）。可见，研究型大学在课程及教学支持上不及其他类型高校，尤其在创新教学方式和课程教学管理上差距较大。

三、研究型大学创新创业教育过程性因素特征总结

（一）研究型大学学生个体投入处于中等水平，仍有一定提升空间

研究型大学学生个体投入处于中等水平，在课外自学、课外活动、师生互动上的投入亟待加强。研究型大学学生个体投入均值为3.261（SD=0.514），接近全国样本聚类分析结果的中分组均值（M=3.286），表明研究型大学学生个体投入处于中等水平。具体而言，研究型大学个体投入的9个维度中，学业效能感、掌握目标定向、反思性学习、生生互动、课堂学习投入、工具利用投入度尚可，但在课外自学投入（M=3.028）、课外活动投入（M=2.708）、师生互动（M=2.629）上的投入度普遍较低。

研究型大学学生个体投入总体情况和6个子维度低于其他类型高校，在课外自学、课堂学习投入、工具利用上高于全国高校和应用型大学。研究型大学学生个体投入略低于全国高校、应用型大学和高职高专院校。从具体9个维度来看，研究型大学在学业效能感、掌握目标定向、课外活动投入、反思性学习、师生互动、生生互动6个维度上的评分均低于全国高校、应用型大学和高职高专院校，尤其在师生互动上具有较大差距；在课外自学（M=3.028）、课堂学习投入（M=3.334）、工具利用（M=3.920）上的评分高于全国高校和应用型大学，在课外自学和工具利用上的评分还高于高职高专院校。研究型大学学生的工具利用评分（M=3.920）高于其他各类型高校，说明研究型大学学生的工具利用水平处于优势地位。

（二）研究型大学院校支持处于中等水平，与其他类型高校相比仍有差距

研究型大学院校支持评分（M=3.714，SD=0.514）接近全国样本聚类分析结果的中分组均值（M=3.816），表明研究型大学学生认为院校层面为个体发展提供的支持处于中等水平。具体而言，环境支持＞教师支持＞课程及教学支持。从院校比较来看，研究型大学院校支持维度的评分低于全国高校、应用型大学和高职高专院校。

环境支持处于中等水平，其中资源支持远高于其他类型高校，制度支持低于其他类型高校。研究型大学环境支持接近于全国样本聚类分析结果的中分组均值，说明环境支持处于中等水平，但评分略高于全国高校和应用型大学，

其中研究型大学学生最为满意的是资源支持，其次为制度支持。具体而言，在资源支持维度上，研究型大学的表现远高于其他类型高校；在制度支持维度上，研究型大学的表现低于其他类型高校。相比其他类型高校，研究型大学具有更为充足的办学经费和办学资源，因此资源支持水平最高，但制度支持水平仍有提升空间。

教师支持处于中等水平，教师支持度总体情况以及教师自主支持和教师情感及能力支持均低于其他类型高校。研究型大学教师支持接近全国样本聚类分析结果的中分组均值，说明教师支持处于中等水平。其中教师自主支持分值最高，教师人际支持分值最低。院校比较发现，研究型大学教师支持总体情况和教师自主支持、教师情感及能力支持两个二级维度均低于全国高校、应用型大学和高职高专院校。然而，研究型大学学生的教师人际支持度却高于全国高校和应用型大学教师人际支持度。综上所述，研究型大学在教师人际支持、教师自主支持和教师情感及能力支持上均有一定提升空间。

课程及教学支持处于中等水平，课程及教学支持总体情况与具体维度均低于其他类型高校。研究型大学课程及教学支持接近全国样本聚类分析结果的中分组均值，说明处于中等水平。研究型大学学生对教师教学水平评分最高，其次为课程教学管理，最后为教师的创新教学方式。研究型大学学生课程及教学支持总体情况与具体维度均低于全国高校、应用型大学和高职高专院校，尤其课程教学管理、创新教学方式差距较大，这表明研究型大学课程及教学质量仍需进一步提升。

综上所述，研究型大学院校支持处于中等水平，除资源支持外，制度支持、教师支持、课程及教学支持均需采取措施进行优化。

第四节　研究型大学学生创新创业能力发展的影响因素分析

本部分主要采用回归分析，通过构建不同的回归模型来分析创新创业教育影响因素与研究型大学学生创新创业能力的关系。将创新创业教育影响因素分为创新创业教育背景性因素和创新创业教育过程性因素，在对各因素单独探讨的基础上进行综合分析。

一、背景性因素对研究型大学学生创新创业能力的影响分析

（一）家庭背景变量对大学生创新创业能力的影响分析

将家庭所在地、父母接受教育程度作为自变量，以大学生创新创业能力作为因变量进行回归分析，发现家庭背景变量可以解释大学生创新创业能力2%的变异量。具体分析来看，家庭所在地、母亲接受教育程度对大学生创新创业能力的影响未达到显著，但是父亲受教育程度对大学生创新创业能力产生正向影响且达到显著，父亲接受过高等教育的学生的创新创业能力发展水平高于父亲未接受过高等教育的学生。（见表 4-8）

表 4-8　家庭背景变量对研究型大学学生创新创业能力的影响模型

变量	创新创业能力		
	β	t	p
家庭所在地（参照：农村）	0.019	0.446	0.655
父亲受教育程度（参照：未接受过高等教育）	0.108	2.145*	0.032
母亲受教育程度（参照：未接受过高等教育）	0.032	0.654	0.514
R^2		0.020	
调整 R^2		0.016	
F		$F(3,706)=4.728, p<0.01$	

注：β 为标准化回归系数。* $p<0.05$，** $p<0.01$，*** $p<0.001$。下同。

（二）个体特征变量对大学生创新创业能力的影响分析

以大学生个体特征维度中的各个变量作为自变量，以大学生创新创业能力作为因变量进行回归分析。研究显示，大学生个体特征与创新创业能力显著正相关，回归模型整体检验的 F 统计量达到显著水平，性别、年级、学科、学业基础、学生干部经历以及社团经历联合解释了创新创业能力 6.6%的变异量。从表 4-9 可知，性别和学生干部经历对大学生创新创业能力均具有显著影响。

表 4-9　个体特征变量对研究型大学学生创新创业能力的影响模型

变量	创新创业能力		
	β	t	p
性别(参照:女)	0.084	2.099*	0.036
年级(参照:大一)			
大二	−0.003	−0.067	0.946
大三	−0.094	−2.012*	0.045
大四	−0.036	−0.785	0.433
学科(参照:人文社科)	−0.024	−0.614	0.540
学业基础(参照:前 25%)			
26%～50%	−0.073	−1.741	0.082
51%～75%	−0.064	−1.535	0.125
后 25%	−0.137	−3.456**	0.001
学生干部经历(参照:无)			
1 年及以下	0.120	2.778**	0.006
1～2 年(含)	0.132	2.825**	0.005
2 年以上	0.120	2.732**	0.006
社团经历(参照:无)			
1 年及以下	0.077	1.729	0.084
1～2 年(含)	0.086	1.918	0.056
2 年以上	0.125	3.053**	0.002
R^2		0.066	
调整 R^2		0.047	
F		$F(14,695)=3.507, p<0.001$	

(三)背景性因素对大学生创新创业能力的综合影响分析

如表 4-10 所示,模型 1 为家庭背景变量的影响因素模型,模型 2 则将家庭背景变量、学生个体特征变量一同纳入回归模型中,得到创新创业教育背景性因素的影响全模型,该模型解释力为 8.0%,达到显著性水平($F(17,692)=3.545, p<0.001$)。与模型 1 相比,模型 2 解释力提高了 6.0%,且该

增量具有统计意义(F (14,692)=3.247,p<0.001)。这表明家庭背景和学生个体特征联合解释了大学生创新创业能力8.0%的变异量。

表 4-10 创新创业教育背景性因素的综合影响模型

自变量	模型 1			模型 2		
	β	t	p	β	t	p
家庭背景						
家庭所在地(参照:农村)	0.019	0.446	0.655	0.012	0.298	0.766
父亲受教育程度(参照:未接受过高等教育)	0.108	2.145*	0.032	0.104	2.095*	0.037
母亲受教育程度(参照:未接受过高等教育)	0.032	0.654	0.514	0.017	0.355	0.723
个体特征						
性别(参照:女)				0.088	2.228*	0.026
年级(参照:大一)						
大二				−0.023	−0.473	0.637
大三				−0.107	−2.300*	0.022
大四				−0.054	−1.169	0.243
学科(参照:人文社科)				−0.026	−0.660	0.510
学业基础(参照:前25%)						
26%~50%				−0.071	−1.703	0.089
51%~75%				−0.062	−1.472	0.141
后25%				−0.130	−3.294**	0.001
学生干部经历(参照:无)						
1年及以下				0.109	2.530*	0.012
1~2年(含)				0.134	2.868**	0.004
2年以上				0.122	2.794**	0.005
社团经历(参照:无)						
1年及以下				0.076	1.703	0.089
1~2年(含)				0.086	1.923	0.055
2年以上				0.115	2.810**	0.005
R^2		0.020			0.080	

续表

自变量	模型 1			模型 2		
	β	t	p	β	t	p
调整 R^2	0.016			0.058		
F	F (3,706)=4.728,p<0.01			F (17,692)=3.545,p<0.001		
$\triangle R^2$				0.060		
$\triangle F$				F (14,692)=3.247,p<0.001		

二、过程性因素对研究型大学学生创新创业能力的影响分析

在已有文献分析的基础上，本研究将创新创业教育过程性因素分为个体投入变量和院校支持变量，分别探讨个体投入、院校支持和创新创业教育过程性因素（个体投入＋院校支持）对研究型大学学生创新创业能力的影响。

（一）个体投入对大学生创新创业能力的影响分析

将个体投入层面的各变量全部加入模型当中，探讨个体投入对大学生创新创业能力的影响。数据显示，该模型通过 F 检验（$F=116.437$，$p<0.001$），模型解释力为 60.0%。

具体而言，除课外自学投入未对创新创业能力产生显著影响之外，其他 8 个维度的个体投入均对创新创业能力产生显著正向影响：学业效能感对创新创业能力具有显著正向影响（$\beta=0.292$，$p<0.001$）；掌握目标定向对创新创业能力具有显著正向影响（$\beta=0.230$，$p<0.001$）；课外活动投入对创新创业能力具有显著正向影响（$\beta=0.074$，$p<0.05$）；课堂学习投入对创新创业能力具有显著正向影响（$\beta=0.154$，$p<0.001$）；反思性学习对创新创业能力具有显著正向影响（$\beta=0.172$，$p<0.001$）；师生互动对创新创业能力具有显著正向影响（$\beta=0.069$，$p<0.05$）；生生互动对创新创业能力具有显著正向影响（$\beta=0.101$，$p<0.01$）；工具利用对创新创业能力具有显著正向影响（$\beta=0.056$，$p<0.05$）。

个体投入层面对创新创业能力具有显著影响的 8 个变量中，影响效应比较如下：学业效能感＞掌握目标定向＞反思性学习＞课堂学习投入＞生生互动＞课外活动投入＞师生互动＞工具利用。可见，与学业投入相关的变量比活动投入、人际投入变量对创新创业能力的影响效应更大。（见表 4-11）

表 4-11　个体投入对研究型大学学生创新创业能力的影响模型

变量	创新创业能力		
	β	t	p
学业效能感	0.292	9.460***	<0.001
掌握目标定向	0.230	7.068***	<0.001
课外活动投入	0.074	2.264*	0.024
课外自学投入	−0.034	−1.021	0.308
课堂学习投入	0.154	4.397***	<0.001
反思性学习	0.172	6.373***	<0.001
师生互动	0.069	2.059*	0.040
生生互动	0.101	3.024**	0.003
工具利用	0.056	2.144*	0.032
R^2		0.600	
调整 R^2		0.594	
F		$F(9,700)=116.437, p<0.001$	

（二）院校支持对大学生创新创业能力的影响分析

将院校支持层面的环境支持、教师支持以及课程及教学支持共同纳入回归模型中，探讨院校支持对大学生创新创业能力的影响效应与影响机制。研究显示，院校支持层面可以解释创新创业能力 33.7%的变异量，该模型通过 F 检验（$F(8,701)=44.549, p<0.001$）。

具体而言，教师支持和课程及教学支持对大学生创新创业能力具有显著正向影响，影响效应大小为：教师人际支持（$\beta=0.334, p<0.001$）>教师情感及教学支持（$\beta=0.190, p<0.001$）>课程教学管理（$\beta=0.101, p<0.05$）。这说明教师人际支持、教师情感及教学支持以及课程教学管理方面做得越好，学生创新创业能力越高。而环境支持（制度支持和资源支持）、教师自主支持、教师教学水平、创新教学方式未对创新创业能力产生显著影响。（见表 4-12）

表 4-12　院校支持对大学生创新创业能力的影响模型

变量	创新创业能力		
	β	t	p
环境支持			
制度支持	0.076	1.724	0.085
资源支持	−0.034	−0.720	0.472
教师支持			
教师人际支持	0.334	9.227***	<0.001
教师自主支持	−0.004	−0.096	0.924
教师情感及能力支持	0.190	3.742***	<0.001
课程及教学支持			
课程教学管理	0.101	2.315*	0.021
教师教学水平	0.057	1.027	0.305
创新教学方式	0.034	0.970	0.332
R^2		0.337	
调整 R^2		0.329	
F		$F\ (8,701)=44.549, p<0.001$	

(三)过程性因素对大学生创新创业能力的综合影响分析

模型 1 为个体投入对创新创业能力的影响模型,将创新创业教育过程性因素中的个体投入以及院校支持因素共同纳入回归分析模型中,得到模型 2。数据显示,院校支持因素加入后对模型具有解释意义,共同解释了创新创业能力 63.7%的变异量,比模型 1 增加了 3.7%的解释力,且该模型增量具有统计学意义($F\ (8,692)=8.864, p<0.001$)。

具体而言,学业效能感、掌握目标定向、课堂学习投入、反思性学习、生生互动、工具利用、教师人际支持、教师情感及能力支持、教师课程教学管理支持、创新教学方式等 10 个变量对创新创业能力具有显著影响:学业效能感对创新创业能力具有显著正向影响($\beta=0.273, p<0.001$);掌握目标定向对创新创业能力具有显著正向影响($\beta=0.201, p<0.001$);课堂学习投入对创新创业能力具有显著正向影响($\beta=0.137, p<0.001$);反思性学习对创新创业能力具有显著正向影响($\beta=0.167, p<0.001$);生生互动对创新创业能力具

有显著正向影响($\beta=0.083, p<0.05$)；工具利用对创新创业能力具有显著正向影响($\beta=0.055, p<0.05$)；教师人际支持对创新创业能力具有显著正向影响($\beta=0.165, p<0.001$)；教师情感及能力支持对创新创业能力具有显著正向影响($\beta=0.078, p<0.05$)；教师课程教学管理支持对创新创业能力具有显著正向影响($\beta=0.069, p<0.05$)；创新教学方式对创新创业能力具有显著负向影响($\beta=-0.067, p<0.05$)。课外活动投入、课外自学投入、师生互动、制度支持、资源支持、教师自主支持、教师教学水平等7个变量未对创新创业能力产生显著影响。(见表4-13)

表4-13　创新创业教育过程性因素的综合影响模型

变量	模型1			模型2		
	β	t	p	β	t	p
个体投入						
学业效能感	0.292	9.460***	<0.001	0.273	9.103***	<0.001
掌握目标定向	0.230	7.068***	<0.001	0.201	6.370***	<0.001
课外活动投入	0.074	2.264*	0.024	0.039	1.211	0.226
课外自学投入	−0.034	−1.021	0.308	−0.016	−0.508	0.611
课堂学习投入	0.154	4.397***	<0.001	0.137	3.962***	<0.001
反思性学习	0.172	6.373***	<0.001	0.167	6.368***	<0.001
师生互动	0.069	2.059*	0.040	0.027	0.831	0.407
生生互动	0.101	3.024**	0.003	0.083	2.576*	0.010
工具利用	0.056	2.144*	0.032	0.055	2.153*	0.032
院校支持						
制度支持				0.022	0.673	0.501
资源支持				−0.060	−1.667	0.096
教师人际支持				0.165	5.667***	<0.001
教师自主支持				0.011	0.336	0.737
教师情感及能力支持				0.078	2.033*	0.042
课程教学管理				0.069	2.088*	0.037
教师教学水平				−0.011	−0.253	0.800
创新教学方式				−0.067	−2.497*	0.013

续表

变量	模型 1			模型 2		
	β	t	p	β	t	p
R^2	0.600			0.637		
调整 R^2	0.594			0.628		
F	$F(9,700)=116.437, p<0.001$			$F(17,692)=71.355, p<0.001$		
$\triangle R^2$				0.037		
$\triangle F$				$F(8,692)=8.864, p<0.001$		

在创新创业教育过程性因素的综合模型中，各变量的影响效应大小如下：学业效能感＞掌握目标定向＞反思性学习＞教师人际支持＞课堂学习投入＞生生互动＞教师情感及能力支持＞课程教学管理＞创新教学方式＞工具利用。这表明在整体创新创业教育下，学生个体投入对能力的影响大于教师支持、课程及教学支持的影响。

模型 2 与模型 1 相比，课外活动投入和师生互动的影响力消失了。个体投入影响了创新教学方式的作用力，在加入个体投入因素后，创新教学方式由原来对创新创业能力无显著影响转变为具有显著的负向影响。

三、研究型大学学生创新创业能力的影响因素作用分析

综合分析创新创业背景性影响因素以及过程性影响因素对大学生创新创业能力的影响，得到如表 4-14 所示的综合影响模型。其中，模型 1 只考量创新创业教育背景性因素，模型 2 加入过程性因素中的个体投入，模型 3 加入全部过程性因素（个体投入＋院校支持）。通过分析可知，模型 3 中，创新创业教育背景性因素和过程性因素共同解释了创新创业能力 65.7％的变异量，且该综合影响模型通过 F 检验（$F(34,675)=37.984, p<0.001$）。相较于模型 1 而言，模型 2 的解释力比模型 1 提高了 54.6％，模型 3 的解释力比模型 2 提高了 3.1％，模型 3 的解释力比模型 1 提高了 57.7％，且增量均具有统计学意义（$p<0.001$）。该结果表明，创新创业教育过程性因素对创新创业能力的影响高于背景性因素对创新创业能力的影响，尤其是个体投入在其中起到了主要作用。

表 4-14　创新创业教育的综合影响模型

自变量	模型 1			模型 2			模型 3		
	β	t	p	β	t	p	β	t	p
背景性因素									
家庭背景									
家庭所在地（参照：农村）	0.012	0.298	0.766	0.006	0.215	0.829	0.007	0.251	0.802
父亲受教育程度（参照：未接受过高等教育）	0.104	2.095*	0.037	0.025	0.787	0.432	0.029	0.927	0.354
母亲受教育程度（参照：未接受过高等教育）	0.017	0.355	0.723	0.045	1.437	0.151	0.038	1.248	0.212
个体特征									
性别（参照：女）	0.088	2.228*	0.026	0.035	1.296	0.195	0.037	1.407	0.160
年级（参照：大一）									
大二	−0.023	−0.473	0.637	−0.031	−0.994	0.320	−0.028	−0.919	0.358
大三	−0.107	−2.300*	0.022	−0.075	−2.481*	0.013	−0.068	−2.307*	0.021
大四	−0.054	−1.169	0.243	−0.072	−2.357*	0.019	−0.066	−2.226*	0.026
学科	−0.026	−0.660	0.510	0.080	3.072**	0.002	0.046	1.778	0.076
学业基础（参照：前 25%）									
26%～50%	−0.071	−1.703	0.089	0.081	2.942**	0.003	0.072	2.682**	0.008
51%～75%	−0.062	−1.472	0.141	0.074	2.689**	0.007	0.076	2.836**	0.005
后 25%	−0.130	−3.294**	0.001	0.074	2.750**	0.006	0.069	2.627**	0.009

续表

自变量	模型 1			模型 2			模型 3		
	β	t	p	β	t	p	β	t	p
学生干部经历(参照:无)									
1 年及以下	0.109	2.530^{*}	0.012	0.018	0.647	0.518	0.016	0.589	0.556
1～2 年(含)	0.134	2.868^{**}	0.004	0.033	1.040	0.299	0.026	0.860	0.390
2 年以上	0.122	2.794^{**}	0.005	0.045	1.531	0.126	0.037	1.322	0.187
社团经历(参照:无)									
1 年及以下	0.076	1.703	0.089	−0.011	−0.384	0.701	−0.005	−0.194	0.846
1～2 年(含)	0.086	1.923	0.055	−0.045	−1.510	0.131	−0.039	−1.334	0.183
2 年以上	0.115	2.810^{**}	0.005	0.027	1.012	0.312	0.037	1.391	0.165
过程性因素									
个体投入									
学业效能感				0.304	9.789^{***}	<0.001	0.286	9.383^{***}	<0.001
掌握目标定向				0.242	7.446^{***}	<0.001	0.215	6.768^{***}	<0.001
课外活动投入				0.072	2.066^{*}	0.039	0.041	1.214	0.225
课外自学投入				−0.026	−0.768	0.443	−0.009	−0.267	0.789
课堂学习投入				0.177	5.034^{***}	<0.001	0.149	4.299^{***}	<0.001
反思性学习				0.176	6.404^{***}	<0.001	0.169	6.296^{***}	<0.001
师生互动				0.055	1.640	0.101	0.017	0.506	0.613
生生互动				0.099	2.980^{**}	0.003	0.085	2.634^{**}	0.009

续表

自变量	模型 1			模型 2			模型 3		
	β	t	p	β	t	p	β	t	p
工具利用				0.050	1.924	0.055	0.048	1.868	0.062
院校支持									
制度环境							0.030	0.906	0.365
资源环境							−0.081	−2.238*	0.026
教师人际支持							0.151	5.189***	<0.001
教师自主支持							0.027	0.783	0.434
教师情感及能力支持							0.058	1.492	0.136
课程教学管理							0.065	1.963	0.050
教师教学水平							0.007	0.171	0.865
创新教学方式							−0.061	−2.221*	0.027
R^2		0.080			0.626			0.657	
调整 R^2		0.058			0.612			0.639	
F		$F(17,692)=3.545, p<0.001$			$F(26,683)=43.940, p<0.001$			$F(34,675)=37.984, p<0.001$	
$\triangle R^2$					0.546			0.031	
$\triangle F$					$F(9,683)=110.689, p<0.001$			$F(8,675)=7.595, p<0.001$	

模型 3(背景性因素+过程性因素)相比模型 1(背景性因素)发生了较大变化:

一是父亲受过高等教育的优势和男性的优势消失。父亲受过高等教育比未受过高等教育的优势消失,父亲受教育程度对创新创业能力不再具有显著性影响;男性的优势消失,性别对创新创业能力不再具有显著性影响。这说明个体投入和院校支持的影响力更强,能够在一定程度上抵消背景性因素对创新创业能力的影响。进一步进行回归分析发现,抵消作用主要取决于学生的个体投入,说明学生个体投入能够消除学生家庭文化资本的影响,体现了个人努力在促进教育公平上的积极作用。这与已有研究结论一致:在最应该体现文化再生产机制作用的 985 大学,家庭背景因素的影响作用极其微弱,相反,个人努力因素作用显著,这支持了选择性淘汰假设而拒绝了文化再生产理论①。

二是年级差异增加,一年级对创新创业能力的影响程度比四年级更强。年级对创新创业能力产生显著性影响。在模型 3 中,加入了个体投入和院校支持因素后,一年级对创新创业能力的影响程度比四年级更强,这种影响主要来自学生个体投入的作用。造成这种差异的原因,可能是大一学生刚进入大学,同学交往、课程学习、参加各类社会实践锻炼的机会相对最多,因此对创新创业能力的影响更强。在本研究中,研究型大学未来发展意向为升学的学生高达 78.45%(557 人),在大四时,绝大多数学生的毕业去向基本确定,行为投入和学习投入更局限于自身确定的毕业去向范围内,参与的课程和各类活动锐减,导致四年级对创新创业能力影响有限,不及一年级。

三是学业基础差异凸显,学业基础非前 25%的学生相比前 25%的学生由原来的负向影响转变为正向影响,且均达到显著性。从模型 1 可以看出,学业成绩对创新创业能力具有正向预测作用;然而在模型 2 和模型 3 中,加入了个体投入和院校支持因素后,学业成绩对创新创业能力具有负向预测作用,学业基础非前 25%的学生对创新创业能力的影响程度显著高于前 25%的学生,说明个体投入和院校支持影响了前 25%的学生创新创业能力的提高。这种影响作用主要来自前 25%的学生的个体投入,前 25%的学生可能更加追求学业成就,在课程学习上投入了更多的精力,在创新创业相关活动参与上投入精力

①李春玲,郭亚平. 大学校园里的竞争还要靠"拼爹"吗?:家庭背景在大学生人力资本形成中的作用[J].社会学研究,2021,36(2):138-159,228-229.

有限，而且课程学习多为接受式学习，抑制了其创新创业能力的提升。

研究型大学排名前25%的本科生一般来说更倾向于选择保研，保研的前提条件是优异的学业成绩，因此这些学生可能更倾向于选择没有挑战性的课程以维持高绩点，而且保研过程风险性和不确定性较低，保研学生学业投入上的保守求稳影响了其创新创业能力的提升。而选择其他毕业去向（出国/境深造、他校深造和就业）的学生在为目标做准备时，通常需要进行更为深入细致的目标确定工作和行动筹划工作，这对其在面临复杂情境时进行风险利弊分析的果断决策能力和把握机遇能力提出了更高的要求，这些反而促进了其创新创业能力的提升。另外，由于本研究是自评量表，学业成绩越好的学生通常自我要求会更高，更倾向于低估自己的创新创业能力，因此可能在自评时倾向于打低分数。

四是学生干部经历和2年以上社团经历在创新创业能力提升上的优势不再。在模型1中，具有学生干部经历对创新创业能力的影响程度显著高于无学生干部经历；然而在模型2和模型3中，加入了个体投入和院校支持因素后，具有学生干部经历在创新创业能力提升上的优势不再。这说明个体投入和院校支持不足或不适切可能在某种程度上抑制了担任学生干部的学生创新创业能力的发展。

在模型1中，具有2年以上社团经历对创新创业能力的影响显著高于无社团经历；然而在模型3中，加入了个体投入和院校支持因素后，具有2年以上社团经历在创新创业能力提升上的优势不再。这主要是个体投入影响了社团经历对学生创新创业能力提升作用的发挥，具有2年以上社团经历的学生往往在社团工作上投入较少，而且经过2年的社团参与和实践锻炼，学生通常会认为社团工作不再具有挑战性和新鲜感，个体投入不足影响了其创新创业能力的提升。

四、研究型大学学生创新创业能力的影响因素特点总结

（一）背景性因素和过程性因素对创新创业能力的影响均达显著，影响程度呈现“一低一高”状态

本研究将创新创业能力的影响因素分为背景性因素和过程性因素。研究发现，过程性因素对创新创业能力的解释力远远高于背景性因素。具体来看，以家庭背景和个体特征为基础的创新创业教育背景性因素对大学生创新创业

能力的解释力达到显著，家庭背景变量可以单独解释大学生创新创业能力2.0%的变异量，加入个体特征因素后，二者联合解释力也仅为8.0%，其中家庭背景的解释力为2.0%，学生个体特征的解释力为6.0%。

以个体投入和院校支持为基础的创新创业教育过程性因素对大学生创新创业能力的解释力达到显著，院校支持可以单独解释创新创业能力33.7%的变异量，加入个体投入因素后，二者联合解释力为63.7%，其中个体投入的解释力为60.0%，院校支持的解释力为3.7%。这表明研究型大学创新创业教育过程性因素中的个体投入和院校支持对大学生创新创业能力具有重要影响，院校支持对创新创业能力的影响中的大部分可能需要通过个体投入才能产生影响。这与已有研究基本一致[①]。由此可知，研究型大学在关注背景性因素的同时，更需要关注过程性因素的提高。

（二）大学生创新创业能力发展影响因素以内因个体投入为主，外因院校支持为辅

1. 个体投入对创新创业能力具有显著正向影响，是影响大学生创新创业能力的主要因素

从创新创业教育过程性因素来看，个体投入的解释力为60.0%，加入院校支持因素后，模型解释力增加3.7%。这表明个体投入是影响创新创业能力的关键因素，创新创业能力发展的根本动力源自于研究型大学学生的个体投入，也就是学生自身的主体性因素。这与创新创业教育理论和大学生发展理论的研究结果基本一致。具体而言，个体投入中除课外自学投入未对创新创业能力产生显著影响外，其余变量均对创新创业能力产生显著正向影响。在加入院校支持因素后，师生互动和课外活动投入不再对创新创业能力产生影响，可能说明师生互动和院校提供的丰富多彩的课外活动未能对学生创新创业能力的提升产生明显促进作用，其提升效应有待进一步挖掘。

2. 院校支持对创新创业能力具有显著影响，其中教师人际支持具有正向影响，资源支持和创新教学方式具有负向影响

从单独的院校支持对创新创业能力的回归模型来看，其影响力为33.7%，远低于个体投入对创新创业能力的影响。在单独的院校支持对创新

①PASCARELLA E T, TERENZINI P T. How college affects students: a third decade of research[M]. San Francisco: jossey-bass, 2005:53-57,116.

创业能力的回归模型中，除教师人际支持、教师情感及能力支持和课程教学管理对创新创业能力产生了显著正向影响外，其他因素并未对创新创业能力产生影响，这说明可能还存在其他影响学生创新创业能力的院校支持因素尚待挖掘。该结果凸显了教师支持和课程教学管理在创新创业能力培养中的重要作用。在背景性因素和过程性因素所构成的全模型中，教师人际支持对大学生创新创业能力具有正向影响，但资源支持和创新教学方式却对创新创业能力产生负向影响，这说明研究型大学在进一步增进资源支持和创新教学方式时需要更加谨慎，并不是资源越多越好、教学方式越多样越好，还要关注学生的实际投入和收获情况；教师情感及能力支持、课程教学管理在创新创业教育过程性因素模型和单独的院校支持模型中具有显著影响，但在全模型中并未产生影响，这表明教师情感及能力支持和课程教学管理受到背景性因素的影响。创新创业能力发展的根本动力来自学生自身主体性因素，外部的客体因素通过作用于主体因素而对学生创新创业能力的发展产生正向或负向影响。

第五节　研究型大学学生创新创业能力培养的状况与建议

本研究选取我国两所研究型大学作为案例高校，挖掘其实践经验，以期为研究型大学创新创业教育深入推进提供意见建议。

一、研究型大学学生创新创业能力培养的状况

（一）研究型大学学生创新创业能力结构不均衡

通过实证数据分析结果可知，研究型大学学生的创新创业能力中，最高值逆境奋起能力（$M=3.818$，SD＝0.662）和最低值果断决策能力（$M=3.342$，SD＝0.685）之间仍有一定差距，反映出研究型大学学生在创新创业能力结构上存在不均衡现象。学生在逆境奋起能力、目标确定能力、沟通合作能力、防范风险能力上的自我评价较好，而在行动筹划能力、把握机遇能力以及果断决策能力上的自我评价较低，说明这三项为能力短板。

结构均衡是系统合理的基础，结构不均衡将影响系统作用的发挥，研究型大学学生创新创业能力结构的不均衡发展将影响其创新创业能力的总

体发展[①]。如何平衡研究型大学学生创新创业各项子能力以及子维度的培养,整体推进大学生创新创业能力发展值得进一步思考和探讨。

(二)研究型大学学生创新创业能力、个体投入和院校支持的自评得分均低于其他类型高校

研究型大学办学条件在各类高校中处于绝对优势地位,办学经费投入巨大,但是这些优越的办学条件在创新创业人才培养上似乎并没有发挥出应有的作用。在大学生创新创业总能力和子能力上,研究型大学学生的自评分数均低于全国高校、应用型大学和高职高专院校。研究型大学中不同群体类别(学科、年级、性别、家庭所在地、学业基础、学生干部经历、社团经历)学生的创新创业能力的自评分数也低于其他类型高校,但仍存在部分创新创业能力优势学生群体(研究型大学人文社科学生、研究型大学女生、研究型大学学业成绩后 50%的学生、研究型大学具有 2 年以上社团经历的学生),在创新创业能力或子能力上的自评分数高于全国高校相应的学生群体。

研究型大学学生个体投入总体情况和 9 个子维度中 6 个子维度(学业效能感、掌握目标定向、课外活动投入、反思性学习、师生互动、生生互动)的自评分数低于全国高校、应用型大学和高职高专院校。研究型大学院校支持总体情况和 3 个子维度中 2 个子维度(教师支持和课程教学支持)的自评分数低于全国高校、应用型大学和高职高专院校。

(三)研究型大学具有 2 年以上社团或学生干部经历的学生的创新创业能力增幅高于其他类型高校

尽管从总体上,研究型大学学生的创新创业能力不及其他类型高校,但是具有 2 年以上社团或学生干部经历的学生的创新创业能力增幅高于其他类型高校。其中,从无学生干部经历到具有 2 年以上干部经历,研究型大学学生的创新创业能力增幅高于全国高校和应用型大学;从无社团经历到具有 2 年以上社团经历,研究型大学学生创新创业能力和 5 项子能力(目标确定能力、果断决策能力、沟通合作能力、防范风险能力、逆境奋起能力)增幅高于全国高校和应用型大学。这表明研究型大学相比其他类型高校,在学生干部培养和社团活动上取得了更为显著的成效,研究型大学可能为学生创造了更为优越的

① 黄小欧,庞学光. 大学生学习力现状调查[J].高教探索,2020(11):47-51.

发展空间和锻炼机会，使得研究型大学学生通过学生干部经历和社团参与经历得到了较大的收获和成长。

（四）研究型大学学生创新创业能力发展具有群体差异性

本研究发现创新创业能力具有群体差异性，这说明研究型大学应为不同群体学生的创新创业能力发展提供个性化支持。在性别上，已有研究发现男生的创新创业能力高于女生，然而本研究仅发现研究型大学女生的果断决策能力显著低于男生，但在创新创业总能力上不存在显著差异。这可能是由于男生个性通常更加果断刚毅、不拘小节，而女生个性则更加稳重谨慎、细致周到，做决定时考虑更为周全，导致缺乏果断性。

在家庭所在地比较上，研究型大学城市学生的创新创业总能力、目标确定能力、行动筹划能力、沟通合作能力、防范风险能力显著高于农村学生，其中在沟通合作能力、防范风险能力上具有极其显著差异。城市学生的创新创业能力高于农村学生可能是因为城市学生家庭的经济资本、社会资本和文化资本较高，父母受教育程度和经济条件更好，更重视对孩子综合能力的培养，也能够为孩子提供更多的锻炼提升机会和社会交往机会，而且城市中还有更高质量的学校教育、更高水平的教师指导、更丰富的信息来源渠道；农村父母对孩子的能力培养往往没有那么重视，教育质量相对落后，生活和学习环境相对封闭，学生更多是自发成长状态，缺少外界支持以及能力提升机会。

在学业基础上，研究型大学学生学业基础越好，创新创业能力越强。在创新创业总能力上，学业基础前75%的学生均显著高于后25%的学生。除把握机遇能力外，在其他能力维度均存在学业成绩“前25%”的学生显著高于学业成绩“后25%”的学生的现象。这与已有研究结论基本一致：高学业成就学生的创造性思维显著高于低学业成就组[①]。可见学业成绩和创新创业能力成正相关关系，学业成绩可以成为判断学生创新创业能力的一个重要标准。回归分析也验证了这一结果，学业效能感对创新创业能力产生显著的正向影响（$\beta=0.292, p<0.001$），在个体投入中影响程度最高。另外，学业成绩前50%的学生在除果断决策能力外的其他各项能力发展上均无显著差异，未能在创新创业能力上发挥应有的示范和引领作用。

---

①沃建中，王福兴，林崇德，等．不同学业成就中学生创造性思维的差异研究[J].心理发展与教育，2007(2)：29-35.

在学生干部经历上，研究型大学学生担任学生干部时间越长，创新创业能力越强，但学生干部经历对创新创业能力的提高具有边际递减效应，即从无学生干部经历到1年及以下干部经历，学生的创新创业能力增值最大且具有统计学意义；担任学生干部1年后，学生的能力增值速度趋缓，且不再具有统计学意义。研究型大学具有学生干部经历的学生的创新创业能力和7个子能力显著高于没有学生干部经历的学生，表明学生干部经历对于提升大学生创新创业能力具有重要作用，可以成为判断学生创新创业能力的一个重要标准。

在社团经历上，研究型大学学生社团参与时间越长，创新创业能力越强，但不构成统计学意义。研究型大学学生的目标确定能力、沟通合作能力、防范风险能力和逆境奋起能力在不同学生社团经历上具有显著性差异。这说明社团经历有助于提高研究型大学学生的目标确定能力、沟通合作能力、防范风险能力和逆境奋起能力。

（五）研究型大学院校支持和学生个体投入均处于中等水平

研究型大学学生对院校支持的评分（$M=3.714$，SD＝0.514）接近全国样本聚类分析结果的中分组均值（$M=3.816$），表明研究型大学学生认为院校层面为个体发展提供的支持处于中等水平。研究型大学学生个体投入评分（$M=3.261$，SD＝0.514）接近全国样本聚类分析结果的中分组均值（$M=3.286$），表明研究型大学学生个体投入处于中等水平。

第一，在院校支持上，评分由高到低依次是环境支持＞教师支持＞课程及教学支持。在环境支持上，强于资源支持，弱于制度支持。在教师支持上，强于自主支持和教师情感及能力支持，弱于教师人际支持。在课程及教学支持上，强于教师教学水平，弱于课程教学管理和创新教学方式。这表明研究型大学在制度支持、教师人际支持、课程教学支持上仍需进一步提升。

第二，在个体投入上，评分由高到低依次是工具利用＞掌握目标定向＞反思性学习＞学业效能感＞生生互动＞课堂学习投入＞课外自学投入＞课外活动投入＞师生互动。其中学生在课外自学、课外活动、师生互动上的投入较为不足，低于个体投入均值。这与以往研究结果一致。已有研究发现，我国研究型大学本科生师生互动明显不足，学生课堂学习时间投入多，课外学习时间投入少[①]。

---

①吕林海，张红霞．中国研究型大学本科生学习参与的特征分析：基于12所中外研究型大学调查资料的比较[J].教育研究，2015，36(9)：51-63.

师生互动不足也间接证明了上文院校支持中教师人际支持不足的结论。

（六）过程性因素对创新创业能力的影响程度远大于背景性因素

研究发现，背景性因素和过程性因素两者均对大学生创新创业能力的解释力达到显著，但过程性因素对创新创业能力的解释力远远高于背景性因素。以家庭背景和个体特征为基础的创新创业教育背景性因素对大学生创新创业能力的联合解释力为8.0%；以个体投入和院校支持为基础的创新创业过程性因素对大学生创新创业能力的联合解释力为63.7%。其中个体投入影响最大，其次为院校支持，最后是创新创业背景性因素。

（七）个体投入和院校支持分别是创新创业能力发展的主次要影响因素

个体投入对大学生创新创业能力的解释力高达60.0%，说明创新创业能力发展的根本动力源自研究型大学学生的个体投入。个体投入中除课外自学投入变量外，其余变量均对创新创业能力产生显著正向影响。在加入院校支持因素后，师生互动和课外活动投入不再对创新创业能力产生影响，说明师生互动和院校提供的丰富多彩的课外活动对学生创新创业能力提升效应仍有待进一步挖掘。院校支持单独对大学生创新创业能力的解释力为33.7%，远低于个体投入的解释力，说明研究型大学创新创业教育举措尚未完全发挥其对创新创业能力提升的促进作用。此外，在背景性因素的基础上加入过程性因素（个体投入+院校支持）后，也发现学生的创新创业能力变化主要来自个体投入。如父亲受过高等教育的优势和男性的优势消失，说明个体投入可以弥补个体的先赋差异，能够消除学生家庭文化资本的影响，体现了个人努力在促进教育公平上的积极作用，这也在一定程度上驳斥了“读书无用论”的观点[①]。

二、研究型大学学生创新创业能力培养的建议

结合研究型大学创新创业教育实施现状以及数据分析结果，研究型大学可以在以下几个方面进行重点改进。

---

①史秋衡，王芳．我国大学生就业能力的结构问题及要素调适[J]．教育研究，2018，39(4)：51-61.

(一)着力提升学生创新创业能力短板,促进学生创新创业能力均衡发展

研究型大学通过提供有针对性的帮扶措施,助力学生提升行动筹划能力、果断决策能力和把握机遇能力。在行动筹划能力培养上,帮助学生理清实现目标所需的各类背景知识和要素条件,深入思考和筹划目标的重难点和实现路径,将目标转化为可以操作的现实手段。在果断决策能力培养上,帮助学生梳理目标实现和个人发展的关键节点,学会在复杂的形势下进行全面的风险分析、利弊分析,提高学生抓住问题本质和主要矛盾的能力,鼓励学生在权衡利弊后进行大胆决策、果断决断,提高学生做决定的智慧和勇气。在把握机遇能力培养上,帮助学生了解实现目标过程中可能出现的机遇,提高对环境变化和各类机遇的敏感性,督促学生提前采取行动,为迎接机遇做好充分的积累和准备,一旦合适机会出现能够马上识别、捕捉和把握。

研究型大学可以通过学业咨询指导、专题讲座、建立互助小组和实践锻炼等方式针对学生的弱势能力进行重点培养提高,帮助学生提高评估形势、确立目标、系统规划、沟通交往、把握机遇、果断决策等方面的能力,让学生学会忍受各种不确定性,在反思自我中不断进步,促进学生创新创业能力的均衡发展、全面发展。

(二)提高创新创业教育的预见性和针对性,推动创新创业人才个性化培养

尊重不同学生群体的个体差异性,针对研究型大学学生创新创业能力相对弱势的学生,因材施教,通过个性化的培养方案、差异化的教学任务和课外活动缩小不同群体学生之间创新创业能力的差距[①]。重点提升研究型大学女生的果断决策能力;有意识地帮助农村学生提升创新创业能力,尤其是目标确定能力、行动筹划能力、沟通合作能力、防范风险能力;重点关注学业成绩在“前 25%”的学生和“后 25%”的学生,对于“前 25%”的拔尖学生进行重点培养,凸显其拔尖创新性,对于“后 25%”的学生进行重点帮扶,激励其不断进步。对以上群体给予更多的关怀和帮助,促进其创新创业能力不断提升,最终实现全体学生的共同成长与进步。

---

①史秋衡,王芳.我国大学生就业能力的结构问题及要素调适[J].教育研究,2018,39(4):51-61.

（三）提高学生个体投入度，发挥个体投入对创新创业能力的正向影响

个体投入对创新创业能力的正向影响达到60.0%，因此提高学生的个体投入度是提高学生创新创业能力的关键。然而，研究型大学学生的个体投入度处于中等水平，仍有较大提升空间，尤其是在课外自学、课外活动、师生互动上的投入尤为不足，基于此，研究型大学亟须采取措施提高学生的个体投入度。

1. 由关注外部变革和资源供给转向关注学生的学习投入和个人成长，提高学生课内外深度参与程度

当前研究型大学开展的创新创业教育工作需要超越传统的创新创业资源和平台建设、课程教学变革和调整、师资建设等表层内容，这些工作仅是学生创新创业能力提升的重要手段，并不是最终目的，最终的检验标准是学生能力是否真正提升，因此应重点关注学生的学习投入和个人成长这一更为核心和关键的问题，围绕着提升学生创新创业能力的目标，变革学生在课堂内外的学习和参与方式，使学生的学习投入由浅层走向深层，由形式走向实质，激发学生的潜能，让学生在深度学习参与中获得深刻的体验和整体的发展。

2. 营造推动学生积极参与的学术氛围和学习环境，激发学生高质量的学习投入

研究型大学的卓越学术氛围最利于激发学生的学术探究欲望，只有通过学术的深度熏陶激发学生的兴趣和潜力，才能促进学生高质量的学习投入。[①]研究型大学的教师和管理人员要努力营造有利于学生深度参与的学习环境，设计高质量的研究型教学和学习活动。通过高质量的学习投入使学生在潜移默化中提升创新创业能力。

（四）加强院校软性条件支持，打造促进创新创业能力发展的支持环境

研究型大学院校支持对创新创业能力的影响远低于个体投入对创新创业能力的影响，说明研究型大学创新创业教育举措尚未完全发挥其对创新创业能力提升的促进作用。研究型大学提供的内外部硬件资源支持较为充足，学生评分较高，但是制度支持、教师人际支持、课程教学管理和创新教学方式等软性资源的支持仍有较大提升空间。因此，必须在资源和要素投入提升的基

---

① 吕林海，郑钟昊. 中韩研究型大学本科生学术经历满意度研究：基于南京大学和首尔大学的问卷调查[J]. 教育发展研究，2013，33(1)：34-42，54.

础上，尊重教育规律，有效整合配置资源，建设符合我国教育与经济社会特点的创新创业生态体系，打造促进创新创业能力发展的支持环境，从而真正实现从要素改善到创新创业教育质的提升。

1. 改进教师考核制度，为教师深度投入教育教学提供制度保障

已有研究发现，研究型大学教师在工作中重科研轻教学颇为严重，[①]授课教师一般承担较重的科研压力，无法满足学生的交流愿望。根本原因在于学校在教师考核制度上重科研轻教学，使得教师科研负担过重，导致教学投入不足、课程教学管理不足以及与学生人际交往不足。此外，创新创业教育要求对传统课堂教学进行根本变革，决定了教师要投入更多的时间和精力，因此也呼唤更为适切和有力的政策支持保障，否则课程教学改革将无法真正推进。要使学生能够真正受益于教育教学，首要任务是将教师从繁重的科研考核任务中解放出来，赋予教师更多的学术自由和空间，改善教师的绩效评价机制，由注重科研向教学和指导倾斜，将教师在非教学时间内对学生的各种投入计入绩效工作中，让教师有足够的时间和精力设计教学、改革教学、指导学生，使科研和教学齐头并进、共同发展。

2. 发挥研究型大学科研优势，实现科研、教学和创新创业教育的融合共生

科研能力的培养实际上就蕴含了创新创业能力的培养，因为创新创业能力其实就是一种探究知识、应用知识和解答现实问题的能力，科学思维训练有助于创新创业能力的提升。[②] 因此，作为以知识创新为使命的研究型大学，要充分发挥科研优势，对科研和教学进行统一设计，以科研教学带动创新创业实践，激发教师参与创新创业教育的热情，进而提升学生的创新创业能力。鼓励教师开展理论联系实际的应用型科研，利用优质的科研成果进行课程教学改革，将最新的科研进展融入到教学设计和教学过程中，使科研为教学服务，实现教学、科研和创新创业教育的融合共生。[③]

3. 加强创新创业教育研究和交流工作，推出创新创业学位项目

研究型大学一方面要搭建校内创新创业教育研究平台，在内部鼓励不同

---

①郭卉，姚源. 研究型大学教师教学和科研工作关系十年变迁：基于CAP和APIKS调查[J].中国高教研究，2020(2)：77-84.

②王洪才. 创新创业教育的意义、本质及其实现[J].创新创业教育，2020，11(6)：1-9.

③王洪才，汤建. 创新创业教育：高等教育内涵式发展的关键[J].武汉科技大学学报(社会科学版)，2021，23(1)：110-116.

学科开展适合学科特点的创新创业教育研究，同时增加创新创业学院的研究职能，在深入研究的基础上完善学校创新创业课程、活动、平台建设等各项工作。另一方面还要搭建对外交流和研究平台，联合政府、行业企业、国内外研究型大学和科研院所，成立研究型大学创新创业教育联盟，共同致力于研究型大学创新创业教育的理论研究和实践研究，推进跨国、跨学科、跨界合作，就研究型大学创新创业教育工作开展深入研讨和案例交流，梳理和推广典型经验，从而提升研究型大学创新创业教育质量。通过创新创业教育研究和交流工作的开展，为创新创业教育提供理论支持和实践支撑。此外，创业教育的专业学位研究生教育已在国外部分知名大学展开，各大学通过设置创业学专业学位，培养专门化的创业人才和创业教育人才。[①] 研究型大学可结合我国实际，围绕创新创业人才培养目标，推出创新创业学位项目，培养高层次专门化的创新创业人才。

① 易玄，申丹琳. 我国大学创业教育和专业教育融合模式的探索[J]. 创新与创业教育，2012，3(2)：68-71.

第五章

应用型大学学生创新创业能力及其培养路径

开展创新创业教育是高校响应国家创新驱动发展战略的重要举措，同时也是高校改革人才培养模式和提升人才培养质量的重要抓手。应用型大学是创新创业教育的重要实践场域。2021年教育部印发的《普通高等学校本科教育教学审核评估实施方案(2021—2025年)》提供了两类四种“评估套餐”供高校自主选择，其中一类面向应用型大学，突出考察高校本科人才培养目标定位、资源条件、培养过程、学生发展、教学成效等，促进该类高校聚焦应用型人才培养，服务区域经济社会发展，彰显地方特色。① 可见，服务地方，准确把握地方经济结构调整，推动打造一批地方与行业急需、优势突出、特色明显的学科专业，培养一批高素质应用型人才是应用型大学的办学旨归。创新创业教育在加强产教融合，培养应用创新型人才上具有重要作用，在地方本科高校转型为应用型大学的时代背景下，应用型大学如何基于创新创业教育开展教育教学体系改革，如何真正实现面向产业实践、面向社会需求培养高质量的应用型人才显然是一个亟待解决的重大课题。

就中国应用型大学创新创业教育而言，仍存在不少困境，如创新创业教育理论研究和实践经验亟待深入、创新创业教育保障体系不健全、师资队伍力量

①教育部教育督导局负责人就《普通高等学校本科教育教学审核评估实施方案(2021—2025年)》答记者问[EB/OL].(2021-02-07)[2021-11-01].http://www.gov.cn/zhengce/2021-02/07/content_5585686.htm.

薄弱、创新创业教育课程体系不健全等。[1] 而产生困境的原因之一是缺乏对应用型大学创新创业教育发展的规律性探究，缺乏对应用型大学学生学情特征的挖掘。为此，本研究以某应用型大学(以下简称 AH 大学)作为案例开展应用型大学学生创新创业能力及其培养路径研究。该校作为全国首批以及第二批深化创新创业教育改革示范高校，经过多年的探索，树立了培养具有创新创业能力的人才的核心目标，前瞻性地开辟了一条"启迪创新意识，开发创造潜力，体验创新过程"的"三步法"应用型人才培养之路，通过挖掘和探讨 AH 大学创新创业教育模式的实践经验与未来发展方向，期冀为我国应用型大学实施创新创业教育提供借鉴。

第一节　案例学校实施创新创业教育的主要举措

应用型大学开展创新创业教育是适应知识经济时代发展的必然要求。本节以 AH 大学为案例，系统审视其如何采取以及采取何种适合本校学生情况的创新创业教育举措，试图从中挖掘经验，寻找应用型大学深化应用型创新人才培养体制改革的突破口。

一、改革教育管理机制，提供创新创业教育保障

管理机制能够反映出创新创业教育的建设主体、定位以及运行方式，创新创业教育管理机制研究是创新创业教育问题研究的起点。但是目前关于创新创业教育管理机制的研究较少，已有研究大多聚焦在狭义的创业教育管理机构，如创业园、创业街，鲜少论及与创新教学、创新创业教师培训、知识技术转移等相关的管理机制。本部分以广义的创新创业教育理念为基点，从组织机构、教学管理制度以及师生发展激励制度等维度全面系统地分析 AH 大学创新创业教育管理机制，有利于为其他高校实现创新创业教育系统性、规范性的顶层设计提供示范效应和借鉴意义。

---

①郭涛．应用型本科高校创新创业教育模式的探索[J].学校党建与思想教育，2017(11)：78-80.

(一)组建专门管理机构,推动创新创业教育有效运转

AH大学于2008年成立工程实践与创新教育中心,2015年在该中心基础上成立创新教育学院。创新教育学院具有教学与管理双重职能,主要设置创新教育部、先进制造部、机械制造部三个教学部和创新实践部一个管理科室,承担学校大学生创新教育理论教学和工程训练教学,大学生创新创业计划项目、学科竞赛、创业孵化基地、创客空间等创新实践管理工作。[①](见图5-1)

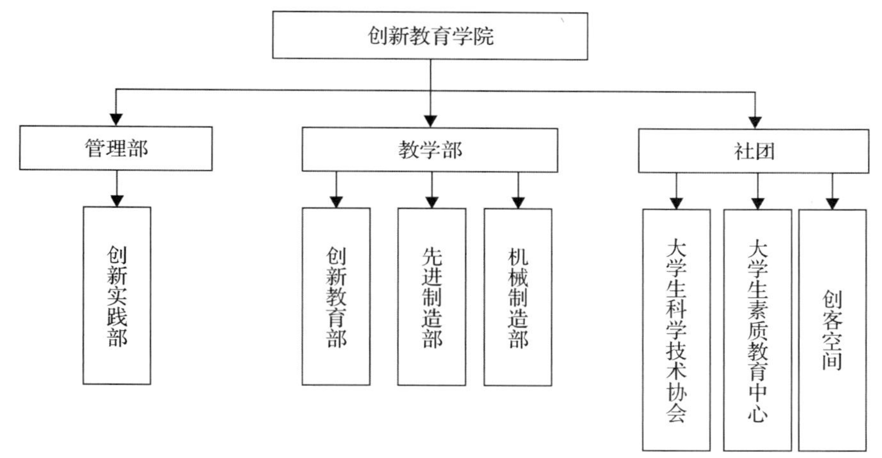

图5-1　AH大学创新教育学院主要组织架构

其中,创新实践部的主要职责是:负责全校大学生创新创业训练计划项目和各类学科竞赛、孵化基地、创客空间的组织、实施与管理工作。创新教育部的主要职责是:通过组建一批跨学科教师队伍,进行学校创新创业教育系列课程的开发与授课,以及创新能力开发班和大学生素质教育中心的管理工作。先进制造部的主要职责是:先进制造工程部的实训教学管理和系列课程授课工作,包括CAD/CAM、数控车床、数控铣床、3D打印、特种加工等实习。机械制造部的主要职责是:机械基础实训部的实训教学管理工作以及系列课程授课工作,包括普车、钳工、焊接、锻造、铸造、铣刨磨、测量与拆装等实习。[②]

相较于单一的、独立运行的创新创业教育指导中心、高校创业园、创业街等单位,专设的创新创业教育管理机构有利于从学校整体层面对创新创业教

① 中心概况[EB/OL].[2021-11-20].https://gczx.ahut.edu.cn/zxgk/zxjs.htm.

② 机构设置[EB/OL].[2021-11-20].https://gczx.ahut.edu.cn/jgsz/jgsz.htm.

育教学、行政事务等相关事务进行系统性、整体性的顶层设计，具有更宽阔的资源调配空间及更强的掌控能力，从而容易产生更显著的创新创业教育效果。AH 大学通过成立专门的创新创业教育机构，将创新创业教育理论创新与实践推进、资源整合与指导相融合，有利于推动创新创业教育理念与本校人才培养理念的有机融合及实施落地。

（二）改革教育管理制度，搭建创新创业教育支撑架构

创新创业教育是一种新型的教育模式，其发生过程是一个由政府主导到高校内生的变迁过程。高校教育管理制度涉及的内容、范围、改革深度折射出高校创新创业教育融入教育教学全过程的程度，传递出高校创新创业教育内生动力及其程度。

教育管理制度是推动创新创业教育实质性改革的基础条件，也是实现创新创业教育高效化运行的重要保障。因为教育管理制度与教师教学行为、学生学习行为等紧密相关，一旦高校创新创业教育相配套的教育教学管理制度建设浮于表面，尚未深入推动实质性教育教学改革时，师生群体对创新创业教育的认知也将狭隘化，其创新创业行为也只是被动地完成相应的绩效指标要求，而未能将创新创业教育视为系统性的教育改革工程，更未能将其与自身发展紧密结合。为提升全员对创新创业教育的科学认知，促进全员主动积极参与创新创业教育，AH 大学在改革教育管理制度方面做出了下列探索。

首先，放宽学籍管理规定，允许参与创新创业实践的学生延长修读年限。AH 大学于 2017 年颁布《AH 大学激励本科学生创新创业学籍管理办法（试行）》[①]实行弹性学制，放宽学生修业年限，允许调整学业进程、保留学籍休学创新创业。具体而言，开展创新创业实践的学生在一定情况下可申请延长学制，但最长不超过标准学制 3 年。创新创业需要一定的时间空间保障，弹性学制的实施为有志于开展创新创业实践的学生提供了良好的制度保障。

其次，改革传统课程学分制，建立“第二课堂成绩单”，设置创新创业能力学分。AH 大学于 2017 年颁布《AH 大学“第二课堂成绩单”制度实施办法（试行）》[②]和

---

①AH 大学激励本科学生创新创业学籍管理办法（试行）[EB/OL].[2021-11-20].https://xgb.ahut.edu.cn/info/1007/3026.htm.

②AH 大学“第二课堂成绩单”制度实施办法[EB/OL].[2021-11-20]. https://jwc.ahut.edu.cn/info/1255/1566.htm.

《AH大学大学生创新创业能力学分转换课程学分管理办法(试行)》[①],进一步深化以学分制为核心的教学管理制度改革。该实施办法要求学生必须在完成第一课堂学习的基础上,至少修满12个"第二课堂成绩单"学分方可毕业。可见,AH大学贯彻了学业制度创新先行的原则,通过设置多样化的学分换算方式与丰富的"第二课堂"活动,并以档案袋的方式客观记录学生参与创新创业活动情况,多种途径相互结合保障学生创新创业经历能够更加切实有效地转化为学生的创新创业能力。

为科学推进"第二课堂成绩单"的落实,AH大学在校级层面制定"第二课堂成绩单"的政策规定,为各二级学院的开展提供了引导;成立AH大学"第二课堂成绩单"制度实施工作指导委员会,适时修订"第二课堂成绩单"方案以及处理相关的申诉事件,为该制度的完善提供了保障。在院级层面,AH大学建立"第二课堂成绩单"二级学院工作组和班级认定小组,期冀实现相关利益群体的协同合作。

(三)制定相关激励机制,激发创新创业教育活力动力

高校创新创业教育涉及面广泛,受众众多。提升创新创业教育质量,促进多元主体参与创新创业教育且能够主动推动创新创业教育改革亟须发挥激励机制的作用,从而有利于为创新创业教育质量提升提供持续动力。AH大学从师生主体需求出发,出台了一系列促进多元主体参与创新创业教育的政策,内容涵盖职称评审、评优评先、奖学金评定等多个维度,进一步加强对创新创业教育激励环境的营造。

首先,为学生创新创业提供多元支持,激发学生参与创新创业热情。AH大学设立专门的创新创业奖学金,对获得各类创新创业成果的学生优先评定各级各类奖学金。创新特长生参与免试保研,在同等条件下优先考虑。对入驻孵化基地的大学生创业团队免收房租、水电和物业费。[②] 这些制度和政策的出台有效减轻了学生参与创新创业实践可能带来的经济负担,为学生创新创业提供了便利,在一定程度上解决了学生创新创业的后顾之忧,有利于促进

①关于印发《AH大学大学生创新创业能力学分转换课程学分管理办法(试行)》的通知[EB/OL].[2021-11-20].https://jwc.ahut.edu.cn/info/1255/2231.htm.

②AH大:"双创"教育成育人特色[EB/OL].(2018-11-01)[2021-11-22].https://edu.gmw.cn/2018-11/01/content_31877138.htm.

学生持续性开展创新创业活动。

其次，改革教师评价体系，推动建立创新创业师生共同体。为激发教师指导学生创新创业的热情，该校在教师考核中单列相关指标。例如，指导学生参加各类创新创业大赛项目，一名青年教师培养的学生在国家级专业（专项）比赛上获前3名或二等奖以上奖励，或在省级专业（专项）比赛上获第一名可评为一类教师；培养的学生在国家级专业（专项）比赛中获前8名或三等奖以上奖励，或在省部级专业（专项）比赛中获前3名或一等奖以上奖励可评为二类教师。[①] 此外，教师开设创新创业教育课程，组织编写科学、适用的创新创业教材，学校将给予专门的经费支持和奖励。

最后，设置优质教学奖励机制，鼓励教师投入教学改革。其一，AH大学推动教授、副教授为本科生授课，并且在校内外各类高层次人才选拔培养工作中优先支持教学效果良好、本科教学工作量饱满的教授和副教授，从制度层面上激励教师投身教学改革。[②] 其二，AH大学设置教育教学成果奖、本科教学创新奖、优秀教研活动等奖项鼓励教师或教研室积极开展形式多样、内容丰富的教学研究活动，探讨教育教学模式改革，共同促进教师教学水平提升。

二、改革人才培养模式，提升创新创业人才质量

2021年10月，国务院办公厅印发《关于进一步支持大学生创新创业的指导意见》，进一步提出“建立以创新创业为导向的新型人才培养模式，健全校校、校企、校地、校所协同的创新创业人才培养机制”[③]。创新创业教育是高校重要的人才培养工作，如何通过创新创业教育这一教育理念进一步创新人才培养模式、完善人才培养治理标准、优化学科和人才培养结构成为创新创业人才培养亟待思考的问题。

（一）面向少数群体，开设“创新能力试点班”

高校实施创新创业教育通常存在两种人才培养模式：一种是将创新创业

---

①AH大：“双创”教育成育人特色[EB/OL].(2018-11-01)[2021-11-22].https://edu.gmw.cn/2018-11/01/content_31877138.htm.

②关于引发《AH大学加强教授、副教授为本科生授课的管理规定》的通知[EB/OL].[2022-02-01].https://jwc.ahut.edu.cn/info/1078/2181.htm.

③国务院办公厅关于进一步支持大学生创新创业的指导意见[EB/OL].(2021-09-22)[2022-11-22]. http://www.gov.cn/zhengce/zhengceku/2021-10/12/content_5642037.htm.

人才视为特殊群体，通过设置筛选机制进而选拔一批具有创新创业潜力的学生开展针对性培养；一种是面向全体学生，以教学改革为主要抓手，将教学资源有效转化为全校性创新创业人才的培养优势。AH 大学在两种模式上均进行了探索。

AH 大学创设“创新能力试点班”，并试图以此作为引领示范，推动开展创新创业人才培养的改革试点。在“创新能力试点班”上，AH 大学尝试通过提供各类创新创业教育课程和资源以培养人格健全、知识面广博、适应能力强，既具有宽口径的专业知识，又具有创新意识、创造性思维能力的高级专门人才。经过实践探索，这一人才培养创新模式引发“蝴蝶效应”[①]，成为 AH 大学实施创新创业教育的关键工程。其培养模式如下所示：

1. 组建方式与生源

每年面向全校选拔 150 人左右。将分散在各院系的具有创新潜力的学生集中进行针对性培养，发挥资源优势效应和同侪榜样效应。

2. 课程学习及实践环节

通过表 5-1 可见，AH 大学“创新能力试点班”的课程体系覆盖较为全面，不仅包括理论类课程，也包含实践类课程，为学生搭建整体性创新创业教育知识体系框架。此外，在课程内容设计方面，“创新能力试点班”突破以往侧重关注狭义的创业管理类或创业经济类课程的创新创业教育，而是将课程内容重点放在学生创新创业思维开发上。从激发学生的创新创业思维入手培养学生的能力，能够科学把握创新创业教育的核心要义。

表 5-1　AH 大学“创新能力试点班”课程学习要求

模块	课程	学分要求
创造学模块课程	理论课程选修：创造学与创新能力开发、发明与专利、创造技法、发明案例分析、TRIZ 理论及应用、创造心理学	创造学模块课程 10 学分，至少选修 7 学分；在第 2～7 学期完成
	实践环节：每日一设想、每日一观察、每周一交流、每学期一创意、每人一项专利。完成 4～6 个创意设计。创意设计推荐如下：创新的价值竞赛、工艺笔架设计、每日一设想比赛、创新驿站比赛、产品创意设计、文化创意比赛活动	

①AH 大：创新教育引发“蝴蝶效应”[EB/OL].(2016-01-07)[2021-11-22]. http://politics.people.com.cn/GB/n1/2016/0107/c70731-28024489.html.

续表

模块	课程	学分要求
文化素质教育模块	在培养方案中选修	7～10 学分；在第2～7 学期完成
创新实践模块	参加校级以上各类学科竞赛和创新创业项目 4～6 项	第 3～7 学期完成

资料来源：AH 大学"创新能力试点班"实施方案[EB/OL].(2013-03-04)[2021-11-21].https://gczx.ahut.edu.cn/info/1087/4622.htm.

（二）面向全体学生，大力提升课程教学实效

创新创业教育不仅仅要面向具有创业意向的学生，更要做到面向全体学生的创新创业能力培养，这也是"广谱式"创新创业教育的要义所在。[①] 面向全体学生的创新创业教育，最关键的实施载体即为课程教学，AH 大学在相应课程教学中融入创新创业内涵，彰显其创新创业教育课程设置面向全体的原则。

首先，探索校校、校企、校地等协同育人机制，吸引优质资源投入创新创业课程建设中。作为地方应用型大学，AH 大学以社会需求为导向，主动积极与地方产业行业进行深度合作，推动各类创新资源与社会需求有效对接，加快提升产教融合程度，让学生参与到创新创业实践与实战操作中，提升运用专业知识解决实际问题的能力。迄今为止，AH 大学先后与企业一起建立了 40 个联合研究中心，与马钢、宝钢、星马汽车等 100 余家企事业单位签订了产学研合作协议。[②]

其次，创建创新创业课程体系，促进专业教育和创新创业教育有机融合。其一，在课程体系设置上，AH 大学各专业搭建以公共基础课程模块、专业基础课程模块、专业方向模块、跨学科知识模块、职业认证课程模块五层次为主的创新创业教育课程平台，形成 AH 大学创新创业课程教育体系。其二，在教学方法上，AH 大学提倡案例教学，促使教师深入分析各专业课程中的案例所具有的性质、特点，研究其创造过程及创造思维的特点、规律和方法，学习科

①王洪才，郑雅倩. 创新创业教育的哲学假设与实践意蕴[J].高校教育管理，2020，14(6)：34-40.

②安徽：高校"应用"之道越走越宽[EB/OL].(2017-07-22)[2021-11-23]. www.moe.gov.cn/jyb_xwfb/moe_2082/zl_2017n/2017_zl35/201707/t20170724_309956.html.

学名人的创新精神；探索导师导学和学生自主研学相结合，推动师生互动、生生互动。[①] 总体来看，AH 大学在面向全体学生的课程设计中体现了“理论—实践”“课内—课外”“教师—学生”多个主体多重场域互动的创新创业教育模式。

三、搭建学科竞赛体系，营造创新创业教育氛围

创新创业教育强调对学生奋斗精神、冒险精神的激发和培育，营造创新创业氛围为创新创业教育提供“无机环境”。值得深思的是，以创新创业竞赛为代表的创新创业教育形式虽然在我国引起了广泛的关注，其浩大声势是其他教育形式难以企及的，但创新创业竞赛的产业化成果鲜少。创新创业氛围如何深层次推进创新创业教育的深度普及以进一步提高创新创业教育实效？

（一）设置多层次科创体系，打造创新创业竞赛文化

创新创业教育活动形式灵活多样，高校普遍组织或参与“挑战杯”等比赛，不断加大创新创业竞赛宣传力度，营造浓厚的创新创业教育氛围。AH 大学通过设置多层次科创体系，打造浓厚的创新创业竞赛文化。

打造校园创新创业竞赛文化，以活动为载体推动学生体验创新创业教育。其一，构建由四个阶段（院、校、省、国家级选拔）、五个层次（院、校、省、国家级、国际性竞赛项目）、四种类别（基础性、专业性、综合性、创新性）、四种能力（基本能力、专业技能、综合设计能力、创新设计能力）组成的全方位学科竞赛体系，为学生参与创新创业竞赛提供良好氛围与基本保障。其二，完善国创、省创、校创、基于教师科研的自主选题等多级大学生科研训练计划（student research training program，SRTP）训练体系的管理；鼓励学生参加院级、校级、省部级、国际级等系列学科竞赛。全体学生在校期间必须具有相应项目的训练或竞赛参与经历。AH 大学通过承办和参与各类创新创业赛事，推动学生参与创新创业教育，在参与的过程中体验创新思维的碰撞和创业的过程。近年来，AH 大学承办了全国大学生“西门子杯”中国智能制造挑战赛、全国大学生工程训练综合能力竞赛、全国大学生电子设计大赛等多项创新创业赛事。据统计，AH 大学每年组织各级各类学科竞赛有 80 余项，参与学生达 25800 人

①AH 大学创新创业教育实施方案[EB/OL].(2017-04-20)[2021-11-23].https://jwc.ahut.edu.cn/info/1255/1565.htm.

次，共获得国际级奖项21项，国家级奖项280项，省级奖项1877项。[①]

（二）建立多平台转化科研，推动创新创业成果落地

创新创业转移转化平台关乎创新创业教育实践落地，发挥着服务与连接各类社会资源的重要功能。因此，探索适合本校教育教学基础、契合本校创新创业教育发展策略的创新创业成果转移转化平台具有重要的实践意义和社会价值。AH大学立足应用学科特色，抓住科技产业兴起之机遇，建立多元化平台，推动师生创新创业科研成果转化。

重视全校师生科研创新，鼓励师生推动科研成果转化，努力提升创新创业教育的社会效益。其一，构建面向全体学生的工程训练平台和创客空间，为学生搭建了创新创业实践支撑平台。AH大学工程训练平台和创客空间面向全体学生、全天候开放，充分体现自主性、开放性。其二，着力创建科学研究与社会服务综合平台，促进科研成果转移转化。为促进师生科研成果转化，该校一方面通过颁布和完善相关制度，在科研转化上推出了一系列鼓励举措和行为规范，推动师生合理合法实现科研成果转化[②]；另一方面，该校紧扣国家发展战略及地方经济和社会需求，充分整合校内外优质科研资源，组建专兼职研发团队，着力搭建科学研究和社会服务综合平台，提升科研成果转移转化能力[③]。此外，AH大学落实创业孵化机制，全方位引入风投基金，推进创新成果产业化，并要求优秀创新成果、创客项目开展市场评价，包括创新成果性价比、价值和理想度。

四、应用型大学创新创业教育的主要特色

通过案例高校探索应用型大学创新创业教育实施举措，发现目前该类型高校创新创业教育具有以下三个突出特点。

①学校要闻：厚植创新创业沃土，助推学生成长成才[EB/OL].(2017-10-20)[2021-11-25].https://www.ahut.edu.cn/info/1002/5967.htm.

②关于印发《AH大学关于促进科技成果转移转化工作的规定》的通知[EB/OL].(2017-03-29)[2021-12-14].https://kyc.ahut.edu.cn/info/1012/3002.htm.

③AH大学着力推进工程研究 提升科研成果转移转化能力[EB/OL].(2019-04-22)[2021-12-28].http://www.ahyouth.com/news/20190422/1376860_2. shtml.

（一）创新创业教育趋向专业化发展

专业化在理念上体现为 AH 大学对创新创业教育的深刻认识，具体行动上体现为师资队伍专业化。其一，教育理念科学化。创新创业教育是推动学生自我发展的教育理念，注重培养学生的创新创业精神和能力，而非窄化为创新创业教育实践活动。该校深刻认识到创新创业教育的价值意蕴，在创新创业教育实施方案中明确指出要完善人才培养质量标准，将学生的创新精神、创业意识和创新创业能力作为评价人才培养质量的重要指标，努力使学生具有远大的理想、健全的人格、健康的体魄，拥有宽广的学术视野、批判性思维、创造性思维和扎实的专业能力。[①] 其二，师资队伍专业化。课程教学和实习实训是 AH 大学深化创新创业教育，提升人才培养质量的重要举措，而教师始终是实现高质量课程与实习实训的关键力量，因此该校十分重视提升教师队伍的专业水平。例如通过一系列教育教学比赛活动，搭建教学能力同台竞技平台，以此推动教师提升教学水平；再如，制定教学奖励机制，鼓励教师投身教育教学改革，有效运用案例教学、体验式学习等创新教学方式；又如，着力搭建校外创新创业导师队伍，将优质社会资源引入校园教育教学活动中。

（二）创新创业教育呈现一体化特征

一体化是实现创新创业教育生态系统的关键特征，凸显在组织机构的一体化、创新创业教育与专业教育的一体化以及“校—政—企”一体化上。其一，组织机构的一体化。AH 大学建立创新创业教育管理机构用以协调创新创业竞赛、社团活动等创新创业教育活动，有利于统筹校内校外资源。此外，该校着力创建科学研究与社会服务综合平台，紧扣科技创新成果的转移转化，搭建服务科研转化的整体性服务架构，提高师生科研转化的便捷度；该校不仅面向全体学生实施创新创业教育，还通过组建创新实验班，提供丰富多元的教育资源，重点培养具有创新潜质的大学生。其二，创新创业教育与专业教育的一体化。创新创业教育并不独立于专业教育，创新创业教育要融入人才培养全过程。该校通过改革课程设计，力求在专业理论学习和实践教学上实现有效衔接。其三，“校—政—企”一体化。创新创业教育长效发展亟须建构多元主体

---

①AH 大学创新创业教育实施方案[EB/OL].(2017-04-20)[2021-11-23]. https://jwc.ahut.edu.cn/info/1255/1565.htm.

协同育人机制，该校通过搭建校内外实习实训平台，切实将学校、政府、企业和其他高校联合起来，推动科研成果转化，助推校外资源服务于学生发展。

（三）创新创业教育具有应用性色彩

创新创业教育应用性色彩是指创新创业教育在育人目标以及课程设置、资源保障上具有应用性色彩。其一，紧扣应用型大学办学定位，将应用创新型人才培养融入创新创业教育中。AH 大学不管是“创新能力试点班”还是针对全体学生的创新创业教育课程设置，均将培养高技能高素质应用型人才的培养目标融入其中，提升学生主动适应创新创业需求的意识与能力，促进学生更好地服务社会。其二，充分挖掘产教融合资源，将社会资源融入创新创业教育中。AH 大学搭建成果转移转化平台，将师生成果推向市场；引进企业行业资源，让学生在学习中体验到知识与技能的运用过程，学会探究，推动知识的建构与迁移，实现应用型创新创业人才的培养。

第二节　应用型大学学生创新创业能力发展水平分析

大学生作为创新创业教育的体验者和重要利益相关者，了解其创新创业能力水平是评价以及提升创新创业教育质量的基础。本节一方面从大学生自然人属性的人口统计学特征以及所属社会机构的院校特征两个方面探求不同群体大学生创新创业能力水平特征，另一方面也将分析案例高校大学生总体创新创业能力水平特征，以求从多方面多角度系统性描绘案例高校大学生创新创业能力特征。

一、应用型大学学生创新创业能力总体水平与比较分析

培养大学生创新创业能力是高校创新创业教育的关键，大学生创新创业能力是评价高校创新创业教育质量的核心指标。以 AH 大学为案例探讨应用型大学学生创新创业能力总体水平特征，并从比较视域分析案例高校学生创新创业能力子能力之间的情况以及案例高校与全国高校、全国同一类型高校学生创新创业能力之间的情况，有利于我们更加全面系统地审视现状、诊断问题。

因此，为更好地研究 AH 大学创新创业教育实施的成效以及可能存在的

改进空间，本次调研以大学生创新创业能力发展情况作为切入点，并于2021年6月—7月通过网络调查平台面向AH大学的大学生发放问卷。本次调查共回收有效问卷1150份，如表5-2所示，总体来看，本次调查对象的背景涵盖度较广，具有一定代表性。

表5-2 研究对象的基本信息($N=1150$)

类别	变量	样本数/人	占比/%
性别	男	655	56.96
	女	495	43.04
学科	人文社科	422	36.70
	理工科	728	63.30
家庭所在地	农村	782	68.00
	城市	368	32.00
父亲受教育情况	接受过高等教育	144	12.52
	未接受过高等教育	1006	87.48
母亲受教育情况	接受过高等教育	89	7.74
	未接受过高等教育	1061	92.26
年级	大一	424	36.88
	大二	334	29.04
	大三	252	21.91
	大四	140	12.17
学业成绩	前25%	395	34.35
	26%～50%	401	34.87
	51%～75%	262	22.78
	后25%	92	8.00
学生干部经历	无	571	49.65
	1年及以下	312	27.13
	1～2年(含)	185	16.09
	2年以上	82	7.13

续表

类别	变量	样本数/人	占比/%
社团经历	无	348	30.26
	1 年及以下	570	49.57
	1～2 年(含)	204	17.74
	2 年以上	28	2.43

注：(1)本案例不涉及军事学科。(2)AH 大学未设置农学与医学学科，本案例在划分学科时，将文学、历史学、哲学、艺术学、经济学、管理学、法学和教育学归为人文社科；将理学和工学归为理工学科。

(一)大学生创新创业能力水平特征

1. 总体水平特征

描述性统计结果指出，AH 大学学生的创新创业能力平均值为 3.661(SD=0.426)，大于中间值“3”。具体而言，学生在逆境奋起能力(M=3.887，SD=0.571)、目标确定能力(M=3.801，SD=0.469)、沟通合作能力(M=3.727，SD=0.491)以及防范风险能力(M=3.685，SD=0.426)的自我评价较好，而在行动筹划能力(M=3.558，SD=0.596)、把握机遇能力(M=3.516，SD=0.534)以及果断决策能力(M=3.384，SD=0.642)的自我评价得分较低。

由此可知，AH 大学学生创新创业能力整体呈现“偏态型”发展，在逆境奋起能力、沟通合作能力以及防范风险能力等个体面对社会环境所需复杂能力上的表现较好。但值得注意的是，AH 大学学生在“由想法转向行动”这一过程中缺乏主动性和果断性，缺乏在不确定性环境中发展自我所需的机会敏感性和创新意识，这样的能力结构则可能导致 AH 大学学生难以将机会效益最大化。

2. 能力整体样态

为了解 AH 大学学生创新创业能力的整体样态，本研究采用 K 组平均聚类法对创新创业能力的 7 个子能力进行快速聚类分析。根据研究设计，本研究将组别设置为“3”，如此得到如下三组分类情况：第一组为高分组，该组大学生创新创业能力均值为 M=4.351(SD=0.269)，共有 153 人，占比为 13.30%；第二组为中分组，该组大学生创新创业能力均值为 M=3.756(SD=0.155)，共有 633 人，占比为 55.04%；第三组为低分组，该组大学生创新创业

能力均值为 M＝3.206(SD＝0.279)，共有 364 人，占比 31.65%。从聚类分析的结果可知，在创新创业能力维度上，有超过一半的学生的创新创业能力属于中间水平，接近三分之一的学生的创新创业能力处于较低水平，仅有不到 15%的学生的创新创业能力处于较高水平。具体来看，高分组学生 7 个子能力的发展水平相差无几，逆境奋起能力发展最好；中分组学生 7 个子能力水平较为一般，逆境奋起能力相较于其他 6 个子能力发展较好；低分组学生在行动筹划能力、果断决策能力以及把握机遇能力上发展水平较低，其中果断决策能力的数值少于“3”，为最低值。(见图 5-2)

将该研究结果与全国样本聚类分析情况相比较，发现 AH 大学学生在高中低三组别的分布情况与全国样本三组别分布情况较为相似，均呈现中分组较多，高分组与低分组占比较少的“梭形”整体结构。不同的是，AH 大学在高分组上的占比较低，仅为 13.30%，而全国总样本高分组占比为 29.17%；AH 大学在低分组上的占比为 31.65%，而全国低分组样本的占比为 19.12%。可见，AH 大学学生的创新创业能力尽管呈现出良好的发展趋势，但与全国高分组占比仍具有较大差距，这表明 AH 大学学生创新创业能力具有较大的提升空间，尤其需要关注“木桶效应”，即果断决策能力的发展情况。

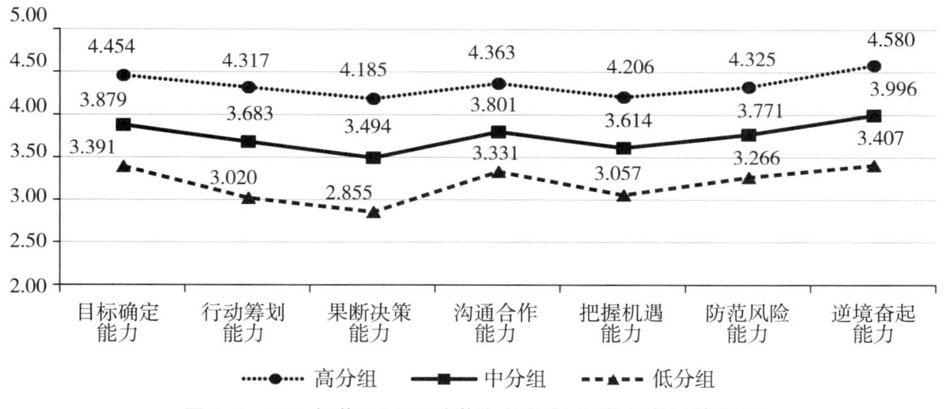

图 5-2　AH 大学不同组别学生创新创业能力发展情况图

(二)大学生创新创业能力子能力水平与比较分析

相比较而言，AH 大学学生创新创业能力低于全国高校大学生平均水平(M＝3.702，SD＝0.468)，也低于全国应用型大学学生创新创业能力平均水平(M＝3.696，SD＝0.466)。就子能力发展情况而言，与全国高校数据比较，

AH 大学的学生无优势能力；与全国应用型大学学生能力平均水平比较来看，除了逆境奋起能力发展水平一致外，其他子能力尤其是行动筹划能力、果断决策能力以及防范风险能力，与全国应用型大学学生的平均能力水平有较大的差距。（见图 5-3）

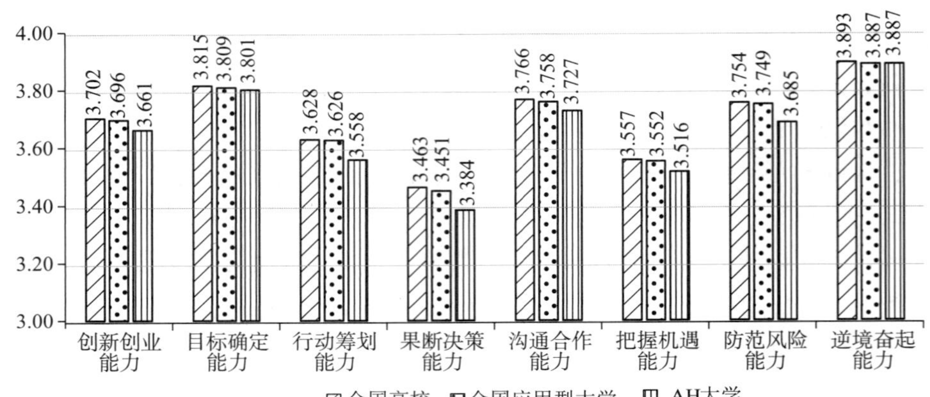

图 5-3　不同类型高校与 AH 大学学生能力发展对比图

1. AH 大学学生的目标确定能力及其比较分析

描述性分析结果表明，AH 大学学生的目标确定能力平均值为 3.801（SD＝0.469），大于理论中间值“3”。这表明学生在确定发展目标上具有较好的自我评价。对目标确定能力的二级维度进行分析后发现，学生在“评估形势”上的表现（M＝3.623，SD＝0.554）显著弱于“自我认知”（M＝3.895，SD＝0.535）、“自我认同”（M＝3.890，SD＝0.592）以及“设置目标”（M＝3.821，SD＝0.514）。综合来看，AH 大学学生在自我认知与自我认同方面的评价较高，这在一定程度上表明该校学生具有较为清晰的自我洞察和自我理解。然而，个体确定发展目标不仅需要基于清晰的自我认识和自我剖析，同时也需要基于对社会发展形势以及对发展目标本身的分析。显然，从数据分析结果来看，AH 大学学生在社会形势判断方面较为薄弱。

相比其他类型高校，AH 大学学生的目标确定能力发展水平低于全国高校学生平均水平（M＝3.815，SD＝0.507），也低于全国应用型大学学生的平均水平（M＝3.809，SD＝0.506）。对其子维度进行剖析，发现 AH 大学的学生在“自我认同”能力上与全国高校学生平均水平一致（M＝3.890，SD＝0.618），且高于全国应用型大学学生的平均水平（M＝3.884，SD＝0.617）；在

"自我认知"能力上虽然低于全国高校学生平均水平($M=3.898$,SD=0.563),但高于全国应用型大学学生平均水平($M=3.892$,SD=0.560)。这再一次有力论证了AH大学的学生在自我观察和自我评价上的良好表现。当然,值得注意的是,AH大学学生在"评估形势"以及"设置目标"上均显著低于全国高校学生以及全国应用型大学学生的平均水平,尤其是"评估形势"的水平差距更为突出。

2. AH大学学生行动筹划能力的发展水平及其比较分析

根据描述性分析结果,AH大学学生的行动筹划能力均值为3.558(SD=0.596)。分析行动筹划能力子维度"制定规划""主动行为",发现两者发展水平相近,但"制定规划"($M=3.568$,SD=0.725)>"主动行为"($M=3.548$,SD=0.635),且"主动行为"的发展水平低于行动筹划能力总体水平。这表明AH大学学生在行动筹划上体现为强于规划、弱于行动的特征。换言之,大部分同学能够充分考虑自我发展上的资源条件并进行统筹安排,但仍缺乏足够的行动力。

相比其他类型高校,AH大学学生的行动筹划能力发展水平低于全国高校学生的平均水平($M=3.628$,SD=0.620),也低于全国应用型大学学生的平均水平($M=3.626$,SD=0.618)。对行动筹划能力的子能力"制定规划"以及"主动行为"进行分析,同样发现两者的发展情况不容乐观,均显著弱于全国高校学生平均水平以及全国应用型大学学生平均水平。

3. AH大学学生果断决策能力的发展水平及其比较分析

调查结果显示,AH大学学生的果断决策能力均值为3.384(SD=0.642),在该校学生创新创业7个子能力中发展水平最低。这反映出AH大学学生普遍属于"求稳型"。从果断决策能力的子维度发展情况来看,"冒险精神"和"大胆决策"的发展水平均不佳,尤其在"大胆决策"方面的表现更为薄弱,其平均得分($M=3.293$,SD=0.711)远低于"冒险精神"($M=3.475$,SD=0.783)。这表明AH大学学生在决策上的果敢性和果断性仍有待提高。

相比其他类型高校,不管是果断决策能力还是其二级维度,AH大学学生的能力水平均低于全国高校大学生能力平均水平,也低于全国应用型大学学生能力平均水平。这揭示了AH大学学生在果断决策素质上仍有很大的提升空间。

4. 大学生沟通合作能力的发展水平及其比较分析

根据研究结果,AH大学学生的沟通合作能力发展情况较为良好,能力均

值为 3.727(SD=0.491)，高于该校学生创新创业能力平均值 3.661(SD=0.426)。从沟通合作能力的子维度发展情况来看，该能力形态呈现明显的“一高一低”的悬殊差距，“团队合作”(*M*=4.072，SD=0.483)远高于“沟通交往”(*M*=3.382，SD=0.704)。这是个有趣的现象。该研究结果可能会打破人们习惯于认为中国人具有“单打独斗”的传统认知，也从侧面验证了新时代社会背景下我国大学生更加青睐于合作的学习方式。① 但是，“沉默式参与”甚至“从众式合作”现象仍普遍存在，这从大学生语言表达顺畅度、合意度等“沟通交往”能力不足中得以验证。该结果启示，沟通交往能力作为重要的生存能力应予以高度重视，否则将舍本逐末。

相比其他类型高校，就沟通合作能力而言，AH 大学学生的能力发展均值低于全国高校学生的能力平均水平(*M*=3.766，SD=0.524)，也低于全国应用型大学学生的能力平均水平(*M*=3.758，SD=0.521)。尤其值得注意的是，“沟通交往”子维度均低于全国高校大学生平均水平(*M*=3.455，SD=0.723)及全国应用型大学学生平均水平(*M*=3.448，SD=0.721)，而“团队合作”子维度虽略低于全国高校大学生平均水平(*M*=4.077，SD=0.506)，但高于全国应用型大学学生平均水平(*M*=4.068，SD=0.500)。由此可见，AH 大学学生在“团队合作”上具有较强的表现。

5. 大学生把握机遇能力发展水平与比较分析

描述性分析结果指出，AH 大学学生的把握机遇能力均值为 3.516(SD=0.534)，低于该校学生创新创业总体能力水平(*M*=3.661，SD=0.426)。这表明该校学生在把握机遇能力上仍需加强。从把握机遇能力的子维度而言，“创新行为”(*M*=3.658，SD=0.617)>“发现并评估机会”(*M*=3.618，SD=0.614)>“忍受不确定性”(*M*=3.272，SD=0.804)。可见，无法“忍受不确定性”成为制约 AH 大学学生把握机遇能力提升的重要因素。换言之，提升该校学生把握机遇能力的关键在于培养学生学会“忍受不确定性”。

将 AH 大学学生的把握机遇能力与全国高校学生能力平均水平及全国应用型大学学生能力平均水平相比较来看，发现无论是在何种比较范围内，AH 大学学生的把握机遇能力及其子维度能力均相对较低。该数据结果再次表明该校亟须提升大学生把握机遇能力。

---

①许丹东，吕林海，傅道麟. 中国研究型大学本科生高影响力教育活动特征探析[J]. 高等教育研究，2020，41(2)：58-65.

6. 大学生防范风险能力的发展水平及其比较分析

描述性分析结果指出，AH 大学学生的防范风险能力（$M=3.685$，SD=0.519）高于理论中间值“3”，同样高于该校大学生的创新创业总能力（$M=3.661$，SD=0.426）。这与前文揭示的该校大学生果断决策能力、把握机遇能力较低相互佐证。从防范风险能力的子维度发展情况而言，该校学生在“反思学习”（$M=3.510$，SD=0.634）上的表现不如“风险管理”（$M=3.861$，SD=0.545）。这表明 AH 大学学生普遍缺乏反思性学习，反映了该校学生在自我发展过程中的主导性较差。

相比其他类型高校，AH 大学学生的防范风险能力及其子维度能力均低于全国高校学生能力平均水平及全国应用型大学学生能力平均水平，特别是“反思学习”的得分差距更大。

7. 大学生逆境奋起能力的发展水平及其比较分析

AH 大学学生的逆境奋起能力在 7 个子能力中的发展情况最佳，反映了该校大学生在遭遇挫折时能够保持冷静，并不断努力前行。从逆境奋起能力的子维度来看，该校学生在乐观维度上的表现较佳（$M=3.901$，SD=0.683）。该结果表明该校学生对自己的未来发展具有较好的预判，认为通过自己的努力能够实现理想，这与我国大学生普遍具有较高的“自我认知”以及“自我认同”是吻合的。但个体的发展并非一蹴而就，研究结果显示 AH 大学学生在韧性（$M=3.874$，SD=0.622）方面的表现仍有待增强。

将 AH 大学学生的逆境奋起能力与全国高校、全国应用型大学学生的逆境奋起能力相比较，发现该校学生逆境奋起能力虽低于全国高校大学生能力平均水平（$M=3.893$，SD=0.605），但与全国应用型大学学生的能力发展水平相一致。就该能力的子维度而言，AH 大学学生发展水平较好的“乐观”却低于全国高校大学生发展水平（$M=3.920$，SD=0.695）及全国应用型大学学生发展水平（$M=3.916$，SD=0.683）。与之相反的是，AH 大学学生逆境奋起能力中发展较差的“韧性”维度，却高于全国高校学生平均水平（$M=3.865$，SD=0.656）及全国应用型大学学生平均水平（$M=3.857$，SD=0.655）。

二、应用型大学不同群体学生创新创业能力发展水平与比较分析

以往众多研究表明，不同人口学特征以及院校背景特征学生的教育收获存在差异性，这说明探究不同群体创新创业能力发展水平具有现实意义，因为高校能够针对大学生群体特征进行针对性的创新创业教育改革，开展适当的

创新创业能力培养活动。为此，本部分将基于性别、学科等背景性信息对不同群体大学生创新创业能力发展水平进行分析。

（一）基于性别的大学生创新创业能力发展水平比较分析

1. AH 大学不同性别学生的创新创业能力比较分析

根据描述性统计结果，AH 大学男生的创新创业能力（M=3.705，SD=0.446）显著高于女生的创新创业能力（M=3.602，SD=0.391），差值为0.103。男生群体各能力的发展情况为：逆境奋起能力（M=3.898，SD=0.575）＞目标确定能力（M=3.825，SD=0.489）＞沟通合作能力（M=3.743，SD=0.524）＞创新创业能力＞防范风险能力（M=3.703，SD=0.542）＞把握机遇能力（M=3.601，SD=0.536）＞行动筹划能力（M=3.600，SD=0.605）＞果断决策能力（M=3.502，SD=0.648）。

女生群体各能力的发展情况为：逆境奋起能力（M=3.874，SD=0.565）＞目标确定能力（M=3.770，SD=0.440）＞沟通合作能力（M=3.706，SD=0.442）＞防范风险能力（M=3.662，SD=0.486）＞创新创业能力＞行动筹划能力（M=3.502，SD=0.578）＞把握机遇能力（M=3.405，SD=0.510）＞果断决策能力（M=3.227，SD=0.599）。

可见，与创新创业总能力相比较，男、女生群体共同的优势能力为逆境奋起能力、目标确定能力以及沟通合作能力，女生群体的防范风险能力在该群体能力发展中也具有一定的优势。此外，AH 大学男、女生群体在果断决策能力、把握机遇能力以及行动筹划能力上的发展均有待增强。

采用独立样本 T 检验分析不同能力在性别上的差异。分析结果显示，除沟通合作能力、防范风险能力以及逆境奋起能力外（p＞0.05），其他能力在性别上均具有显著性差异。结合描述性统计结果，可以认为，男、女生的优势能力基本一致。就其他子能力而言，果断决策能力在性别之间的差异最大，差值为0.275；其次为把握机遇能力，差值为0.196。该研究结果为 AH 大学提供了一定的启示：今后要注意加强对女生创新创业能力培养的关注，尤其需要采取针对性举措提升女生群体的弱势能力。

2. 与全国高校、全国应用型大学不同性别学生创新创业能力发展的比较分析

从创新创业总体能力来看，不管是男生还是女生，AH 大学学生均弱于全国高校学生以及全国应用型大学男女生的平均水平。与此相似，AH 大学女

生的 7 个子能力同样低于全国高校及应用型大学女生群体的平均水平。这再次启示该校在今后的教育过程中应重视提升女生的创新创业能力。在男生群体中，AH 大学男生的目标确定能力及逆境奋起能力发展水平较高，均高于全国高校及应用型大学男生群体的平均水平。

然而，不容忽视的是，AH 大学男生的过程能力（行动筹划能力、果断决策能力、沟通合作能力、把握机遇能力以及防范风险能力）均弱于全国高校及应用型大学男生群体的平均水平。可见，AH 大学男生起点能力（目标确定能力）及终点能力（逆境奋起能力）发展良好，但过程能力亟待提高。

（二）基于学科类别的大学生创新创业能力发展水平比较分析

1. AH 大学不同学科类别学生的创新创业能力比较分析

描述性统计结果指出，AH 大学理工科学生的创新创业能力（$M=3.696$，SD=0.439）高于人文社科学生（$M=3.600$，SD=0.395），差值为 0.096。从 7 个子能力描述性统计结果来看，理工科学生均高于人文社科学生，且在果断决策能力和把握机遇能力上发展水平差距较大。

就理工科学生而言，各能力发展水平如下：逆境奋起能力（$M=3.897$，SD=0.579）＞目标确定能力（$M=3.823$，SD=0.483）＞沟通合作能力（$M=3.737$，SD=0.498）＞防范风险能力（$M=3.697$，SD=0.532）＞创新创业能力＞行动筹划能力（$M=3.593$，SD=0.616）＞把握机遇能力（$M=3.580$，SD=0.527）＞果断决策能力（$M=3.478$，SD=0.641）。

就人文社科学生而言，各能力发展水平如下：逆境奋起能力（$M=3.870$，SD=0.557）＞目标确定能力（$M=3.764$，SD=0.442）＞沟通合作能力（$M=3.709$，SD=0.478）＞防范风险能力（$M=3.665$，SD=0.495）＞创新创业能力＞行动筹划能力（$M=3.496$，SD=0.553）＞把握机遇能力（$M=3.407$，SD=0.530）＞果断决策能力（$M=3.222$，SD=0.611）。可见，AH 大学理工科学生和人文社科学生的优势能力及弱势能力表现一致。

采用独立样本 T 检验，发现 AH 大学学生在创新创业能力上具有显著性差异。就子能力而言，AH 大学人文社科学生与理工科学生在沟通合作能力、防范风险能力以及逆境奋起能力上无显著性差异（$p>0.05$）。这再次说明该校学生的优势能力发展基本趋于一致。在目标确定能力上，理工科学生显著高于人文社科学生（$p<0.05$），差值为 0.059；在行动筹划能力上，理工科学生显著高于人文社科学生（$p<0.01$），差值为 0.097；在果断决策能力上，理工科

学生显著高于人文社科学生（$p<0.01$），差值为0.257；在把握机遇能力上，理工科学生显著高于人文社科学生（$p<0.01$），差值为0.173。

2. 与全国高校、全国应用型大学不同学科类别学生创新创业能力发展的比较分析

将AH大学不同学科类别学生与全国高校、全国应用型大学的数据相比较，发现无论是人文社科还是理工科，AH大学学生的创新创业能力发展水平均低于全国高校以及全国应用型大学学生能力发展水平。就人文社科学生而言，创新创业能力及其7个子能力发展水平均低于全国高校学生及全国应用型大学大学生的平均水平。AH大学人文社科学生的创新创业7个子能力发展最为不均衡，特别是果断决策能力发展水平较低；就理工科学生而言，该校学生的目标确定能力及逆境奋起能力高于全国高校学生水平，也高于全国应用型大学理工科学生的平均水平。不可忽视的是，AH大学理工科学生过程能力（行动筹划能力、果断决策能力、沟通合作能力、把握机遇能力、防范风险能力）的发展水平均低于全国高校及全国应用型大学理工科大学生的过程能力发展水平。

（三）基于年级的大学生创新创业能力发展水平比较分析

1. AH大学不同年级学生的创新创业能力比较分析

根据描述性统计分析结果，AH大学学生的创新创业能力出现“大三低谷”现象，也即在大二阶段创新创业能力开始呈现下降趋势，大三时期为能力最低谷，而大四时期能力则又升高。具体而言，除了目标确定能力、沟通交流能力以及逆境奋起能力外，其他子能力均出现了“大三低谷”现象。可以发现，这些存在“大三低谷”的能力大多为过程能力。目标确定能力的发展情况与已有研究结果相似，具有“大二低谷”现象。这可能说明AH大学学生在大二阶段处于自我定位的迷茫期和角色混乱期，而个人发展的不确定性可能也会导致其人际交往的疏远性，因为个体需要更多的时间以思考自我。因此，学生在大二阶段目标的迷茫进而会引发大三阶段过程能力的下降。此外，尤其值得注意的是，AH大学学生逆境奋起能力在大学四年中呈现逐年下降的趋势。

如表5-3所示，为了更清楚地剖析各年级大学生能力发展情况，采用F检验分析AH大学学生的创新创业能力在年级上的差异。首先进行方差齐性检验，检验结果显示，除行动筹划能力（$p<0.05$）之外，其他能力方差齐性（$p>0.05$）。因此，行动筹划能力在事后比较时可采用非参数检验；其他能力

事后多重比较可采用参数检验。方差分析结果显示，该校不同年级学生在果断决策能力及把握机遇能力上存在显著性差异($p<0.01$)。就果断决策能力而言，大一学生显著高于大二学生、显著高于大三学生，大四学生显著高于大三学生。

根据数据结果，该校大学生经过四年的学习教育反而在果断性果敢性上出现了下降现象。对此进行推测，有可能是由于学校教育规训过多而自由压缩，导致学生在本科四年成长过程中逐渐“不敢做”“不愿尝试”。而在分析把握机遇能力在年级间的差异性时，发现同样出现了大一学生显著高于大二和大三学生的现象。该结果再次支持了前文的研究推论。

表 5-3　AH 大学不同年级学生的创新创业能力差异比较

能力维度	年级($M\pm SD$)				F	p	多重比较
	大一 ($N=424$)	大二 ($N=334$)	大三 ($N=252$)	大四 ($N=140$)			
创新创业能力	3.693±0.461	3.638±0.387	3.620±0.420	3.695±0.408	2.197	0.087	
目标确定能力	3.808±0.494	3.770±0.441	3.800±0.481	3.858±0.431	1.194	0.311	
行动筹划能力	3.571±0.634	3.544±0.537	3.521±0.614	3.617±0.576	0.901	0.440	
果断决策能力	3.457±0.651	3.330±0.599	3.296±0.686	3.449±0.602	4.728**	0.003	1>2;1>3;4>3
沟通合作能力	3.726±0.515	3.713±0.474	3.714±0.480	3.789±0.473	0.911	0.435	
把握机遇能力	3.580±0.567	3.496±0.491	3.430±0.538	3.527±0.502	4.426**	0.004	1>2;1>3
防范风险能力	3.714±0.539	3.679±0.502	3.634±0.522	3.705±0.488	1.323	0.265	
逆境奋起能力	3.934±0.582	3.870±0.526	3.859±0.611	3.839±0.564	1.586	0.191	

注：在多重比较中，1 表示大一学生；2 表示大二学生；3 表示大三学生；4 表示大四学生。

2. 与全国高校、全国应用型大学不同年级学生创新创业能力发展的比较分析

比较研究显示，全国高校学生创新创业能力发展呈现“大三低谷”现象，这与 AH 大学学生创新创业总能力发展趋势一致。而全国应用型大学学生的创新创业能力发展则在大二时期便出现了低谷现象。从子能力发展情况而言，AH 大学学生在大一时目标确定能力及逆境奋起能力与全国高校以及全国应用型大学大一学生的平均水平相比，均存在优势。但其他 7 个子能力在

大一时期不具有突出表现。尤其需要注意的是，该校大一学生的行动筹划能力与全国高校及全国应用型大学学生的能力水平差距较大。此外，通过对比可知，该校学生在大二到大四毕业，其创新创业能力水平与全国高校平均水平以及与全国应用型大学学生平均水平相比，均处于落后阶段，这为该校创新创业教育的发展敲了警钟。

（四）基于城乡的大学生创新创业能力发展水平比较分析

1. AH 大学不同家庭所在地的学生的创新创业能力比较分析

根据描述性统计分析结果，AH 大学城市学生的创新创业总体能力以及 7 个子能力均高于农村学生，其中沟通合作能力差距最大，差值为 0.149；城乡大学生创新创业能力的内在结构发展均呈现不均衡状态，但优劣势能力基本一致。具体而言，城市大学生创新创业能力发展情况为：逆境奋起能力（M＝3.915，SD＝0.571）＞目标确定能力（M＝3.834，SD＝0.468）＞沟通合作能力（M＝3.828，SD＝0.521）＞防范风险能力（M＝3.736，SD＝0.516）＞创新创业能力（M＝3.703，SD＝0.430）＞行动筹划能力（M＝3.597，SD＝0.625）＞把握机遇能力（M＝3.550，SD＝0.529）＞果断决策能力（M＝3.409，SD＝0.669）。

农村大学生创新创业能力发展情况为：逆境奋起能力（M＝3.874，SD＝0.571）＞目标确定能力（M＝3.786，SD＝0.469）＞沟通合作能力（M＝3.679，SD＝0.469）＞防范风险能力（M＝3.661，SD＝0.519）＞创新创业能力（M＝3.641，SD＝0.423）＞行动筹划能力（M＝3.539，SD＝0.581）＞把握机遇能力（M＝3.501，SD＝0.536）＞果断决策能力（M＝3.372，SD＝0.629）。

为了更清楚地剖析城乡大学生在创新创业能力上的差异，我们使用独立样本 T 检验进行分析。分析结果表明，仅有创新创业总体能力、沟通合作能力以及防范风险能力在城乡大学生之间存在显著性差异。这表明城市学生在沟通合作上更为积极，而农村学生更为“内敛”；城市学生的自我反思意识和风险意识更强。同时也指出，缩短城乡大学生创新创业能力差距，亟须提升农村大学生的沟通合作能力以及防范风险能力。

2. 与全国高校、全国应用型大学不同家庭所在地的学生创新创业能力的发展比较

将 AH 大学与全国高校及全国应用型大学的不同家庭所在地大学生的创新创业能力相比较，我们发现其能力内在结构发展形态基本一致。具体而

言，其一，从创新创业总体能力来看，AH 大学城市抑或农村学生的能力水平均低于全国高校及全国应用型大学城市抑或农村大学生的能力水平。从子能力发展情况来看，AH 大学农村学生 7 个子能力发展情况不佳，与全国高校及全国应用型大学农村学生能力发展水平相比均为弱势。此外，值得关注的是，AH 大学城市大学生在沟通合作能力以及逆境奋起能力上的发展水平均高于全国高校及全国应用型大学城市大学生的能力水平。这表明家庭所在地对于 AH 大学学生创新创业能力的提升产生了影响，尤其是在沟通合作能力上。

（五）基于学业基础的大学生创新创业能力发展水平比较分析

1. AH 大学不同学业基础的学生的创新创业能力比较分析

运用描述性统计分析方法研究不同学业基础学生的创新创业总能力及其子能力的发展情况，我们发现学业基础越好的学生，其创新创业能力越强。这表明学业成绩是影响学生自我能力的重要因素，优秀的学业成绩能够给予学生自信心，促进学生自我发展。从子能力发展情况来看，除了把握机遇能力在学业成绩“26%～50%”群体中的自评得分高于其他群体之外，其他子能力发展情况均呈现随着成绩下降而下降的现象。此外，不同学业基础的大学生创新创业能力内在结构发展形态基本一致，也即优劣势能力相似。然而，随着学业成绩的下降，行动筹划能力、逆境奋起能力以及目标确定能力的下降幅度较大。（见表 5-4）

采用单因素方差分析方法分析 AH 大学学生的创新创业能力在不同学业基础上的差异。首先进行方差齐性检验，检验结果显示，除果断决策能力及把握机遇能力方差齐性（$p>0.05$）外，其他子能力及创新创业总能力方差不齐（$p<0.05$），事后比较采用非参数检验（Tamhane T2）。而方差齐性的能力维度则采用参数检验（LSD）。从检验结果来看，AH 大学大学生在果断决策能力以及把握机遇能力上不具有显著性差异（$p>0.05$），而其他能力维度均存在学习成绩在“前 25%（含）”的学生显著高于学业成绩在“51%～75%”以及“后 25%”的学生；学业成绩在“26%～50%”的学生能力显著高于学业成绩在“51%～75%”以及“后 25%”的学生。由此得知，学业成绩在前 50%的大学生在大多数能力发展上没有存在差异，也即“拔尖学生”的“拔尖性”并未突显，而学业成绩在后 50%的大学生的能力发展水平基本也不具有显著性差异。进言之，学生成绩 50%可能是大学生创新创业能力水平的一个分界线。

表 5-4　AH 大学不同学业基础学生的创新创业能力差异比较

能力维度	学业基础($M\pm SD$)				F	p	多重比较
	前 25% (N=395)	26%～50% (N=401)	51%～75% (N=262)	后 25% (N=92)			
创新创业能力	3.721±0.426	3.687±0.384	3.592±0.408	3.483±0.561	11.040***	<0.001	1>3;1>4;2>3;2>4
目标确定能力	3.902±0.457	3.827±0.425	3.712±0.425	3.509±0.636	22.848***	<0.001	1>3;1>4; 2>3;2>4;3>4
行动筹划能力	3.668±0.581	3.574±0.569	3.440±0.559	3.350±0.747	12.099***	<0.001	1>3;1>4;2>3;2>4
果断决策能力	3.414±0.643	3.395±0.615	3.356±0.663	3.286±0.687	1.211	0.305	
沟通合作能力	3.765±0.493	3.755±0.467	3.672±0.472	3.601±0.594	4.328**	0.005	1>3;1>4;2>3;2>4
把握机遇能力	3.523±0.546	3.547±0.501	3.489±0.510	3.434±0.669	1.411	0.238	
防范风险能力	3.728±0.537	3.725±0.454	3.611±0.515	3.538±0.654	6.051***	<0.001	1>3;1>4;2>3;2>4
逆境奋起能力	3.967±0.544	3.918±0.545	3.800±0.560	3.661±0.722	10.058***	<0.001	1>3;1>4;2>3;2>4

注：在多重比较中，1 表示学业成绩在前 25%的学生；2 表示学业成绩在 26%～50%的学生；3 表示学业成绩在 51%～75%的学生；4 表示学业成绩在后 25%的学生。

2. 与全国高校、全国应用型大学不同学业基础学生的创新创业能力发展的比较分析

将 AH 大学不同学业基础学生的能力发展水平与全国高校及全国应用型大学不同学业基础学生的能力发展水平相比较，发现 AH 大学学业拔尖的学生(学业成绩在前 25%)与全国高校及全国应用型大学学业拔尖大学生相比较不具有突出优势。具体而言，AH 大学学生除了目标确定能力与全国应用型大学大学生能力水平一致外，其他能力的发展水平均低于全国高校及全国应用型大学学业拔尖大学生的发展水平。相比较而言，AH 大学学生的逆境奋起能力水平高于全国高校及全国应用型大学学生的能力水平。

(六)基于学生干部经历的大学生创新创业能力发展水平比较分析

1. AH 大学不同学生干部经历的学生的创新创业能力比较分析

使用描述性统计分析，研究不同学生干部经历大学生创新创业能力的发展情况。如表 5-5 所示，担任学生干部时间越长，创新创业能力越强。此外，大学生沟通合作能力的增值幅度最大，而把握机遇能力的增值幅度较低。这初步反映出担任学生干部的时间越长，越有助于提升学生的沟通合作能力。

为了更清晰地剖析不同学生干部经历学生创新创业能力发展的差异性，我们使用单因素方差分析进行均值比较。首先进行方差齐性检验，检验结果显示，所有样本数据的波动性均呈现一致性，无差异性($p>0.05$)，即样本对于总能力及子能力全部有着方差齐性。F 检验结果表明，大学生创新创业能力在不同学生干部经历上具有显著性差异($p<0.01$)，7 个子能力中除把握机遇能力外，其余 6 个子能力在不同学生干部经历上同样具有显著性差异($p<0.01$)。这再次有力地表明学生干部经历对于提升大学生创新创业能力具有重要的影响，换言之，学生干部经历对大学生创新创业教育能力高低起到筛选作用。

2. 与全国高校、全国应用型大学不同学生干部经历的学生创新创业能力发展的比较分析

将 AH 大学不同学生干部经历学生的创新创业能力与全国高校及全国应用型大学不同学生干部经历大学生的创新创业能力发展情况进行比较，发现 AH 大学不同年限学生干部经历大学生的创新创业总体能力发展水平均低于全国高校及全国应用型大学学生的能力水平。

表 5-5　AH 大学不同学生干部经历学生的创新创业能力差异比较

能力维度	学生干部经历($M \pm SD$)				F	p	多重比较
	无 (N=571)	1 年及以下 (N=312)	1～2 年(含) (N=185)	2 年以上 (N=82)			
创新创业能力	3.604±0.422	3.688±0.420	3.726±0.454	3.809±0.341	8.768***	<0.001	2>1;3>1;4>1;4>2
目标确定能力	3.743±0.467	3.833±0.446	3.851±0.511	3.972±0.404	7.852***	<0.001	2>1;3>1;4>1;4>2
行动筹划能力	3.490±0.598	3.570±0.591	3.676±0.578	3.715±0.574	6.940***	<0.001	2>1;3>1;4>2
果断决策能力	3.318±0.635	3.444±0.643	3.436±0.660	3.500±0.606	4.280**	0.005	2>1;3>1;4>1
沟通合作能力	3.632±0.465	3.785±0.482	3.799±0.525	4.004±0.457	19.520***	<0.001	2>1;3>1;4>1;4>2;4>3
把握机遇能力	3.486±0.534	3.523±0.535	3.572±0.554	3.576±0.476	1.658	0.174	
防范风险能力	3.646±0.526	3.694±0.507	3.719±0.539	3.848±0.429	4.072**	0.007	4>1;4>2
逆境奋起能力	3.831±0.559	3.906±0.556	3.978±0.623	4.004±0.547	4.719**	0.003	3>1;4>1

注:在多重比较中,1 表示无学生干部经历;2 表示 1 年及以下学生干部经历;3 表示 1～2 年(含)学生干部经历;4 表示 2 年以上学生干部经历。

可喜的是，全国高校学生干部经历从“无经历”到“2年以上”的能力增值为0.198，全国应用型大学大学生创新创业总体能力增值为0.194，而AH大学学生干部经历由“无经历”到“2年以上”的创新创业总体能力增值为0.205，这表明AH大学学生干部培养具有一定的成效，能够有效提升学生的创新创业能力。

此外，AH大学“无学生干部经历”学生的逆境奋起能力高于全国高校及全国应用型大学大学生平均水平，这表明该校大学生逆境奋起能力发展较好。但是，AH大学具有“2年以上”学生干部经历的学生在逆境奋起能力发展上低于全国高校及全国应用型大学学生逆境奋起能力平均水平，这表明AH大学学生担任学生干部时间越长，反而在培养逆境奋起能力上不具有优势。因此警示AH大学需要创新学生干部培养方式，及时督促学生干部，避免工作惰性。

（七）基于社团经历的大学生创新创业能力发展水平比较分析

1. AH大学不同社团经历的学生创新创业能力比较分析

根据统计分析结果，具有不同社团参与年限的大学生在创新创业能力发展水平上的表现各不相同。数据显示，社团参与时间越长，大学生创新创业能力发展水平越高。从子能力发展趋势来看，尽管在目标确定能力、把握机遇能力、防范风险能力以及逆境奋起能力上出现了阶段性下降，但是整体仍呈现上升发展趋势。

因此，为了更清楚地剖析不同社团参与年限学生的创新创业能力发展水平的差异性，本研究使用F检验进行均值比较。首先进行方差齐性检验，检验结果显示不同社团经历对于创新创业总能力及其7个子能力均有着方差齐性，满足使用方差分析的前提要求。F检验结果显示，不同社团参与经历的大学生在创新创业能力发展水平上具有显著性差异（$p<0.001$）。

事后多重检验结果显示，无社团经历学生在创新创业能力发展水平上显著低于有社团经历的学生（$p<0.001$），且具有“2年以上”社团经历的大学生在创新创业能力发展水平上显著高于少于2年社团经历的学生。该结果揭示了社团参与经历对大学生创新创业能力培养具有影响。在目标确定能力维度上，数据结果显示，无社团经历的学生能力显著低于具有“1年及以下”社团经历的大学生，具有“2年以上”社团经历的学生目标确定能力显著高于其他社团参与年限的大学生。这表明参与社团对提升学生目标确定能力具有一定作

用，但参与年限在“1 年及以下”以及“1～2 年（含）”的大学生在目标确定能力发展上不具有显著提升效果，一旦超过 2 年社团经历，则对学生目标确定能力具有显著提升作用。把握机遇能力在不同群体之间的差异性也是如此。

从沟通合作能力发展情况来看，无社团参与经历学生的沟通合作能力显著低于有社团参与经历的学生，且社团参与经历在“2 年以上”的学生，其沟通合作能力显著高于其他参与年限学生。在防范风险能力方面，无社团经历学生的防范风险能力显著低于具有“1 年及以下”和“2 年以上”社团经历的学生。无社团经历学生在逆境奋起能力上显著低于有社团经历的学生。此外，行动筹划能力以及果断决策能力在社团经历上不具有显著性差异（$p>0.05$）。（见表 5-6）

2. 与全国高校、全国应用型大学不同社团经历的学生创新创业能力发展的比较分析

首先，将 AH 大学与全国高校、全国应用型大学不同社团经历学生的创新创业能力发展水平进行比较，发现 AH 大学具有“1 年及以下”和具有“2 年以上”社团经历的学生的创新创业能力发展水平高于全国应用型大学同一社团经历的学生的能力发展水平。

其次，全国高校大学生创新创业总体能力发展水平从“无社团经历”到具有“2 年以上”社团经历大学生的增值为 0.244，应用型大学大学生的能力增值为 0.236，而 AH 大学学生的能力增值为 0.289。这表明 AH 大学学生在学生社团参与上取得了较大的收获。

最后，通过比较分析可以发现，AH 大学具有“2 年以上”社团经历的学生在目标确定能力、沟通合作能力以及把握机遇能力上的表现均优于全国高校及全国应用型大学大学生的能力水平。这表明 AH 大学可能在社团上为学生创造了比较好的发展空间。

表 5-6 AH 大学不同社团经历学生的创新创业能力差异比较

能力维度	社团经历($M \pm SD$)				F	p	多重比较
	无 ($N=348$)	1 年及以下 ($N=570$)	1～2 年(含) ($N=204$)	2 年以上 ($N=28$)			
创新创业能力	3.591±0.404	3.687±0.424	3.678±0.458	3.880±0.348	6.469^{***}	<0.001	2>1;3>1;4>1;4>2;4>3
目标确定能力	3.740±0.470	3.821±0.455	3.816±0.505	4.057±0.339	5.165^{**}	0.002	2>1;4>1;4>2;4>3
行动筹划能力	3.497±0.546	3.576±0.610	3.587±0.636	3.726±0.541	2.319	0.074	
果断决策能力	3.327±0.629	3.412±0.638	3.377±0.654	3.571±0.751	2.107	0.098	
沟通合作能力	3.624±0.468	3.758±0.481	3.778±0.522	4.024±0.486	10.284^{***}	<0.001	2>1;3>1;4>1;4>2;4>3
把握机遇能力	3.459±0.529	3.536±0.534	3.528±0.544	3.742±0.439	3.311^{*}	0.019	2>1;4>1;4>2;4>3
防范风险能力	3.624±0.501	3.711±0.517	3.688±0.549	3.905±0.475	3.775^{*}	0.010	2>1;4>1;4>3
逆境奋起能力	3.784±0.573	3.935±0.546	3.911±0.617	4.024±0.555	5.813^{**}	0.001	2>1;3>1;4>1

注：在多重比较中，①表示无社团经历；②表示 1 年及以下社团经历；③表示 1～2 年(含)社团经历；④表示 2 年以上社团经历。

三、应用型大学学生创新创业能力发展情况总结

结合上述分析，本研究认为AH大学学生创新创业能力具有以下两个特征。

（一）创新创业能力发展水平在基准线之上

通过实证数据分析结果可知，AH大学学生创新创业能力总体发展水平在“3”理论基准线之上，这说明AH大学创新创业教育所提供的各类资源能够为大学生创新创业能力发展提供基本的条件，从而大学生的能力发展呈现出可喜的一面。

当然，从创新创业7个子能力之间的发展水平比较来看，AH大学学生在果断决策能力和把握机遇能力的发展水平明显较低。尤为值得注意的是，AH大学学生的创新创业能力与全国应用院校大学生的能力相比较水平较低，甚至在行动筹划能力、果断决策能力以及防范风险能力上存有较大差距。

（二）创新创业能力发展水平凸显群体特征

调查数据显示，AH大学女生创新创业能力水平低于该校男生，且低于全国应用型大学女大学生创新创业能力水平，这可能说明AH大学创新创业教育实施过程中，男生群体在创新创业教育中的参与较多，因此能够获得较大的能力提升，如此也从另一侧面指明该校创新创业教育相关举措或资源可能更加倾向于男生偏好，进而导致女生群体不积极参与创新创业教育。此外，必须注意的是，AH大学男生在行动筹划能力、果断决策能力、沟通合作能力、把握机遇能力以及防范风险能力上的表现弱于全国高校及全国应用型大学男生群体的平均水平。同样的现象也发生在学科类别差异上。数据显示，AH大学人文社科学生创新创业能力显著低于理工科大学生。这可能是人文社科中女生偏多的原因引起的。

创新创业能力发展出现“大三低谷”现象。与全国高校大学生创新创业能力发展趋势相似，AH大学学生创新创业能力发展同样出现“大三低谷”现象，并且，该校学生创新创业能力发展水平从大二开始均落后于全国高校及应用型大学同一年级学生的能力水平。这说明高校对不同发展阶段的学生需要给予符合其发展阶段性特征的支持，尤其要关注大三阶段处于“深造”“就业”等多种矛盾期的学生，辅以更多的心理支持。

农村大学生的沟通合作能力亟须提高。从数据分析结果来看，AH 大学农村学生的创新创业能力及其 7 个子能力的发展情况均弱于全国高校和全国应用型大学大学生能力水平。特别是在沟通合作能力上，AH 大学农村学生显著低于 AH 大学城市学生。

拥有较好的学业基础、较长的学生干部经历和社团经历的学生能够获得较高的创新创业能力水平，这表明学业基础是促进大学生深入开展创新创业的基础，而支持和鼓励学生担任学生干部和参与社团活动对其提升创新创业能力具有积极作用。当然，时间不是唯一的衡量指标，更为重要的是，学生个体在参与活动时的投入度。

值得肯定的是，AH 大学具有“2 年以上”社团参与经历的学生在目标确定能力、沟通合作能力以及把握机遇能力上的表现优于全国高校及全国应用型大学大学生的平均水平。这反映出该校学生社团建设成效显著，能为学生群体提升创新创业能力提供较好的支撑。

第三节 创新创业教育过程性因素的特征分析

大学生需要通过高校各个环境体验创新创业教育过程，从而满足个体对创新创业教育的期望，并从中提升个体创新创业能力。将高校创新创业教育过程性影响因素特征进行分析，便是对创新创业教育环境的判断和认识。

一、应用型大学创新创业教育个体层面影响因素的特征分析

创新创业教育过程性因素包含个体层面和院校层面，本部分主要聚焦应用型大学学生对个体层面影响因素的整体认知。

（一）大学生个体投入维度的基本特征

1. 总体水平特征

描述性结果显示，AH 大学学生个体投入度为 3.239（SD＝0.516），大于理论中间值“3”，但低于课题组通过聚类分析得出的全国高校大学生样本在个体投入维度的中分组水平（M＝3.286，SD＝0.196），也同样低于其高分组水平（M＝3.986，SD＝0.321）。这表明该校大学生在个体投入上表现一般。具体而言，工具利用（M＝3.770，SD＝0.667）＞掌握目标定向（M＝3.669，SD＝

0.626)＞反思性学习(M＝3.580，SD＝0.582)＞学业效能感(M＝3.519，SD＝0.645)＞生生互动(M＝3.369，SD＝0.749)＞课堂学习投入(M＝3.162，SD＝0.770)＞课外自学投入(M＝3.010，SD＝0.692)＞师生互动(M＝2.707，SD＝0.875)＞课外活动投入(M＝2.685，SD＝0.834)。从该数据可知，AH 大学学生在课外活动上的投入度普遍较低，而在使用电脑\手机等现代化工具上的表现较好。

但是，与全国高校学生的个体投入度 3.296(SD＝0.547)以及全国应用型大学学生的个体投入度 3.287(SD＝0.545)相比，AH 大学学生的个体投入度则显得不足。

2. 整体样态

将个体投入的 9 个维度作为分析变量进行快速聚类，分析结果如表 5-7 所示。研究结果显示，个体投入可以分为三个组别：个体投入高分组(M＝3.837，SD＝0.281)有 332 人，占比为 28.87%；个体投入中分组(M＝3.215，SD＝0.179)有 543 人，占比为 47.22%；个体投入低分组(M＝2.566，SD＝0.266)有 275 人，占比为 23.91%。

从聚类分析结果来看，在个体维度上，有接近一半的同学认为其在学习上具有一定的投入，他们重视个体投入对成长的价值；有接近三分之一的同学在学业上投入度并不高；但也有相当一部分的同学具有较高的投入度。从高、中分组别的各维度得分情况来看，三组在课外活动投入、师生互动方面的情况均不佳；低分组中各维度高低分差距最大，在师生互动上的表现令人担忧，工具利用上的投入最高；中分组则在课外活动投入、课外自学投入以及师生互动上表现较差，低于“3”。与全国总样本的聚类分析结果相比较，高、中、低分组的占比相差不大，但全国高、低分组的各组均值均高于 AH 大学各组均值。换言之，与全国总样本相比较而言，AH 大学仍需要继续激励大学生提升个体投入，尤其需要关注低分组学生的师生互动。

表 5-7　AH 大学学生个体投入聚类分析结果

维度	高分组(N＝332)	中分组(N＝543)	低分组(N＝275)
学业效能感	3.952±0.533	3.514±0.500	3.006±0.645
掌握目标定向	4.135±0.453	3.666±0.482	3.111±0.600
课外活动投入	3.440±0.682	2.654±0.568	1.834±0.547
课外自学投入	3.678±0.507	2.964±0.435	2.292±0.512

续表

维度	高分组（N=332）	中分组（N=543）	低分组（N=275）
课堂学习投入	3.898±0.487	3.149±0.487	2.301±0.577
反思性学习	3.937±0.516	3.552±0.489	3.205±0.575
师生互动	3.544±0.652	2.663±0.573	1.784±0.581
生生互动	3.996±0.499	3.364±0.520	2.623±0.696
工具利用	4.114±0.593	3.729±0.558	3.438±0.754

（二）个体投入因素各维度的基本特征与比较分析

1. 学业效能感比较一般

学业效能感是指对自己顺利完成学业的行为能力的信念。研究显示，AH 大学学生学业效能感（M=3.519，SD=0.645）与全国高校大学生学业效能感（M=3.522，SD=0.657）以及全国应用型大学学生学业效能感（M=3.520，SD=0.652）相比较均较低。虽然在数值上有所差异，但实际上差距并不大。

2. 掌握目标定向表现不佳

掌握目标定向指学生具有积极的学习动机，具有运用深层加工策略的倾向。研究显示，AH 大学学生认为自己在“掌握目标定向”维度上的水平为 3.669（SD=0.626）。尽管与 AH 大学学生个体投入度的其他维度相比较，该校大学生在“掌握目标定向”的自评得分较好，但是与全国高校大学生在“掌握目标定向”上的自评得分（M=3.727，SD=0.645）以及与全国应用型大学大学生的自评得分（M=3.719，SD=0.615）相比较仍较低，且差距大于 0.05。由此可见，AH 大学学生在深度学习倾向上表现不佳。

3. 课外活动投入亟待提升

课外活动投入度是指学生在各类创新创业项目、学业竞赛或社会实践等实践性学习上的投入情况。应用型大学为学生创造了丰富多样的课外活动，以此提升学生的实践创新能力，大学生课外活动投入自评情况在一定程度上可以反映出大学生对该校课外活动开展情况的满意度。

本研究数据显示，AH 大学学生的课外活动投入度较低（M=2.685，SD=0.834），为 AH 大学大学生个体投入维度中的最低值。该数据虽高于全国高校大学生的课外活动投入度（M=2.287，SD=0.826），但低于理论中间

值“3”，而且远低于全国高校大学生以及全国应用型大学学生的课外活动投入度（M=2.818，SD=0.823）。该研究成果表明 AH 大学应重视学生参与课外活动的积极性和深度。

4. 课外自学投入状况比较乐观

课外自学投入指学生在课堂外的学习情况。尽管先前研究数据指出，AH 大学学生在课外自学投入上的自评情况处于偏下水平。但与全国高校大学生课外自学投入（M=2.265，SD=0.758）以及全国应用型大学学生课外自学投入（M=2.972，SD=0.745）相比，AH 大学学生的课外自学情况仍处于较高水平。不可否认的是，该数据反映出我国大学生课外自学情况堪忧，高校应引起重视。

5. 课堂学习投入明显不足

课堂是学生成长的主阵地，课堂学习投入指学生在课堂上积极思考、与同学合作讨论等的情况。数据显示，AH 大学学生在课堂学习投入（M=3.162，SD=0.770）的自评分数低于全国高校大学生的课堂学习投入（M=3.284，SD=0.779），同样低于全国应用型大学学生的课堂学习投入（M=3.255，SD=0.777），且差距大于 0.093。

6. 反思性学习不容乐观

反思性学习是对已有的学习过程进行再认识再检验，是学生深层次学习不可缺少的重要环节。研究数据显示，AH 大学学生反思性学习情况（M=3.580，SD=0.582）低于全国高校学生反思性学习水平（M=3.638，SD=0.580），差距为 0.058；低于全国应用型大学学生反思性学习水平（M=3.630，SD=0.577），差距为 0.05。由此可见，AH 大学学生的反思性学习不容乐观。

7. 师生互动水平有待提高

师生互动是学生和教师两个主体之间的相互作用，师生有效互动能够促进学生的发展。然而，AH 大学学生在师生互动方面的表现（M=2.707，SD=0.875）低于全国高校学生师生互动水平（M=2.829，SD=0.918），差距为 0.122；低于全国应用型大学学生师生互动水平（M=2.814，SD=0.915），差距为 0.107。可见，AH 大学学生在师生互动方面的表现有待提高，这可能说明 AH 大学的课程教学方式在激发师生互动上成效不佳，必须更加关注课程教学改革实效。

8. 生生互动亟待提高

在受教育阶段，同伴始终是学生成长的关键群体。生生互动便是衡量学生在大学阶段与学生之间的互动沟通程度。数据结果显示，AH 大学学生在生生互动方面的表现（$M=3.369$，SD=0.749）低于全国高校大学生生生互动水平（$M=3.420$，SD=0.760），差距为 0.051；低于全国应用型大学大学生生生互动水平（$M=3.410$，SD=0.760），差距为 0.041。这表明 AH 大学所举办的丰富的课外活动作用于生生之间的交流可能极其有限，学校应该在课外活动乃至在课堂教学上提高生生交流的机会。

9. 工具利用水平比较乐观

工具利用是指学生能够借助于现代化工具便利个体学习以及拓宽视野。研究数据显示，该校学生的工具利用水平（$M=3.770$，SD=0.667）高于全国高校学生工具利用水平（$M=3.766$，SD=0.668），高于全国应用型大学学生工具利用水平（$M=3.762$，SD=0.666）。尽管工具利用水平基本一致，但是 AH 大学学生的微弱优势也体现出其现代化工具的使用频率较高，反映出现代化工具为该校学生提供了更多选择机会。

二、应用型大学创新创业教育院校层面影响因素的特征分析

院校是影响大学生创新创业能力的重要因素，其对大学生的学习行为、认知等产生了引导作用。以 AH 大学为案例，考察应用型大学学生在学校创新创业教育创设上的体验感，有利于挖掘下一步高校创新创业教育外部环境创设的改进方向。

（一）AH 大学学生感知院校支持的基本特征

1. 总体水平特征

描述性结果显示，AH 大学学生对院校支持总体评价得分为 3.736（SD=0.495），大于理论中间值“3”。这表明从理论层面来看，AH 大学学生对院校层面为个体发展提供的支持性条件相对满意。具体而言，环境支持（$M=3.915$，SD=0.584）>课程及教学支持（$M=3.724$，SD=0.555）>教师支持（$M=3.680$，SD=0.545）。可见，AH 大学学生对院系所创造的自由宽松的制度环境和资源环境最为满意，而对教师提供的人际、情感等支持较为不满意。

与其他类型高校相比较而言，AH 大学学生院校支持评价得分低于全国

高校大学生感知到的院校支持评价得分（M＝3.772，SD＝0.520），低于全国应用型大学学生院校支持的评价得分（M＝3.755，SD＝0.520）。为此，AH大学不仅需要看到校内学生对院校行动的普遍认可，同时也需要基于全国视角，进一步提升院校支持度。

2. 整体样态

根据AH大学学生感知院校支持的聚类分析结果来看，高分组学生院校支持感知度均值为4.460（SD＝0.274），共有186人，占比为16.17%；中分组学生院校支持感知度均值为3.773（SD＝0.196），共有724人，占比为62.96%；低分组学生院校支持感知度为3.063（SD＝0.369），共有240人，占比为20.87%。总体来看，AH大学学生在院校支持感知上的评价较好，低分组的均值仍高于“3”；三组在院校支持感知三个维度上的评价表现趋势基本一致，即教师支持均为最低值，环境支持均为最高值。（见表5-8）

与全国总样本的聚类分析情况相比较，AH大学高中低三组的占比数值与全国大学生总样本高中低三组的占比数值较为相近，且AH大学低分组占比要小于全国大学生低分组占比。因此，从聚类分析结果而言，可以认为AH大学为学生成长提供了良好的支持。

表5-8　AH大学学生院校支持聚类分析结果

维度	高分组（N＝186）	中分组（N＝724）	低分组（N＝240）
环境支持	4.695±0.331	3.940±0.281	3.237±0.613
教师支持	4.375±0.369	3.719±0.300	3.025±0.490
课程及教学支持	4.457±0.378	3.764±0.276	3.033±0.485

（二）AH大学院校支持子维度的基本特征与比较分析

1. 环境支持的基本特征与比较分析

（1）环境支持的基本特征

环境支持分为制度环境和资源环境。数据分析结果指出，AH大学学生认为学校提供的环境支持较好（M＝3.915，SD＝0.584），其中最为满意的是资源环境（M＝3.930，SD＝0.632），其次为制度环境（M＝3.901，SD＝0.627）。这反映出AH大学为学生发展提供了充足的教育教学资源。

（2）与全国高校、全国应用型大学的比较分析

研究显示，从整体来看，AH大学在环境支持（M＝3.915，SD＝0.584）上

的表现较好，一方面高于全国高校对学生发展的环境支持度（$M=3.853$，$SD=0.641$），另一方面也高于全国应用型大学为大学生发展创造的支持性环境（$M=3.845$，$SD=0.640$）。具体而言，在制度环境维度上，AH大学的表现比全国高校（$M=3.820$，$SD=0.688$）和全国应用型大学（$M=3.820$，$SD=0.680$）高0.081分；在资源环境维度上，AH大学学生认为本校在资源环境维度上的表现比全国高校大学生感知的其所在高校资源环境支持度（$M=3.886$，$SD=0.681$）高0.044分，比全国应用型大学资源环境支持度（$M=3.870$，$SD=0.681$）高0.060分。

2. 教师支持的基本特征与比较分析

（1）教师支持的基本特征

教师支持分为人际支持、自主支持、情感及能力支持。根据描述性统计结果，AH大学学生认为教师提供的自主支持最多（$M=3.829$，$SD=0.606$），比教师提供的情感及能力支持（$M=3.730$，$SD=0.636$）高0.099分，比教师人际支持（$M=3.431$，$SD=0.717$）高0.398分。由此可见，AH大学教师为学生发展创造了自由宽松的氛围，鼓励学生勇敢地提出自己的观点。但是，AH大学学生认为其与教师的人际关系仍有待改善。

（2）与全国高校、全国应用型大学的比较分析

将AH大学教师支持维度与全国高校、全国应用型大学数据进行比较分析，可知该校教师支持度（$M=3.680$，$SD=0.545$）处于较低状态，比全国高校教师支持度（$M=3.730$，$SD=0.558$）低0.050分；比全国应用型大学教师支持度（$M=3.711$，$SD=0.557$）低0.031分。

具体而言，在人际支持上，该校大学生认为教师提供的人际支持度为3.431（$SD=0.717$），与全国应用型大学教师人际支持度（$M=3.441$，$SD=0.727$）基本持平，但低于全国高校教师人际支持度（$M=3.467$，$SD=0.728$）。在教师自主支持上，AH大学与应用型大学教师自主支持度（$M=3.863$，$SD=0.606$）相差0.034分，比全国高校教师自主支持度（$M=3.880$，$SD=0.609$）低0.051分。在教师情感及能力支持上，AH大学学生认为教师提供的情感及能力支持度为3.730（$SD=0.636$），该水平比全国应用型大学教师情感及能力支持度（$M=3.770$，$SD=0.632$）低0.040分，比全国高校教师情感及能力支持度（$M=3.787$，$SD=0.634$）低0.057分。

3. 课程及教学支持

(1)课程及教学支持的基本特征

课程及教学支持分为课程教学管理支持、教师教学水平支持以及创新教学方式支持。根据描述性分析结果，在此维度下，AH 大学学生认为教师教学水平(M=3.784，SD=0.612)为其发展提供的支持最大，其次为课程教学管理(M=3.775，SD=0.602)，再次为教师的创新教学方式(M=3.496，SD=0.796)。可见，AH 大学教师在案例研究、项目式教学等创新教学方式上仍有提高空间。

(2)与全国高校、全国应用型大学的比较分析

通过对比分析发现，AH 大学学生对该校课程及教学支持的评分为 3.724(SD=0.555)，高于理论中间值"3"，但是比全国应用型大学大学生课程及教学支持感知平均水平低 0.043 分，比全国高校大学生课程及教学支持感知平均水平(M=3.785，SD=0.630)低 0.061 分。这表明 AH 大学在课程及教学质量上仍需进一步提升。

具体而言，在课程教学管理方面，AH 大学表现较好(M=3.775，SD=0.602)，高于全国高校平均水平(M=3.768，SD=0.630)，高于全国应用型大学平均水平(M=3.761，SD=0.630)；在教师教学水平方面，AH 大学学生评价教师教学水平的得分(M=3.784，SD=0.612)比全国高校平均水平(M=3.854，SD=0.605)低 0.070 分，比全国应用型大学平均水平(M=3.832，SD=0.605)低 0.048 分；而在创新教学方式方面，AH 大学的表现(M=3.496，SD=0.796)远比全国高校平均水平(M=3.650，SD=0.761)低 0.154 分，且低于全国应用型大学平均水平(M=3.627，SD=0.763)。可见，AH 大学提高课程及教学支持水平亟须从创新教学方式着手。

三、应用型大学创新创业教育过程性因素特征总结

大学生参与创新创业教育的整个过程，创新创业教育影响因素包含个体层面以及院校层面。经过分析，发现 AH 大学在创新创业教育过程性因素上呈现如下基本特征。

(一)在个体投入层面，学生课外活动投入度普遍不高

个体投入情况揭示学生在教育教学活动中的表现，是衡量学生主动性的重要指标。研究结果显示，AH 大学学生在个体投入度上的表现大于理论中

间值“3”，但与全国高校大学生个体投入度平均水平以及全国应用型大学个体投入度平均水平相比仍存在一定差距。

其一，工具利用、课外自学投入表现良好。一是基于AH大学学生个体投入各因素的比较分析来看，工具利用高于其他因素，课外自学投入虽自评得分相对靠后，但也高于理论中间值“3”；二是与全国高校以及全国应用型大学大学生的自评情况相比较，工具利用以及课外自学投入两个因素均高于全国高校以及全国应用型大学学生的自评得分。这表明AH大学大学生在工具利用与课外自学投入上具有相对良好的表现。

其二，课外活动投入亟待提高。通过对该校创新创业教育实施举措的调研显示，该校重视课外活动在学生发展中的作用，并建立多个保障平台服务于学生的课外活动。然而，数据结果却显示该校大学生在课外活动上的投入度仍较低：一是低于本校大学生个体投入度的其他因素；二是与全国高校以及全国应用型大学大学生相比较，AH大学学生在课外活动投入上也出现了相对低值。以上结果表明，课外活动在校级层面上呈现出“轰轰烈烈”的现状，却在学生层面出现了冷却效应。

其三，掌握目标定向、反思性学习、学业效能感具有“一高一低”特征；生生互动、课堂学习投入、师生互动水平仍需提高。一方面，掌握目标定向、反思性学习以及学业效能感在本校大学生投入度的各个因素中表现相对良好，处于高水平区间；但是与全国高校以及全国应用型大学学生相比较，却处于较低水平。另一方面，课堂学习投入以及师生互动在AH大学大学生个体投入上表现一般，与全国高校以及全国应用型大学学生平均水平相比仍有进步空间，因此仍需关注AH大学大学生的课堂学习以及师生互动情况。

(二)在院校支持层面，环境支持因素呈现出良好态势

从该校数据结果看，学生对院校支持的满意度(SD＝3.736，SD＝0.495)远高于学生对个体投入的评价(M＝3.239，SD＝0.495)。这表明AH大学学生对院校所创造环境的普遍认可。但不可否认的是，与全国高校以及全国应用型大学学生感知院校支持的平均水平相比较，AH大学在院校支持上仍有一定的提升空间。

其一，在环境支持上获得广泛认可。环境支持既包括院校提供的制度环境，也包括所创造的资源环境。在对AH大学创新创业教育实施举措的介绍中可以发现，AH大学在制度改革、平台建设、资源创设等方面进行了大规模

改革与调整，为学生塑造了创新创业教育生态保障体系。实证数据表明，该举措获得了本校学生的广泛认可，学生普遍认为院校在制度环境和资源环境上为其成长发展创造了良好的条件。

其二，教师支持、课程及教学支持仍需提高。教师队伍是实现创新创业教育高质量发展的关键群体，但是尽管该校在打造高水平多元化教师群体、提升教师教学能力等方面进行了努力，但研究结果却指出大学生对教师所提供的支持、课程及教学的支持仍较为不满。并且，与全国高校、全国应用型大学相比较来看，AH 大学在教师支持、课程及教学支持上的平均得分均较低。可见，未来继续提高教师支持、课程及教学支持仍是 AH 大学创新创业教育质量提升的重要举措。

第四节　应用型大学学生创新创业能力的影响因素分析

大学生在高校创新创业教育环境中学习，通过个体投入以及院校经历等多重因素获得能力的提升。前述分析侧重在大学生创新创业能力群体特征以及创新创业教育过程性因素的描述性上，目的在于理清不同群体、不同因素所呈现出来的特征及其可能差异性，为应用型大学进一步深入改革创新创业教育提供基本方向支撑。本部分将深入探讨各个影响因素对创新创业能力的影响效应，如此可以明确重点改革的方向。

一、背景性因素对应用型大学学生创新创业能力的影响分析

(一)家庭背景变量对大学生创新创业能力的影响分析

将家庭所在地、父母接受教育程度作为自变量，以大学生创新创业能力作为因变量进行回归分析，研究发现，模型通过 F 检验，且模型中 VIF 值全部均小于 5，这意味着模型不存在严重的共线性问题；此外，家庭背景变量可以解释大学生创新创业能力 0.7%的变化原因。具体分析来看，家庭所在地、父母接受教育程度均不能对大学生创新创业能力产生影响。(见表 5-9)

表 5-9 家庭背景变量对 AH 大学学生创新创业能力的影响模型

维度	β	t	p
家庭所在地(参照:农村)	0.051	1.570	0.117
父亲受教育程度(参照:未接受过高等教育)	0.008	0.214	0.830
母亲受教育程度(参照:未接受过高等教育)	0.050	1.422	0.155
R^2		0.007	
调整 R^2		0.005	
F		F (3,1146)=2.818,p<0.05	

注:β 为标准化回归系数。下同。

(二)个体特征变量对大学生创新创业能力的影响分析

以大学生个体特征维度中的各个变量作为自变量,以大学生创新创业能力作为因变量进行回归分析。研究显示,大学生个体特征与创新创业能力显著正相关,回归模型整体检验的 F 统计量达到显著水平,个体特征变量的调整 R^2 为 0.080,表明性别、年级、学科、学生干部经历以及社团经历联合解释了创新创业能力 8.0%的变异量。针对模型的多重共线性进行检验发现,样本数据之间并没有关联关系,模型较好。具体来看,性别对创新创业能力具有显著影响;学生干部经历以及社团经历对大学生创新创业能力具有显著影响。(见表 5-10)

表 5-10 个体特征变量对 AH 大学学生创新创业能力的影响模型

维度	β	t	p
性别(参照:女)	0.116	3.390***	<0.001
年级(参照:大一)			
大二	−0.046	−1.295	0.196
大三	−0.098	−2.793**	0.005
大四	−0.045	−1.353	0.176
学科(参照:人文社科)	0.068	1.929	0.054
学业基础(参照前 25%)			
26%~50%	−0.036	−1.106	0.269

续表

维度	β	t	p
51%～75%	−0.121	−3.706***	<0.001
后 25%	−0.143	−4.693***	<0.001
学生干部经历(参照:无)			
1 年及以下	0.073	2.383*	0.017
1～2 年(含)	0.110	3.436***	<0.001
2 年以上	0.131	4.052***	<0.001
社团经历(参照:无)			
1 年及以下	0.104	3.105**	0.002
1～2 年(含)	0.075	2.185*	0.029
2 年以上	0.093	3.060**	0.002
R^2		0.091	
调整 R^2		0.080	
F		$F\ (14,1135)=8.150, p<0.001$	

(三)背景性因素对大学生创新创业能力的综合影响分析

如表 5-11 所示,模型 1 为家庭背景变量的影响因素模型,模型 2 则将家庭背景变量、学生个体特征变量两个创新创业教育背景性影响因素全部加入回归分析中,得到创新创业教育背景性因素的影响全模型,该模型解释力为 9.4%。

具体而言,研究发现,当家庭背景变量与个体特征变量一同纳入回归模型后,模型解释力为 0.094,达到显著性水平($F(17,1132)=6.892, p<0.001$);并且,与模型 1 相比,模型 2 解释力提高了 8.6%,且该增量具有统计意义($F(14,1132)=7.715, p<0.001$)。这表明家庭背景和学生个体特征联合解释了大学生创新创业能力 9.4%的变异量。

表 5-11 创新创业教育背景性因素的综合影响模型

自变量	模型 1			模型 2		
	β	t	p	β	t	p
家庭背景						
家庭所在地(参照:农村)	0.051	1.570	0.117	0.027	0.863	0.388
父亲受教育程度(参照:未接受过高等教育)	0.008	0.214	0.830	0.012	0.336	0.737
母亲受教育程度(参照:未接受过高等教育)	0.050	1.422	0.155	0.026	0.763	0.446
个体特征						
性别(参照:女)				0.115	3.350***	<0.001
年级(参照:大一)						
大二				−0.044	−1.236	0.217
大三				−0.096	−2.697**	0.007
大四				−0.039	−1.178	0.239
学科(参照:人文社科)				0.070	1.960	0.050
学业基础(参照:前25%)						
26%~50%				−0.037	−1.146	0.252
51%~75%				−0.119	−3.649***	<0.001
后25%				−0.142	−4.656***	<0.001
学生干部经历(参照:无)						
1年及以下				0.102	3.064**	0.002
1~2年(含)				0.069	1.984*	0.047
2年以上				0.125	3.837***	<0.001
社团经历(参照:无)						
1年及以下				0.102	3.064**	0.002
1~2年(含)				0.069	1.984*	0.047
2年以上				0.092	3.049**	0.002
R^2		0.007			0.094	
调整 R^2		0.005			0.080	

续表

自变量	模型 1			模型 2		
	β	t	p	β	t	p
F	$F(3,1146)=2.818, p<0.05$			$F(17,1132)=6.892, p<0.001$		
$\triangle R^2$				0.086		
$\triangle F$				$F(14,1132)=7.715, p<0.001$		

二、过程性因素对应用型大学学生创新创业能力的影响分析

在前述分析高校创新创业教育过程性因素状态的基础上，进一步深入研究创新创业教育过程性因素对应用型大学学生创新创业能力影响效应，从而判断过程性影响因素对大学生创新创业能力是否产生显著影响。

（一）个体投入对大学生创新创业能力的影响分析

将个体投入层面的影响全部加入模型中，探讨个体投入对大学生创新创业能力的影响。数据显示，该模型通过 F 检验，模型解释力为 60.8%。针对该模型的多重共线性进行检验发现，模型中 VIF 值全部小于 5，D-W 值为 1.977，这说明模型不存在严重的自相关性，样本数据之间没有关联关系，模型较好。

具体而言，学业效能感对创新创业能力产生显著的正向影响（$\beta=0.300$，$p<0.001$）；掌握目标定向对创新创业能力具有显著正向影响（$\beta=0.268$，$p<0.001$）；课外活动投入能够对创新创业能力产生显著正向影响（$\beta=0.071$，$p<0.001$）；反思性学习对创新创业能力产生显著正向影响（$\beta=0.233$，$p<0.001$）；师生互动对创新创业能力产生显著正向影响（$\beta=0.094$，$p<0.001$）；生生互动对创新创业能力产生显著正向影响（$\beta=0.072$，$p<0.01$）。课外自学投入、课堂学习投入以及工具利用未对创新创业能力产生影响。（见表 5-12）

表 5-12　个体投入对 AH 大学学生创新创业能力的影响模型

维度	β	t	p
学业效能感	0.300	12.599***	<0.001
掌握目标定向	0.268	10.411***	<0.001

续表

维度	β	t	p
课外活动投入	0.071	2.539*	0.011
课外自学投入	−0.002	−0.072	0.943
课堂学习投入	0.014	0.483	0.629
反思性学习	0.233	10.911***	<0.001
师生互动	0.094	3.361***	<0.001
生生互动	0.072	2.786**	0.005
工具利用	0.035	1.748	0.081
R^2		0.608	
调整 R^2		0.605	
F		$F(9,1140)=196.358, p<0.001$	

个体投入层面对创新创业能力具有显著影响的变量中，影响效应比较如下：学业效能感>掌握目标定向>反思性学习>师生互动>生生互动>课外活动投入。可见，与学生个体深度学习相关的变量对创新创业能力影响更大，而侧重学生与其他主体互动交流的变量则对创新创业能力影响较小。

（二）院校支持对大学生创新创业能力的影响分析

将院校支持层面的环境支持、教师支持以及课程及教学支持共同纳入回归模型当中，探讨院校支持对大学生创新创业能力的影响效应与影响机制。研究显示，院校支持层面可以解释创新创业能力 26.0%的变化原因，该模型通过 F 检验（$F(8,1141)=50.073, p<0.001$），模型中 VIF 值全部小于 5，意味着不存在严重共线性问题；并且 D-W 值为 1.986，在数字 2 附近，说明模型不存在严重自相关性，样本数据之间并没有关联关系，模型较好。

具体而言，教师支持因素对大学生创新创业能力具有显著正向影响，影响效应大小为：教师人际支持（$\beta=0.257, p<0.001$）>教师自主支持（$\beta=0.122, p<0.001$）>教师情感及教学支持（$\beta=0.128, p<0.01$）。而环境支持、课程及教学支持均不对创新创业能力产生显著影响。（见表 5-13）

表 5-13 院校支持对大学生创新创业能力的影响模型

维度	β	t	p
环境支持			
制度环境	0.061	1.554	0.120
资源环境	0.068	1.745	0.081
教师支持			
教师人际支持	0.257	8.283***	<0.001
教师自主支持	0.122	3.418***	<0.001
教师情感及能力支持	0.128	3.023**	0.003
课程及教学支持			
课程教学管理	0.046	1.126	0.260
教师教学水平	−0.040	−0.878	3.269
创新教学方式	0.030	0.981	0.327
R^2		0.260	
调整 R^2		0.255	
F		$F(8,1141)=50.073, p<0.001$	

(三)过程性因素对大学生创新创业能力的综合影响分析

模型 1 为个体投入对创新创业能力的影响模型，将创新创业教育过程性因素中的个体投入以及院校支持因素共同纳入回归分析模型中，得到模型 2。数据显示，院校支持因素加入后对模型具有解释意义，一同解释了创新创业能力 62.1%的变异量，比模型 1 增加了 1.3%的解释力，且该模型增量具有统计学意义($F\ (8,1132)=5.008, p<0.001$)。

具体而言，学业效能感对创新创业能力具有显著正向影响($\beta=0.289$, $p<0.001$)；掌握目标定向对创新创业能力具有显著正向影响($\beta=0.246$, $p<0.001$)；课外活动投入对创新创业能力具有显著正向影响($\beta=0.063$, $p<0.05$)；反思性学习对创新创业能力具有显著正向影响($\beta=0.221$, $p<0.001$)；师生互动对创新创业能力具有显著正向影响($\beta=0.083$, $p<0.01$)；工具利用对创新创业能力具有显著正向影响($\beta=0.040$, $p<0.05$)；资源环境对创新创业能力具有显著正向影响($\beta=0.072$, $p<0.01$)；教师人际支持对创新创业能力具有显著正向影响($\beta=0.072$, $p<0.01$)。课外自学投入、课堂学

习投入、制度环境、教师自主支持、教师情感及能力支持、课程教学管理、教师教学水平、创新教学方式并不会对创新创业能力产生影响。

在创新创业教育过程性因素的综合模型中，各变量的影响效应大小如下：学业效能感>掌握目标定向>反思性学习>师生互动>人际支持>资源环境>课外活动投入>工具利用。这表明在整体创新创业教育下，学生个体的主动性对能力的影响远远大于环境的影响。比较分析来看，院校环境因素加入模型后生生互动的影响力消失了，而工具利用在加入院校因素后则增强了对创新创业能力的影响力度；个体投入影响了资源环境的作用力。（见表 5-14）

表 5-14　创新创业教育过程性因素的综合影响模型

自变量	模型 1			模型 2		
	β	t	p	β	t	p
个体投入						
学业效能感	0.300	12.599***	<0.001	0.289	12.170***	<0.001
掌握目标定向	0.268	10.411***	<0.001	0.246	9.447***	<0.001
课外活动投入	0.071	2.539*	0.011	0.063	2.269*	0.023
课外自学投入	−0.002	−0.072	0.943	−0.008	−0.261	0.794
课堂学习投入	0.014	0.483	0.629	0.008	0.283	0.777
反思性学习	0.233	10.911***	<0.001	0.221	10.354***	<0.001
师生互动	0.094	3.361***	<0.001	0.083	2.946**	0.003
生生互动	0.072	2.786**	0.005	0.048	1.840	0.066
工具利用	0.035	1.748	0.081	0.040	2.001*	0.046
院校支持						
制度环境				−0.005	−0.176	0.860
资源环境				0.072	2.584**	0.010
教师人际支持				0.072	2.981**	0.003
教师自主支持				0.041	1.587	0.113
教师情感及能力支持				0.028	0.892	0.373
课程教学管理				0.011	0.383	0.702
教师教学水平				−0.052	−1.564	0.118
创新教学方式				−0.007	−0.310	0.757

续表

自变量	模型 1			模型 2		
	β	t	p	β	t	p
R^2	0.608			0.621		
调整 R^2	0.605			0.616		
F	$F(9,1140)=196.358, p<0.001$			$F(17,1132)=109.235, p<0.001$		
$\triangle R^2$				0.013		
$\triangle F$				$F(8,1132)=5.008, p<0.001$		

三、创新创业教育对应用型大学学生创新创业能力的影响分析

综合分析创新创业背景性影响因素以及过程性影响因素对大学生创新创业能力的影响，得到如表 5-15 所示的综合影响模型。其中，模型 1 只考量创新创业教育背景性因素，模型 2 则纳入背景性因素和过程性因素。通过分析可知，创新创业教育背景性因素和过程性因素共同解释了创新创业能力 63.7%的变异量，且该综合影响模型通过 F 检验（$F(34,1115)=57.459, p<0.001$）。相较于模型 1 而言，模型 2 的解释力提高了 54.3%，且该增量具有统计学意义（$F(17,1115)=97.989, p<0.001$）。该结果表明，相较于创新创业教育背景性影响因素，过程性因素对创新创业能力的影响更加突出。

在模型 2 中，学科、学生干部经历（2 年以上）、社团经历（2 年以上）、学业效能感、掌握目标定向、反思性学习、师生互动、资源环境以及教师人际支持均对创新创业能力产生显著性影响。在创新创业教育背景性因素中，表现为担任学生干部经历越长，大学生创新创业能力越强；社团参与经历越久，大学生创新创业能力越强；理工科大学生的创新创业能力显著高于人文社科学生。在创新创业教育过程性因素中，学业效能感的影响最大（$\beta=0.281, p<0.001$）；掌握目标定向的影响次之（$\beta=0.253, p<0.001$）；再次为反思性学习（$\beta=0.223, p<0.001$）；教师人际支持的影响最小（$\beta=0.059, p<0.001$）。

从模型 1 到模型 2，在创新创业教育环境中，男性的优势消失，性别对创新创业能力不再具有显著性影响；学科的差异凸显，学科在模型 1 中不具有显著性影响，反而在模型 2 中对大学生创新创业能力具有显著影响；大三在创新创业能力提升上的优势削弱；学业基础在模型 2 中不再具有显著性影响；在加入创新创业教育过程性因素后，担任 2 年以下学生干部经历以及具有 2 年以下社团参与经历的大学生在创新创业能力提升上的优势不再，而担任2年以上学生干部经历以及具有2年以上社团参与经历学生在创新创业能力培养上的优势不变。

表5-15 创新创业教育的综合影响模型

自变量	模型1			模型2		
	β	t	p	β	t	p
背景性因素						
家庭背景						
家庭所在地（参照：农村）	0.027	0.863	0.388	0.017	0.846	0.398
父亲受教育程度（参照：未接受过高等教育）	0.012	0.336	0.737	0.038	1.648	0.100
母亲受教育程度（参照：未接受过高等教育）	0.026	0.763	0.446	−0.005	−0.237	0.813
个体特征						
性别（参照：女）	0.115	3.350***	<0.001	0.040	1.762	0.078
年级（参照：大一）						
大二	−0.044	−1.236	0.217	−0.008	−0.352	0.725
大三	−0.096	−2.697**	0.007	−0.042	−1.797	0.073
大四	−0.039	−1.178	0.239	−0.030	−1.382	0.167
学科（参照：人文社科）	0.070	1.960	0.050	0.049	2.137*	0.033
学业基础（参照：前25%含）						
26%～50%	−0.037	−1.146	0.252	0.010	0.466	0.641
51%～75%	−0.119	−3.649***	<0.001	0.036	1.652	0.099
后25%	−0.142	−4.656***	<0.001	0.033	1.605	0.109
学生干部经历（参照：无）						
1年及以下	0.102	3.064**	0.002	0.027	1.329	0.184
1～2年（含）	0.069	1.984*	0.047	0.013	0.549	0.583
2年以上	0.125	3.837***	<0.001	0.062	3.167**	0.002
社团经历（参照：无）						
1年及以下	0.102	3.064**	0.002	0.022	1.004	0.316

续表

自变量	模型 1			模型 2		
	β	t	p	β	t	p
1～2 年(含)	0.069	1.984*	0.047	0.013	0.549	0.583
2 年以上	0.092	3.049**	0.002	0.062	3.167**	0.002
过程性因素						
学业效能感				0.281	11.781***	<0.001
掌握目标定向				0.253	9.653***	<0.001
课外活动投入				0.047	1.622	0.105
课外自学投入				0.023	0.760	0.447
课堂学习投入				0.007	0.250	0.803
反思性学习				0.223	10.480***	<0.001
师生互动				0.068	2.391*	0.017
生生互动				0.046	1.784	0.075
工具利用				0.036	1.765	0.078
制度环境				0.010	0.334	0.738
资源环境				0.068	2.459*	0.014
教师人际支持				0.059	2.413*	0.016
教师自主支持				0.039	1.535	0.125
教师情感及能力支持				0.012	0.391	0.696
课程教学管理				0.013	0.437	0.662
教师教学水平				−0.045	−1.350	0.177
创新教学方式				0.005	0.214	0.831
R^2	0.094			0.637		
调整 R^2	0.080			0.626		
F	$F\ (17,1132)=6.892, p<0.001$			$F(34,1115)=57.459, p<0.001$		
$\triangle R^2$				0.543		
$\triangle F$				$F(17,1115)=97.989, p<0.001$		

四、应用型大学学生创新创业能力影响因素的作用特点总结

利用获得的调查数据和统计分析方法探求AH大学创新创业教育过程性因素对大学生创新创业能力的解释力，从而构建起AH大学学生创新创业能力的解释型回归模型。

（一）背景性因素对创新创业能力影响相对较小

总体而言，以家庭背景和个体特征为基础的创新创业教育背景性因素对大学生创新创业能力的解释力显著，但其解释力仅为9.4%，家庭背景的解释力为0.7%，学生个体特征对创新创业能力的解释力为9.1%。虽然背景性因素对大学生创新创业能力的影响效应并不大，但背景性因素始终是影响高校创新创业教育开展的不可忽略的因素。这从大学生创新创业能力的群体差异得以支持。因此，高校提升创新创业教育质量过程中，提倡关照学生普遍性基础上也要注重学生的个性化需求，尤其是对不同性别、不同年级、不同家庭背景、不同学科、不同学业基础以及不同学生干部和社团经历学生采用更具有针对性的创新创业教育。

（二）个体投入是影响大学生创新创业能力的关键因素

总体来看，在影响创新创业能力的背景性因素和过程性因素中，过程性因素对创新创业能力的解释力远远高于背景性因素，这表明该校创新创业教育过程中的院校支持以及个体投入对大学生创新创业能力具有重要影响。由此可知，该校在关注背景性因素的同时，更需要关注过程性因素的创设和提升。

个体投入是影响大学生创新创业能力的关键因素。从创新创业教育过程性因素来看，个体投入的解释力为60.8%，加入院校支持因素后，模型解释力增加1.3%，这表明个体投入是影响创新创业能力的关键因素。这意味着，该校提升创新创业教育质量，必须从提升学生个体在学习实践等方面的投入入手。

学业效能感的影响效应最大。相较于个体投入的其他要素，学业效能感对大学生创新创业能力的影响最大。学生对成功达到教育目标的能力判断越好，越能够提升创新创业能力。学业效能感与自信心的建立紧密联系，这也揭示出帮助学生建立学业自信心的重要性。

课外活动投入的影响效应最低。在个体投入层面的其他要素中，课外活

动投入对创新创业能力的影响效应最低，仅为7.1%，在加入院校支持维度后，课外活动投入对创新创业能力的解释力为6.3%。将过程性因素与背景性因素共同纳入回归模型后，课外活动投入未能对创新创业能力产生显著影响。如上可知，这表明院校提供的丰富多样的课外活动尚未能展现出活动的实质性作用，学生从活动中的受益度极其有限。

师生互动是影响创新创业能力的重要因素之一。学生与教师的交流沟通频率越高，对提升创新创业能力越有帮助。这表明学生与教师之间沟通交流的重要性不容忽视。学生与教师交流可以从教师身上学习到优秀的品质，遇到难题也能够及时解决，从而更高效率地投入学习活动中。

（三）院校支持对创新创业能力的影响效应仍有待提高

综合来看，院校支持尚未完全发挥其对创新创业能力提升的作用。从院校支持对创新创业能力的回归模型来看，其影响力仅为26.0%，远低于个体投入对创新创业能力的影响。这一方面表明该校创新创业教育举措在促进大学生创新创业能力上仍有待提高；另一方面也指出了该校创新创业教育举措可能并未符合学生个体需求，从而难以作用于学生发展。

教师支持是影响创新创业能力的重要因素。在院校支持对创新创业能力的回归模型当中，只有教师人际支持、教师自主支持、教师情感及能力支持对学生创新创业能力产生影响，而其他因素并未对创新创业能力产生影响。该结果凸显了教师队伍建设在创新创业教育中的重要地位。在背景性因素和过程性因素所构成的全模型当中，教师人际支持仍对大学生创新创业能力具有影响，这表明营造教师对学生的支持性氛围对学生创新创业能力发展的重要性。然而，教师自主支持、情感及能力支持在全模型中并未产生影响，表明教师支持受到学生个体特征以及投入度的影响。

第五节　应用型大学学生创新创业能力培养的状况与建议

通过数据分析，描绘与考察AH大学学生的创新创业能力特征、高校创新创业教育特征以及大学生创新创业能力的回归模型，并赋予教育意义上的解释。结合上述研究与分析，本研究得出以下结论，并提出几点建议。

一、应用型大学学生创新创业能力培养的研究结论

（一）创新创业能力结构存在不平衡，行动力和决策力为发展短板

本研究以课题组自编的创新创业能力量表对AH大学学生创新创业能力发展水平进行了测量。研究发现，AH大学学生创新创业能力总体水平高于理论中间值"3"，但与全国高校及全国应用型大学学生能力平均水平相比仍有待提高。

就各子能力发展水平来看，AH大学学生创新创业能力结构存在不平衡状态，在逆境奋起能力、目标确定能力、沟通合作能力、防范风险能力上的发展较好，而在行动筹划能力、把握机遇能力以及果断决策能力上的表现较差。这表明AH大学学生在自我意识、认知方面已经有所觉醒，并在人际交往以及抵抗挫折上有了一定的进步。但在面对机遇时的果断性仍有待提高。如何平衡大学生创新创业能力，如何补齐能力"短板"，整体推进AH大学学生创新创业能力的培养机制仍有待进一步探讨。

（二）创新创业能力具有群体差异性，家庭和个体特征存在影响力

研究显示，AH大学学生创新创业能力在性别、学科、家庭所在地、学业基础、学生干部经历以及社团经历等方面呈现出不同的个体差异。回归分析结果指出，家庭背景和个体特征变量能够解释创新创业能力9.4%的变异量。该研究结果指明AH大学创新创业教育在实施过程中应关注群体特征差异。具体而言：

第一，男生的创新创业能力显著高于女生的创新创业能力。具体而言，性别在目标确定能力、行动筹划能力、果断决策能力、把握机遇能力方面具有显著性差异，均表现为男生能力显著高于女生。男生女生在果断决策能力上的

水平差距最大，其次为把握机遇能力。这可能与女生的个性特征有关，相比较而言，女生更偏向安稳、更喜静，并且缺乏与社会环境的接触。

第二，理工科学生的创新创业能力显著高于人文社科学生能力。具体而言，学科在目标确定能力、行动筹划能力、果断决策能力以及把握机遇能力方面具有显著性差异，均表现为理工科学生能力高于人文社科学生能力。相比较而言，理工科大学生与人文社科大学生在果断决策能力水平上呈现出较大的差距。结合性别差异结果可知，这可能与理工科学生中男性偏多有关，从而导致了该结果与创新创业能力性别差异基本一致。此外，这可能与应用型大学中理工科科研与企业接触较多有关，学生在科技创新过程中培养了更强的判断力和果断力。

第三，各年级虽然在创新创业能力上不具有显著性差异，但在总体上呈现"大三低谷"现象。尤其值得注意的是，AH 大学学生的果断决策能力呈现逐年下降的趋势，这一方面可能说明学生在经过高校教育后在衡量利弊上更为理性，但另一方面也说明该校教育教学规训过多而自由缺乏，从而导致学生冒险精神普遍薄弱。为整体推进创新创业教育，AH 大学应抓住创新创业能力下滑的关键拐点，重视学生的阶段特征，对症下药。

第四，城市大学生创新创业能力显著高于农村大学生。研究结果表明，城市大学生的创新创业能力高于农村大学生，差距为 0.062 分。尤其值得注意的是，在子能力发展情况中，城市大学生沟通合作能力显著高于农村大学生，差距为 0.149 分。这表明农村大学生性格可能更为内向，从而导致在与他人合作沟通上存在短板。这启示 AH 大学创新创业教育要注重训练农村大学生的合作能力和表达能力。

第五，学业基础越好的同学创新创业能力越强。一般情况下，学业基础较好的同学的学业自信心较强，符合学业效能感对创新创业能力具有显著正向影响的研究结果。此外，事后多重比较结果显示，AH 大学学业拔尖学生的拔尖性尚未凸显，与前 26%～50% 阶段同学的创新创业能力不具有显著性差异。

第六，学生干部经历越长，创新创业能力越强。研究显示，具有学生干部经历的学生的创新创业能力显著高于不具有学生干部经历的学生，具有 2 年以上学生干部经历的学生的创新创业能力显著高于具有 1 年及以下学生干部经历的学生。此外，从子能力发展情况来看，学生干部经历在果断决策能力和沟通合作能力提升上具有积极作用。

第七，社团参与时间越长，创新创业能力越强。研究显示，无社团经历学生的创新创业能力显著低于有社团经历学生的创新创业能力，具有2年以上社团经历学生的创新创业能力显著高于低于2年社团经历的学生。此外，值得注意的是，参与社团对大学生提升目标确定能力具有积极影响，但受制于时间限度，参与年限在“1年及以下”“1～2年(含)”不具有提升创新创业能力的积极作用。这表明社团参与经历越长，对学生个体认知自我产生的积极影响越大。

（三）院校支持度远高于个体投入度，亟须关注课外活动的有效性

研究结果显示，大学生在院校支持层面的感受远高于对个体投入的评价。该校在推进创新创业教育上进行了有力探索，例如进行了一系列的平台建设，为学生参与创新创业提供了有力的保障；在教师队伍建设上通过引进校外导师、鼓励师生共创等进行了体制机制改革，期冀大力提升教师的教学水平和创新创业教育指导质量；等等。大学生对院校支持，尤其是对环境支持的高评价反映了学生普遍认可学校搭建的创新创业教育生态系统。

然而，与之相反的是，研究数据显示AH大学学生个体投入度低于院校支持度平均得分，这种情况一方面可能表明大学生对自我的认知和评价较低，另一方面反映出该校创造的良好创新创业教育环境和氛围尚未较好地激发学生的学习动力。在个体投入层面，AH大学学生认为自己在课外活动上的投入度普遍不高，这可能是缘于高校实施的创新创业教育在差异化举措上仍不到位，从而未能真正激发学生参与创新创业教育的热情，因此学生存在形式化参与而非实质性参与。这启示高校在实施创新创业教育时要尤为关注学生的差异化需求，真正地从学生发展、学生需求角度出发，自下而上地设计创新创业教育活动，让创新创业教育发挥实质性作用。

（四）个体投入能影响创新创业能力，学业效能感的解释力尤为高

个体投入对大学生创新创业能力具有显著的正向影响，研究显示，不管是单一的个体投入影响因素模型，还是加入了教育环境的创新创业教育过程性因素影响模型，或是涵盖了创新创业教育背景性因素和过程性因素的全因素影响模型，个体投入对创新创业能力的解释力均为最高值。由此可见，大学生创新创业能力的提升更加依赖于学生个体的投入。进言之，高校创新创业教育生态系统的创建要以激发学生个体投入度为指向，创新创业教育要从关注

环境建设的外延式发展转为以激发学生个体投入为主的内涵式发展。

在个体投入的各个因素中，学业效能感的解释力尤为高。这表明创新创业能力的真正提升一定是直接建立在知识基础之上，一定是基于学生个体对知识的强烈渴望。为此，AH 大学在开展创新创业教育时更要关注学生的学业自信心，要引起学生的学习兴趣，唯有如此才能实现创新创业教育的持续性发展。研究数据表明 AH 大学大学生课外自学投入度普遍高于全国高校以及全国应用型大学大学生平均水平，但是回归分析中却发现该校大学生课外自学投入并不能对创新创业能力产生影响，且课堂学习投入也未能对创新创业能力产生影响。这种矛盾性结果表明该校要重视学生的课堂与课外学习质量，让学习时间投入足以转化为学习成果。

（五）院校支持解释力低于个体投入，教师支持的影响受制于个体

大学生对院校支持普遍认可，这反映出 AH 大学近年来在创新创业教育上取得了一定的成绩。但高认可度与高解释力并不能画等号。研究数据显示，与个体投入度相比，院校支持对大学生创新创业能力的影响力仍有极大的提升空间。毋庸置疑，大学生的能力发展来源于个体与学校之间的互动，而这体现在学校提供的支持能够帮助学生有效学习，能够提升学生的学习积极性。院校支持的较低解释力揭示了 AH 大学在创新创业教育培育与学生个体投入的有效衔接上仍需进一步思考。

在院校支持单一影响因素模型中，教师支持对创新创业能力具有显著正向影响，环境支持、课程及教学支持对创新创业能力不具有影响力。这进一步论证了教师队伍建设在创新创业教育中的重要作用，同时，该结果也指出了该校在课程及教学上需要进一步提升，发挥课程教学在育人过程中的重要性。在创新创业教育过程性因素影响模型和创新创业教育全因素模型中，一旦加入了个体投入以及个体特征因素，教师的自主支持、教师情感及能力支持对创新创业能力的影响力就消失了，该结果说明了教师对学生自主学习的支持，以及关心关爱学生是建立在学生个体特征的基础上，同时也是建立在学生对学习的投入度之上。也即，发挥教师的自主支持、情感及能力支持的前提是教师关注学生个体差异性，学生个体首先对学习具有强烈的兴趣，否则，教师的投入就难以产生效果。

二、应用型大学学生创新创业能力培养的对策建议

结合该校创新创业教育实施现状以及数据分析结果，课题组认为 AH 大学可以在以下几个方面着力改进。

（一）以尊重个体差异为前提，提高不同群体的参与度与投入度

创新创业教育面向全体学生是深入推进创新创业教育的必然要求，但面向全体并不代表只能实施统一的创新创业教育。相反，正是因为面向复杂多样的全体学生，而更应该因人而异，因群体而异。从 AH 大学实施"创新能力试点班"这一举措可以看出该校具有创新创业教育差异化发展趋向，但是，从不同群体的创新创业能力发展现状来看，该校在差异化、个体化创新创业教育发展上仍有待提高，亟须关注不同背景特征学生的能力发展现状。为此，我们建议如下：

1. 增强对女生群体的关注度，提升其创新创业教育参与积极性

AH 大学以理工科见长，而传统认知中创新创业教育偏向创业实践，因此该校现有的创新创业教育系列竞赛或者项目大多偏向理工科。可见，现实中的资源优势与理工科的学科发展需求相互影响，优势累加，进一步增强了理工科大学生参与创新创业教育的驱动力。其次，不同性别群体对创新创业教育的形式和内容偏好存在异质性，如女生可能更偏向社会公益创业等，而 AH 大学现有的创新创业教育活动则偏向男大学生的喜好和特长，如科技类创业。再次，传统观念中"女主内，男主外"的性别偏见以及女生"喜静""内敛"的性格偏向可能也是导致女大学生较少参与创新创业教育实践的一大原因。故而，应提高对女大学生群体创新创业需求的关注。

一是增设创新创业教育组织机构。AH 大学依托创新教育学院开展创新创业教育，而通过该学院的组织架构可以发现，目前该校为机械制造等理工类创新创业教育设置了专门的机构，却缺乏对人文社科创新创业教育机构的设置。设置专门的机构有利于获取相应的创新创业教育资源、建设师资队伍和开展特色化创新创业教育模式，实现创新创业教育的差异化发展。建议 AH 大学可设置专门针对人文社科类创新创业教育的专业组织机构，为提升人文社科类学生，尤其是女大学生的创新创业能力提供组织保障。

二是充分调查女大学生的实践需求，搭建女性创新创业教育系列项目。

开展全校性的调研有助于了解学生的活动喜好，为针对性提升女大学生创新创业能力提供基本条件。AH 大学可根据本校女大学生的发展兴趣和学校的学科基础、社会资源等，举办如女大学生创新创业竞赛等活动。

三是转变女大学生错误的传统认知，帮助其增强自我认同，提升创新创业能力。确立发展目标是开展创新创业行为的起点，数据分析结果显示，AH 大学女大学生的目标确定能力显著低于男大学生。这表明该校女生在自我判断和自我认同上仍存在不足。为此，该校可开展相关的心理辅助或者宣传活动，在教育教学过程中积极关注女大学生的成长状态，及时提供指导。

2. 做好大学生心理调适，特别关注大二及大三学生的适应性问题

当外部环境发生变化时，学生主体需要通过调节自我系统以适应外部环境，并达到内在心理系统与外部环境的协调统一，否则可能产生不适应、迷茫等状态，从而影响大学生发展。研究结果表明，该校大学生在大二期间出现了目标确定能力的“大二低谷”现象，创新创业能力整体呈现“大三低谷”现象。该研究结果认为，学校创新创业教育要关注年级差异，并着重对大二学生开展学业指导，确立科学的发展目标，建立学习信心，有效规避大三阶段创新创业能力的整体下滑趋势。

一是重点关注大二学生的专业课程适应性。一般来说，大一学生刚进入学校，主要以适应学校生活为主。到了大二阶段，学生经过大一时期的学习，逐渐意识到大学学习方式与学习内容所产生的重大转变，学习压力开始增大。而一旦学习压力未得到适当疏解，学生容易在专业课程学习上产生倦怠感，影响学生自主发展的主动性积极性。

二是重点关注大三学生的职业生涯规划。研究显示，大学生创新创业能力出现“大三低谷”现象，且在大三阶段下降的主要是行动筹划能力、果断决策能力、把握机遇能力等行动过程性能力。从应用型大学教育实施特点来看，实习实践大多在大三阶段，学生与社会的接触逐渐增多。因此，大三阶段要注重开展对学生的职业生涯规划，缓解学生对社会活动的恐惧心理和迷茫心态；加强对课堂学业与实习实践的协调性指导，并提升对学生外出实习实践的过程指导，从而提高学生的社会能力。

（二）以课程教学改革为根本，激发全体学生的内在学习动力

创新创业教育是课堂教学改革的基本模式。数据结果表明，AH 大学学生的学业基础越好，创新创业能力越强；在回归分析中，学业效能感对创新创

业能力具有显著正向影响。由此可见，知识基础是学生能力提升的根本条件，激发学生对知识探究的兴趣仍是提升学生创新创业能力的关键，而夯实学生的知识基础、提升学生探究乐趣的重要场域是课堂。进言之，课堂是应用型大学大学生创新创业能力提升的主渠道和主阵地。AH 大学在创新创业教育实施方案中重点强调教学方式的改革，提倡案例教学、实践教学，强调师生互动、生生互动，这充分表明了该校已然对创新创业教育做出了重要的理论探讨和实践探索。同时，我们也应该看到，学生在课堂学习投入、学业效能感等学业方面的自评较低；学生评价的教师支持、课程及教学支持的得分情况不容乐观；理论上应对创新创业能力产生重要影响的“课程及教学支持”因素却始终未产生正向效应。以上研究结果反映出该校课堂教学改革尚未落到实处，课程及教学未能有效推动 AH 大学学生发展。为此，AH 大学创新创业教育仍然需要以课程教学改革为根本，激发全体学生的内在学习动力。具体建议如下：

1. 提升教师队伍对创新创业教育理念的认识，以理念引导实际教改行动

教师队伍是开展创新创业教育的重要群体，发挥教师在创新创业教育中的重要作用的前提在于让创新创业教育理念深入到教师的育人理念中。创新创业教育不仅是开展创新创业实践活动的教育模式，更是关注学生需求、促进学生自我成长的教育理念。该校应加强对教师队伍创新创业教育理念的熏陶和引导，让专业课程教师乐于教学改革，让校外导师立足于学生的发展需求，能够与校内教师共同协作，实现有效的整合指导。

2. 继续开展课程教学改革，以创新教学内容和方法提升课程质量

一是稳定优质教师供给，持续提升教师创新创业素养。首先，该校在提升教师教学能力上做了不少工作，为优质师资保障奠定了基础，应持续开展相关工作。为提升教师队伍质量，AH 大学需更加重视创新创业教育师资培训，培养教师成为既有扎实理论基础又有丰富实践经验的创新创业教育师资，提升全体教师的创新创业教育能力。其次，建立以创新创业能力和素养提升为核心的教师弹性培养机制，完善教师的遴选标准。应用型大学与企业、与地方产业联系紧密，高校可引导并提供相应的机制推动教师到企业开展实践或进行挂职锻炼，这一方面可培养教师创新创业教育素养，另一方面也能为学生搭建社会实践平台。再次，打通教师聘任渠道，多元并举组建创新创业教师团队。创新创业教育具有显著的开放性特征，与应用型大学的产教融合理念相互融合，应用型大学创新创业教育要与生产实际相结合，在注重知识创新的同时，

强调学生实践创新能力与应用能力的养成，而这一人才培养理念的落实，与教师敏锐的实践场域感知以及一流的实践动手能力是分不开的。因此，应用型大学为提升教师团队的实践素养，可以邀请一流企业家、相关行业的专家到学校担任兼职教授，或者定期入校开展交流活动，丰富教师团队的多元性，持续提升教师团队创新创业素养，为人才培养保驾护航。

二是积极创新授课机制，深度推进教学方法创新。应用性知识传授与实践能力培养更多依赖互动交流，更多依靠案例教学。深入推进创新创业教育，应用型大学应积极创新授课机制，深度创新教学方法。例如，改变传统的以教师为中心的上课方式，提倡教师采用灵活多样的教学方法，可结合课程内容需要适当引入模拟竞赛、实习体验、市场参访、案例研讨等创新教学方法，积极鼓励学生参与讨论，甚至参与课堂设计。又如，可以大力提倡项目学习与基于问题的学习，将课程项目学习与地方产业、企业的项目相结合，通过实地调查，开展体验式教育，让产业行业的实践场域真正融入学生的学习中。

三是整合专业理论知识和课外实践活动，实现课内课外创新创业一体化。创新创业活动不能单纯为开展而开展，而应该是为理论知识的实践创新提供的一种载体。创新创业教育开展也不是仅仅只能由专业教师负责，还需要整合校内校外的教育教学资源。因此，AH 大学创新创业教育应注重整合效应，将课堂教学与课外活动紧密结合，将创新创业教育的创意构思、基础知识掌握等准备环节，市场调研、参与项目等过程环节整合为一个完整的创新创业教育项目，从而有效地将理论教学、案例分析、市场调研、创新创业竞赛等融为一体，构建全过程创新创业教育。一方面，这能够有效提高学生对专业知识的应用能力；另一方面，也能有效扭转学校创新创业教育实施误区，即创新创业教育实践活动不是越多越好，大学生参与课外活动时间也并非越长越好。

（三）以提升课外活动实效为基础，让第二课堂发挥育人作用

AH 大学创新创业教育创造优质的制度资源环境和科创体系，为学生丰富课外生活提供了条件。然而，我们可以看到学生在课外活动上的投入度较低，这表明创新创业教育资源尚未转化为学生个体主动成长的助推器，这说明，学校理应更加关注创新创业教育的活动质量，有效发挥育人作用。为此，我们提出如下建议：

一是持续丰富第二课堂的活动内容和形式，为学生个性化选择创造条件。第二课堂的开展一方面要与第一课堂同频共振，另一方面也要作为丰富学生

教育选择的重要举措。如今第二课堂的形式较为单一，难以满足学生个性化需求，这就导致学生可能仅仅是为了获取第二课堂学分而被迫参与，并非基于自身兴趣的主动选择。如此一来，学生参与课外活动的实质效果就难以凸显。设置第二课堂学分制固然可以推动学生参与丰富的课外活动，但学校应该思考如此刚性要求与学生个体自主发展是否存在矛盾？本研究认为缓解刚性要求与学生个体需求之间的矛盾的方式之一是不断提升课外活动的丰富度，给予学生充足的选择权。

二是充分发挥教师在第二课堂的重要作用。首先，推动教师积极参与第二课堂，提高教师指导第二课堂的力度。目前教师对第二课堂的工作量认定和激励机制等都仍待进一步完善，应着力解决教师不愿意指导学生，或者指导不力等现实困境，学生参与第二课堂活动的获得感不强等瓶颈。

三是持续提升产学研的融合程度，构建企业行业与应用型大学之间的良性合作关系。产学研是高校与市场接轨的重要途径，作为应用型大学，产学研既是提升课堂教学内容理论联系实际的方式，同时也是促进大学生将创新服务于应用，在应用中持续创新的方法。近年来，AH 大学在推进产学研上做了许多工作，但根据学生创新创业能力水平情况来看，AH 大学仍有较大的进步空间。因此，AH 大学应探索产学研融合的模式，尤其要对学生参与实习实践进行过程性监督考察。实习实践等课外活动是应用型高校培养学生创新创业能力的重要方式，但现阶段受升学氛围、企业把关不严与学校重视不够等多方影响，实习实践的实效性在持续降低。为改变此现状，应用型高校对学生实习实践考核应从结果导向转为过程导向，关注实习实践与学生个体及专业需求的匹配性，注重学生在实习实践中的体验感受。

（四）以提高人际互动为保障，为创新创业教育营造良好氛围

个体投入层面的师生互动、生生互动对大学生创新创业能力具有显著正向影响，院校支持层面的教师人际支持也始终对大学生创新创业能力具有显著正向影响。由此可见，人际互动在提升创新创业能力上具有重要作用，创新创业教育应为人际互动创造空间。

一是为师生互动创造适宜的空间场所条件。学校鼓励学生主动寻找教师，提升与教师交流频次，最基本的是要创造师生交流的基本空间保障。为此，学校内可广泛开设例如创业咖啡厅，或者学习共享空间等公共场所。除此之外，学校应鼓励师生共创，以创新创业项目的形式提升师生之间的交流互

动，促进师生在共同研究中实现创新创业能力的提升。

二是提倡构建校内外跨学科创新创业项目合作团队。在发挥学科特色的同时，也要推动“跨年级、跨专业、跨学校”项目团队的组建。不同于其他类型高校，应用型大学在教育培养过程中更加强调面向实际社会问题，更加强调依托企业、政府和行业的创新创业教育资源，更加强调在实践中检验创新创业教育成效。而这些显然对学生能力素质提出更高的要求。创新创业项目作为应用型高校创新创业教育实施的有效方式之一，应提倡构建校内外跨学科创新创业项目合作团队，提高团队合作效率。

三是充分利用社团、学生干部等各类学生团队工作经历，促进生生互动。研究结果表明，AH 大学具有学生社团经历以及学生干部经历的学生，其创新创业能力普遍较强，尤其是沟通交流能力。结合社团等学生活动的特征来看，学校学生组织在促进生生之间的互动交流上具有显著的作用。为此，AH 大学应鼓励学生，尤其是沟通交流能力较为薄弱的农村学子，结合实际能力发展需求，主动参与社团活动，积极担任学生干部。此外，学校也应制定相应的学生干部培养计划，使该群体最大程度上避免工作倦怠，在学生工作中获得可持续性成长。

四是充分发挥校友资源，推动校友与在校生的互动交流，以经验为学生成长指路。校友是高校创新创业教育的重要支撑，是一种特殊的人际资源。推动校友与在校生的互动交流，一方面可以利用校友自身的资源为学校创新创业教育提供支持，为在校学子创新创业传经送宝；另一方面也可以树立典型榜样，提升在校生积极参与创新创业的动力。为此，学校可定期开展校友创业分享会，抑或成立校友创新创业社团等。

五是充分发挥科技转化平台功用，鼓励学生基于专业知识勇敢拓新。通过该平台，学校以及学生能够加强与科技园、孵化器抑或企业的合作交流，更多更快地了解市场信息，推动学生主动走出校园，从而有利于提升学生的果断决策能力和把握机遇能力。

第六章

高职高专院校学生创新创业能力发展及其提升

高等职业教育是培养多样化人才、传承技术技能、促进就业创业的重要途径。[①] 作为高等教育发展中的一个类型，高等职业教育发展至今已具备相当大的规模，占据了高等教育的半壁江山。我国进入中国特色社会主义新时代，经济和产业发展模式发生了重大调整和变化，适应新时代经济和产业发展的要求，培养高素质技术技能型人才以支持经济和产业发展，满足企业用人需求，促进劳动者高质量就业，成为高职高专院校人才培养重点。对于高职高专类院校来说，其教育目标是培养技能型实用人才，学校的专业设置和教学内容灵活，紧跟市场需求，强调实践实习环节，学生的商业意识、创业意识和动手能力也较为突出，学生接受了某一行业或者专业的技术知识学习、参与了一定的教学实习之后，很有可能在本专业领域内开展实用型的创业。因此，高职高专类院校的创新创业教育应在正确引导学生的实践意识和创业热情的前提下，着重开展市场分析、财务管理、营销策略等创业实务方面的训练，在行业层面培养遍地开花的创业人才。[②]

为了解高职高专学校创新创业教育开展情况及成效，我们以浙江和湖南两所高职院校（以下简称 ZJ 学院和 LD 学院）作为案例学校开展大学生创新创业能力及其培养路径研究，ZJ 学院在所在省份省级“互联网＋”大学生创新

①教育部．中华人民共和国职业教育法［EB/OL］.(2022-04-21)［2022-11-25］.http://www.moe.gov.cn/jyb_sjzl/sjzl_zcfg/zcfg_jyfl/202204/t20220421_620064.html.

②张彦．高校创新创业教育的观念辨析与战略思考［J］.中国高等教育，2010(23)：45-46.

创业大赛中取得优异成绩，LD 学院是所在省份深化创新创业教育改革示范高校。两所学校经过多年探索，形成了“教育形式全方位融合（专创融合、师创融合、科创融合、与校企合作融合）、人才培养全过程融入、教育力量全员参与”的“三全”工作模式。通过挖掘和探讨两所案例学校创新创业教育模式的实践经验与未来发展方向，能够为我国高职高专院校实施创新创业教育提供可能借鉴。

第一节　两校实施创新创业教育的主要举措

高职高专院校将创新创业教育作为推动学校转型发展的突破口、提升学校服务地方能力的切入点。本部分将重点介绍案例学校在创新创业教育实践上的主要举措，展现高职院校在创新创业教育上的聚焦点。

一、重统筹，建立全方位、多层次的保障机制

经过梳理，我们发现案例高校从创新创业教育的组织保障、制度保障以及人员保障上进行了系列改革。

（一）“一把手工程”，为创新创业教育推进提供组织保障

创新创业教育是一项政策导向特点十分突出的教育实践活动，领导的重视程度和指导理念将直接影响学校的创新创业教育成效。LD 学院加强落实创新创业教育主体责任，实施“一把手”工程，成立了由书记、校长任组长的创新创业工作领导小组，设立创新创业学院，整合全校力量与资源，构建“多部门协同”和“校院两级联动”的工作机制。[①] ZJ 学院落实招生就业工作“一把手”工程，成立翔宇创业学院负责学校创新创业教育工作，发挥“全员参与、齐抓共管”的机制作用。案例学校的校领导积极参与校、院两级举办的各类创新创业教育讲座、比赛，并深入备赛现场，为参赛学生现场解决实际困难。

①LD 职院“三创融合”推进创新创业孵化［EB/OL］.（2020-10-20）［2022-09-23］. http://www.ldzy.com/16/20/content_29159.html.

（二）建章立制，为创新创业教育推进提供制度保障

ZJ 学院明确创新创业的学分要求，在学校职称评定、高层次人才管理办法中专门针对“互联网＋”创新创业大赛指导制定奖励规定，充分调动广大教师参与“互联网＋”创新创业大赛的积极性、主动性，为学生“双创”能力的培养提供全面优质的服务。LD 学院明确全体教师创新创业教育责任，在专业技术职务评聘和绩效考核标准中明确了创新创业教育的考核评价，在教师的岗前培训、课程轮训、骨干研修中，将提高教师创新创业教育的意识和能力作为重要内容。

LD 学院印发了《深化创新创业教育改革实施意见》《大学生创新创业学分认定暂行管理办法》，实施新的《学籍管理规定》，建立健全弹性学分制管理办法，允许休学创业的学生分阶段完成学业，可在最长学习年限（含休学和保留学籍）基础上再延长一年，并可根据创业绩效给予一定学分奖励。① 为加大保障力度，该院将创新创业工作单列为各二级学院年度目标考核和有关职能部门干部绩效考核的重要内容。对带队参加省级创业比赛并获得三等奖以上的指导教师，计算一定教学工作量。对表现突出的学生给予创新创业奖学金，并专门预留“优秀毕业生”名额用于奖励自主创业学生。ZJ 学院在学校教育基金会中设置学生创新创业教育基金，出台项目管理办法，用于创新创业大赛奖励、学生参赛队伍培训经费支持和各系创新创业活动经费支持。

（三）教师先行，为开展创新创业教育提供人员支撑

LD 学院成立了创新创业就业教研室，教研室在加强创新创业教育课程教师培养工作的同时，加强提升专业课教师双创教育能力。学校明确全体教师创新创业教育责任，在专业技术职务评聘和绩效考核标准中明确了创新创业教育的考核评价，在教师的岗前培训、课程轮训、骨干研修中，将提高教师创新创业教育的意识和能力作为重要内容，为专创融合提供坚实的基础。鼓励教师开展创新创业教育研究，带队参加创新创业竞赛，建立健全创新创业成果与职称挂钩机制。鼓励师生共创，以科研带动创新创业。该校出台政策允许教师离岗创业，鼓励以导师科研转化为依托，开展师生共创，涌现了一批教师

---

①LD 职院重视双创培养 打造“双创示范基地”［EB/OL］.（2019-10-19）［2022-09-23］. https://baijiahao.baidu.com/s? id=1647813264198053560&wfr=spider&for=pc.

团队带领学生创新创业的优秀典范。组织创新创业教育师资培训，帮助教师上好高质量的创业与就业指导课，做好学生项目咨询和就业指导工作。[①] ZJ学院常态化开展教师创新创业能力培训，联合贝滕创业研究院对教师开展专题培训，在创业认知、创业团队训练、商业模式设计、领导力大演练等四个模块相关内容专题讲解与演练的基础上组织教师参与实训体验，促进教师对创新创业教育意义与内涵的理解。[②]

二、建立健全“三位一体”创新创业教育体系

案例学校能契合高职教育人才培养目标，整合校内外资源，推进专创融合、师创融合、科创融合、与校企合作融合，建立“理论、实践、比赛”三位一体的创业教育体系。

（一）建设创新创业教育理论课程

LD学院高度重视“双创”教育，将创新创业教育纳入教学计划[③]，开设专门的“大学生创新创业教育”“职业发展与就业指导教育”等课程，每年组织创业大赛、创意设计比赛、创新案例征集等活动，推动师生了解、学习、参与创新创业教育，探索创新创业教育改革与实践路径。学校整合校内、业界、国内优质资源，开设了名师课程、业界课程等22门创新创业课程[④]。建设创新创业课程平台等网络学习平台，开设慕课，将优质课程资源向面上辐射。ZJ学院将“大学生创新创业教育”纳入人才培养方案，面向全体同学开设“高职院校大学生创新创业教育基础”等线上课程。“大学生创新创业教育基础”2018年被列为校级精品建设课程。[⑤]

---

①我校举办大学生创业就业指导师资培训班［EB/OL］.（2019-03-05）［2022-09-23］. http://www.ldzy.com/16/19/content_25159.html.

②2022年“青创同行”创新创业教育师资培训班顺利开班：ZJ学院［EB/OL］.（2022-06-27）［2022-09-23］.http://www.zjtongji.edu.cn/info/1056/11248.htm.

③2022级专业人才培养方案［EB/OL］.（2022-08-30）［2022-09-23］.http://ldzy.com/35/46/70/content_35264.html.

④LD职院重视双创培养 打造“双创示范基地”［EB/OL］.（2020-10-10）［2022-09-23］. https://baijiahao.baidu.com/s?id=1647813264198053560&wfr=spider&for=pc.

⑤关于2020学年第二学期《大学生创新创业教育》开课的通知［EB/OL］.（2021-03-16）［2022-09-23］. http://jwc.zjtongji.edu.cn/content.jsp?urltype=news.NewsContentUrl&wbtreeid=1027&wbnewsid=2085.

（二）推进创新创业理念融入人才培养全过程

案例学校重视将创新创业教育与专业教育相结合，将青年学生培养成具有创新和创业意识的技能人才。LD 学院以专创融合为抓手，健全创新创业教育课程体系。[①] 根据专业人才培养定位和创新创业教育目标要求，将专业教育与创新创业教育有机融合起来，把创新精神、创业意识和创新创业能力作为评价人才培养质量的重要指标，并将创新创业能力分解为可量化评价、操作性强的指标，完善人才培养质量标准；构建了较为完善的"基础模块课程（一年级）、能力模块课程（二年级）、实践模块课程（三年级）"螺旋上升、能力递进的"三阶"创新创业教育课程体系，着力实施"金字塔"式创新创业教学模式，实现创新创业教育全过程全覆盖；改革教学方法和手段，将教学实施与"互联网"技术有机结合。[②]

（三）推进创新创业教育实践平台建设

LD 学院强化条件保障，加强硬件配套，建设了"创客空间＋创新创业实践基地＋大学生创业孵化园＋校级、院级创新创业中心"四位一体的双创基地群。深化产教融合，搭建起了 2 个区域性产教供需对接平台；强化校企、校地合作，与 100 多家大中型企事业单位、地方政府共建了校外创新创业实践基地，为学生提供实习实践和专业孵化服务。共建技术创新平台 3 个，其中众创空间 1 个，工程技术研究中心 2 个；校企合作获得发明专利 6 个，校企合作攻克关键技术难题 6 个，校企合作研发重要新产品 3 个，促进学生创新创业能力培养。建立 12 个校内创新创业实训基地，依托湖南省大学生创新创业就业学院教学云平台、智慧职教云课程平台和 2 个为创业意愿学生开展创业项目及实践提供服务的实训模拟平台。打造实践孵化平台，建有 3000 平方米大学生创业孵化园和校内外大学生创新创业试验区，每年新入驻创业孵化园的创业团队有 10 余家。[③] ZJ 学院成立大学生创业园、建筑设计创新创业中心等，为

---

①LD 职院"三创融合"推进创新创业孵化[EB/OL].（2020-10-20）[2022-09-23].http://www.ldzy.com/16/20/content_29159.html.

②LD 职院"三创融合"推进创新创业孵化[EB/OL].（2020-10-20）[2022-09-23].http://www.ldzy.com/16/20/content_29159.html.

③LD 职院"三创融合"推进创新创业孵化[EB/OL].（2020-10-20）[2022-09-23].http://www.ldzy.com/16/20/content_29159.html.

学生创新创业实践提供平台。2020年，与阿里巴巴（中国）教育科技有限公司联合成立国内首个未来电商人才孵化基地。[①]

（四）推进创新创业教育赛事平台建设

案例学校都高度重视以各项创新创业赛事为抓手深化创新创业教育改革，着力提升大学生创新精神、创业意识和创新创业能力，努力实现以赛促学、以赛促教、以赛促创。LD学院打造"学院、学校、省级、国家"四级竞赛促学平台，通过"学分保障＋奖金鼓励＋素拓加分"等多重激励，鼓励大学生参与各级竞赛，办好创新创业苗圃班，打造大学生创新创业开放实验平台，以大学生创新创业训练计划为纽带，鼓励学生与专业导师链接，利用平台资源设计科创项目、开展实验设计、拓展创新思维。目前，该校平均每年设立创新创业项目400余项，在读学生已经达到90%覆盖，[②]从中挖掘并促成可塑性强的项目转化落地。ZJ学院创建大学生创新创业"青创"教育实践品牌，包括青创会客厅、青创训练营等，将创业讲堂、项目集训、创业案例、课程建设等双创教育工作的内容一体谋划、一体推进，形成了"赛前动员、赛中打磨、赛后总结"的全过程双创教育模式。[③] 学生参与赛事的热情高涨，该校2022年举办的"互联网＋"大学生创新创业大赛校内选拔赛，1832个项目团队报名参赛，参赛学生有4500余人。

三、案例学校创新创业教育主要特点

（一）两所学校均高度重视专创融合

案例学校均十分重视创新创业教育与专业教育的深度融合，引导学生将创新创业教育理论课教授的方法放到专业实践中去探究尝试，通过创赛结合或成果转化进一步验证，以此提升学生创新创业综合能力。ZJ学院翔宇创业学院从政府需求出发，针对水利专业学生，孵化了创新创业项目——禹忆公

①学校举行阿里巴巴未来电商人才孵化基地授牌仪式[EB/OL].(2021-04-07)[2022-09-23]. http://www.zjtongji.edu.cn/info/1055/9301.htm.

②LD职院"三创融合"推进创新创业孵化[EB/OL].(2020-10-20)[2022-09-23]. http://www.ldzy.com/16/20/content_29159.html.

③1金2银！我校在第八届省国际"互联网＋"创新创业大赛中获新突破[EB/OL].(2022-08-01)[2022-11-15].http://www.zjtongji.edu.cn/info/1055/11338.htm.

司，构建水利工程管理与教育信息平台，实现信息化管理水利工程全过程，学生可以在平台上模拟工程设计、工程建设以及工程运行等阶段的信息化管理，实现专业实践、专业创新有机融合。LD学院创新创业学院结合专业特点开设《创新创业项目的构思与设计》等实践类课程。以大学生创新创业训练计划为纽带，鼓励学生与专业导师链接，利用平台资源设计科创项目、拓展创新思维。鼓励学生以专业为基础，成立市场营销协会、科技协会、电气协会、模具协会、机电协会等社团，以社团为单位举办多种创业活动。

（二）两所学校均注重从基础单位抓创新创业教育

案例学校的创新创业培训能结合二级学院专业特点，开展各具专业特色、分层分类的培训班。ZJ学院校内各二级学院结合专业举办分层分类的培训班，如经信学院举办启航班，建工学院连续举办“鲁班杯”大学生创新创业大赛培训班，商学院、会计学院、艺术设计学院和电信学院每年均举行创新创业大赛主题班会和院级创新创业大赛。LD学院实施了“创业苗圃班”“创业计划辅导”“创业孵化集训”的“三创学堂”活动，三年来，参与人数2000余人，新增30余个创业成功典型。①

（三）两所学校创新创业教育均能做到点面结合

LD学院坚持“面上覆盖”和“点上突破”相结合，面向全体同学，培养终身受用的创新精神、创造理念和创业意识；面向部分有强烈创业意愿的同学，培养其成为企业初创者和未来企业家。具体操作上，面向一年级全体学生开设通识能力教育的“创业基础”必修课；在二年级对有创业意愿的学生开设核心能力教育选修课；探索开展“创业团队提升”特色创业训练营活动。各学院均常态化开展创新创业专题培训，该校医学部组织医学部创业模拟培训班，105位同学分三个班次在虚拟商业环境中，进行企业创建和企业经营管理等创业活动的学习与演练。② 开发了娄底市大学生和社会人员的SYB创新创业培

①LD职院“三创融合”推进创新创业孵化[EB/OL].(2020-10-20)[2022-09-23].http://www.ldzy.com/16/20/content_29159.html.

②2022年医学部创业模拟培训圆满结束[EB/OL].(2022-11-01)[2022-11-15].http://www.ldzy.edu.cn/351/943/994/content_35943.html.

训，在校大学生 SYB 创业培训达 6000 余人。① ZJ 学院强化“我敢闯、我会创”的理念，着力抓好“互联网＋”大学生创新创业大赛专题培训，邀请专家就“修能杯”等学院级创新创业比赛、浙江省新苗人才计划、“互联网＋”创新创业大赛等各项创新创业赛事进行了培训，通过优秀作品展示、参赛文案撰写指导，帮助学生做好备赛各项工作。

第二节　高职高专院校学生创新创业能力发展水平分析

为更好地研究高职高专院校创新创业教育实施成效以及可能存在的改进空间，调研以大学生创新创业能力发展情况作为切入点，于 2021 年 6 月—7 月通过网络调查平台面向高职高专案例学校学生发放问卷。本次调查共回收有效问卷 862 份，样本信息见表 6-1。总体来看，本次调查对象的背景涵盖度较广，具有一定代表性。

表 6-1　研究对象的基本信息（$N=862$）

类别变量		样本数/人	占比/%
性别	男	210	24.4
	女	652	75.6
年级	大一	245	28.4
	大二	514	59.6
	大三	103	12.0
专业	经济学	282	32.7
	教育学	145	16.8
	文学	37	4.3
	理学	76	8.8
	工学	116	13.5
	农学	4	0.4
	医学	6	0.7

① 我院 1000 名大学生参加创业培训[EB/OL].（2012-09-26）[2022-09-23]. http://www.ldzy.com/351/468/476/content_13332.html.

续表

类别变量		样本数/人	占比/%
	管理学	49	5.7
	艺术学	147	17.1
家庭所在地	农村	448	52.0
	乡镇	146	16.9
	县城	141	16.4
	地级市	89	10.3
	省会城市	38	4.4
学业成绩排名	前25%	327	37.9
	26%～50%	348	40.4
	51%～75%	168	19.5
	后25%	19	2.2
学生干部经历	无	407	52.7
	1年及以下	231	26.9
	1～2年(含)	176	20.4
	2年以上	52	6.0
社团经历	无	242	28.1
	1年及以下	413	47.9
	1～2年(含)	183	21.2
	2年以上	24	2.8
父亲受教育程度	未受过高等教育	768	89.09
	接受过高等教育	94	10.91
母亲受教育程度	未受过高等教育	780	90.49
	接受过高等教育	82	9.51

注：本案例不涉及军事类专业。

一、高职高专院校学生创新创业能力的总体水平与比较分析

通过对案例高校学生创新创业能力进行具体分析，描述出高职高专院校学生创新创业能力总体水平特征以及不同群体大学生创新创业能力发展样态，对这个群体基本特征的挖掘可为后续针对性提升能力短板奠定基础。

（一）高职高专院校学生创新创业能力水平特征

以高职高专院校的学生作为样本对象，利用 K-mean 聚类方法对 7 个能力（目标确定能力、行动筹划能力、果断决策能力、沟通合作能力、把握机遇能力、防范风险能力、逆境奋起能力）维度进行快速聚类分析。结合已有的研究成果，确定本次聚类类别为 3 类：高分组、中分组以及低分组。具体分类结果见表 6-2。

表 6-2　高职高专院校学生创新创业能力聚类分析结果

能力维度	高分组（N=421）	中分组（N=435）	低分组（N=6）
目标确定能力	4.160±0.387	3.545±0.336	1.861±0.470
行动筹划能力	4.051±0.460	3.279±0.444	1.639±0.636
果断决策能力	3.922±0.508	3.121±0.472	1.667±0.667
沟通合作能力	4.111±0.426	3.508±0.376	2.083±0.673
把握机遇能力	3.983±0.459	3.245±0.396	1.704±0.607
防范风险能力	4.112±0.427	3.504±0.393	1.750±0.612
逆境奋起能力	4.317±0.442	3.590±0.471	1.806±0.763
创新创业能力	4.095±0.338	3.407±0.247	1.791±0.499

从三组类别中可以看出：高分组包含了 421 个样本对象，占比为 48.84%；中分组包含了 435 个样本对象，占比为 50.46%；低分组仅包含 6 个样本对象，占比为 0.70%。从整体创新创业能力分类结果来看，高分组中学生创新创业能力均值 M=4.095（SD=0.338），中分组中学生创新创业能力均值 M=3.407（SD=0.247），低分组中学生创新创业能力均值 M=1.791（SD=0.499），对比说明在高职高专院校中，接近一半的学生的创新创业能力处于较高水平，超过一半的学生的创新创业能力处于中等水平，仅有极少数学生创新创业能力较低，在一定程度上反映出高职高专院校的学生创新创业能力普遍较高。

从 7 个能力维度的聚类结果来看：在高分组学生中，其逆境奋起能力（M=4.317）最高，而果断决策能力（M=3.922）相对较低；在中分组学生中，其逆境奋起能力（M=3.590）最高，而果断决策能力（M=3.121）相对较低；在低分组学生中，其沟通合作能力（M=2.083）最高，而行动策划能力（M=1.639）相对较低。对比说明创新创业能力处于中等水平以上的学生，其逆境奋起能力普遍较强，而在果断决策能力方面有所欠缺，后期须有针对性地进行提升；创新创业能力处于低等水平阶段的学生，其沟通合作能力相对好一些，但与中等水平群体之间依旧存在较大差异，而其行动策划能力最差，亟待提升。

描述性分析显示，高职高专案例学校学生的创新创业能力平均值为3.732(SD=0.482)，高于全国高校平均值(M=3.702，SD=0.468)，但低于全国高职高专院校平均值(M=3.751，SD=0.473)，这表明案例学校学生能力发展尚佳，但在全国同类院校中属于中等水平。具体而言，学生对逆境奋起能力(M=3.933，SD=0.611)、目标确定能力(M=3.834，SD=0.503)、沟通合作能力(M=3.793，SD=0.523)以及防范风险能力(M=3.789，SD=0.539)的自我评价较好，而行动筹划能力(M=3.645，SD=0.618)、把握机遇能力(M=3.595，SD=0.587)以及果断决策能力(M=3.502，SD=0.651)则评价得分较低。

可以得知，案例学校学生创新创业能力整体呈现“偏态型”发展，在目标确定能力、逆境奋起能力、沟通合作能力及防范风险能力等个体面对社会环境所需复杂能力上的表现较好。但我们也注意到，案例学校学生把握机遇、抓住机遇的能力较一般，其把握机遇能力以及果断决策能力得分值在创新创业能力聚类分析中处于低分组的水平，这意味着他们在不确定性环境中机会敏感性和行动力较一般，从而难以将机会效益最大化。

(二)大学生创新创业能力的子能力水平与比较分析

相比较而言，高职高专案例学校学生创新创业能力高于全国高校平均值(M=3.702，SD=0.468)，但低于全国高职高专学生创新创业能力平均水平(M=3.751，SD=0.473)，处于高职高专中分组水平。就子能力发展情况而言，与全国高职高专学生平均水平相比，案例学校学生无优势能力，其子能力的发展情况均不如全国高职高专学生平均水平。尤其是行动筹划能力和果断决策能力，与全国高职高专学生平均水平具有较大的差距。(见图 6-1)

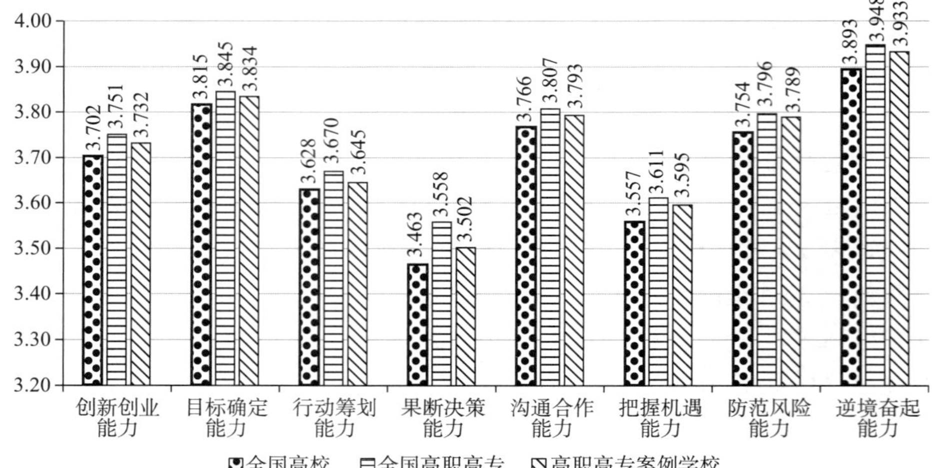

图 6-1　不同类型高校与高职高专案例学校学生能力发展对比图

1. 高职高专案例学校学生目标确定能力及其比较分析

(1)高职高专案例学校学生目标确定能力的发展特征

高职高专案例学校学生的目标确定能力平均值为 3.834(SD=0.503),处于全国高校和全国高职高专中分组平均值之上,表明学生在确定发展目标上具有较好的自我评价。对目标确定能力的二级维度进行分析,我们发现学生在"评估形势"上的表现(M=3.599,SD=0.630)显著弱于"自我认同"(M=3.915,SD=0.610)、"自我认知"(M=3.912,SD=0.569)以及"设置目标"(M=3.908,SD=0.596)。

综合来看,高职高专案例学校学生在自我认识以及自我认同方面的评价较高,这在一定程度上表明案例学校学生自我接纳度较高,在设置目标时也较为合理可靠,但确认目标应该同时考虑内外部因素,既要对自身特点进行认识和剖析,也要对社会发展形势进行全面分析。从数据分析结果来看,高职高专案例学校学生在此方面的发展较为薄弱,这也影响了学生把握机遇的能力。

(2)目标确定能力及其各维度发展水平的比较分析

相比较而言,高职高专案例学校学生的目标确定能力高于全国高校学生的平均水平,但低于全国高职高专学生的平均水平(M=3.845,SD=0.497)。对其子维度进行剖析,我们发现高职高专案例学校学生的"自我认同能力""设置目标能力"均高于全国高校学生平均水平和高职高专院校学生平均水平,这说明案例学校学生总体上比较自信，自我接纳情况良好。当然，我们也需要看到，案例学校学生“评估形势”能力明显低于全国高校以及全国高职高专学生平均水平，且差距较大，这说明案例学校应有意识加强形势教育，帮助学生正确进行环境认知，增强把握机遇的敏感度。（见图 6-2）

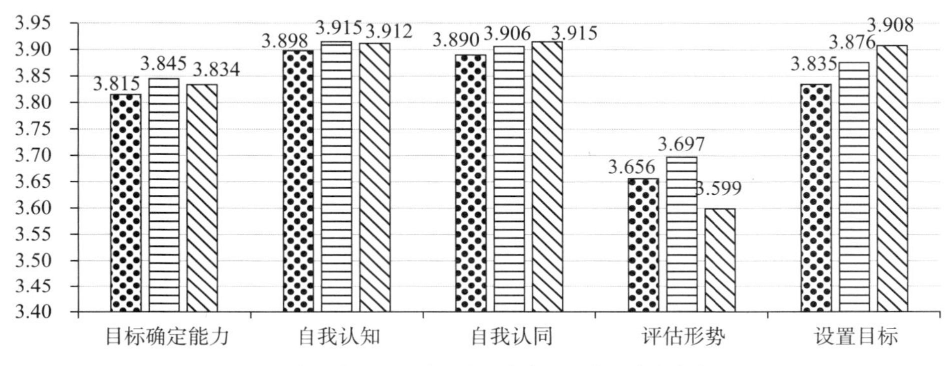

图 6-2　不同类型高校与高职高专案例学校学生目标确定能力发展对比图

2. 高职高专案例学校学生行动筹划能力的发展水平及其比较分析

（1）高职高专案例学校学生行动筹划能力的发展特征

高职高专案例学校学生的行动筹划能力均值为 3.645（SD＝0.618）。分析行动筹划能力二级子维度“制定规划”“主动行为”，我们发现两者发展水平有一定差异，“制定规划”（M＝3.686，SD＝0.715）＞“主动行为”（M＝3.603，SD＝0.654），“主动行为”的发展水平低于行动筹划能力总体水平且“主动行为”的发展水平低于全国高校学生平均水平，这表明案例学校学生在行动筹划上说多于做，规划得多，执行得少，缺乏足够的行动力。

（2）行动筹划能力及其各维度发展水平的比较分析

相比较而言，高职高专案例学校学生的行动筹划能力发展水平（M＝3.645，SD＝0.618）高于全国高校学生平均水平（M＝3.628，SD＝0.620），但低于全国高职高专学生的平均水平（M＝3.670，SD＝0.602）。行动筹划能力的子能力“制定规划”以及“主动行为”均弱于全国高职高专学生平均水平。

3. 高职高专案例学校学生果断决策能力发展水平及比较分析

（1）高职高专案例学校学生果断决策能力的发展特征

调查结果显示，高职高专案例学校学生的果断决策能力均值为 3.502（SD＝0.651），这项能力在创新创业综合能力中发展水平最低。这反映出案

例学校学生普遍属于“犹豫不决型”。从果断决策能力的二级维度发展情况来看，“冒险精神”和“大胆决策”水平均不佳，尤其是“大胆决策”更为薄弱，平均得分（M＝3.427，SD＝0.702）低于果断决策能力的平均值。这应与案例学校学生“评估形势”能力低有一定的关联，由于对形势判断能力不足，可能导致案例学校学生在决策上的果敢性和果断性不足。

（2）果断决策能力及其各维度发展水平的比较分析

如图 6-1 所示，不管是果断决策能力还是其二级维度，高职高专案例学校学生的能力水平均低于全国高职高专院校学生平均水平。这说明，案例学校在推进创新创业教育中，在帮助学生提升果断决策素质或决策能力上仍有很大的作为空间。

4. 大学生的沟通合作能力发展水平及其比较分析

（1）高职高专案例学校学生沟通合作能力的发展特征

研究结果表明，高职高专案例学校学生的沟通合作能力发展情况较为良好，能力均值为 3.793（SD＝0.523），高于案例学校学生创新创业能力平均值 3.732（SD＝0.482）。从沟通合作能力的二级维度发展情况来看，我们发现该能力形态呈现明显的“一高一低”悬殊差距，“团队合作”（M＝4.090，SD＝0.535）远高于“沟通交往”（M＝3.495，SD＝0.692）。这个现象产生的原因可能是参与问卷调查的学生中有社团工作经验的学生占比较高，学生在社团活动中深刻认识到团队合作的重要性，但是团队合作的基础在于沟通交往，两个值相差较大值得深思。

（2）沟通合作能力及其各维度发展水平的比较分析

就沟通合作能力而言，高职高专案例学校学生的能力发展均值仍低于全国高职高专的平均水平（M＝3.807，SD＝0.521）。从全国高校、高职高专和案例学校的值看，沟通交往能力低于团队合作能力，这是一个共有的现象，是一个群体性的现象，值得深入分析。

5. 大学生的把握机遇能力发展水平及其比较分析

（1）高职高专案例学校学生把握机遇能力的发展特征

高职高专案例学校学生的把握机遇能力均值为 3.595（SD＝0.587），低于案例学校学生创新创业总能力水平（M＝3.732，SD＝0.482），表明案例学校学生在提升把握机遇能力上仍具有较大空间。从把握机遇能力的二级维度而言，“创新行为”（M＝3.777，SD＝0.628）＞“发现并评估机会”（M＝3.648，SD＝0.658）＞“忍受不确定性”（M＝3.359，SD＝0.831）。可见，无法“忍受不确定性”成为制约案例学校学生把握机遇能力提升的重要因素。换言之，提升案例学校学生把握机遇能力的关键在于培养学生学会“忍受不确定性”，引导学生正确面对创新或创业中遇到的困难、挫折甚至失败。

(2)把握机遇能力及其各维度发展水平的比较分析

将高职高专案例学校学生把握机遇能力与全国高校学生平均水平及全国高职高专学生平均水平相比较，我们发现高职高专案例学校学生的发现并评估机会的能力相对较弱。该数据表明，案例学校应将评估形势和大胆决策作为创新创业教育的主要内容，为提升学生的把握机遇能力提供支持。

6. 大学生防范风险能力的发展水平及其比较分析

(1)高职高专案例学校学生防范风险能力的发展特征

数据显示，高职高专案例学校学生的防范风险能力($M=3.789$，SD$=0.539$)高于中分组的“3.640”，同样高于案例学校学生的创新创业总能力($M=3.732$，SD$=0.482$)。这与前文揭示的案例学校学生果断决策能力、把握机遇能力较低相互佐证。从防范风险能力的二级维度发展情况而言，案例学校学生在“风险管理”($M=3.686$，SD$=0.616$)上的表现不如“反思学习”($M=3.892$，SD$=0.568$)。这表明高职高专案例学校学生风险监控能力相对较差，可能与高职高专学生创业项目类型有一定的关系，小本经营较多，可能造成的损失较小，学生风险监控的意识较薄弱。

(2)防范风险能力及其各维度发展水平比较分析

相比较而言，高职高专案例学校学生“反思学习”的得分远高于全国高校和高职高专学校学生平均水平，反思学习要求学生对自己的学习和活动过程不断地进行反省、概括和抽象。这说明案例学校学生属于比较谨慎的类型，这也可能是导致他们“设置目标”和“大胆决策”分值不高的原因。

7. 大学生的逆境奋起能力发展水平及其比较分析

(1)高职高专案例学校学生逆境奋起能力的发展特征

高职高专案例学校学生的逆境奋起能力在7个子能力中的发展情况最佳，反映了案例学校大学生在遭遇挫折时能够保持冷静，并不断努力前行。从逆境奋起能力的二级子维度来看，案例学校学生在乐观维度上的表现较佳($M=3.933$，SD$=0.611$)。这表明案例学校学生对自己的未来发展具有较好的预判，认为通过自己的努力能够实现理想，这与我国大学生普遍具有较高的“自我认知”以及“自我认同”及高职高专学生特点是吻合的。在职涯发展过程中，并非都能一帆风顺，案例学校在开展教育过程中应注意引导学生增强韧

性，提升面对挫折的勇气和越战越勇的抗压力。

(2)高职高专案例学校学生逆境奋起能力及其各维度发展水平的比较分析

将高职高专案例学校学生的逆境奋起能力与全国高校、全国高职高专学生的逆境奋起能力相比较，我们发现案例学校学生逆境奋起能力虽高于全国高校学生能力平均水平($M=3.893$，SD＝0.605)，但仍低于全国高职高专学生的能力发展水平。就该能力的子维度而言，“乐观”“韧性”两个维度的值均超过全国平均水平，这与高职高专学生的特点相适应，他们能较为积极面对升学考试的结果。

二、高职高专院校不同群体学生创新创业能力发展水平与比较分析

不同学生群体的创新创业能力发展水平的差异性是探讨差异性创新创业教育实施举措的基本条件。本部分将基于性别、专业等信息探讨不同学生群体的能力水平。

(一)基于性别的大学生创新创业能力发展水平比较分析

1. 高职高专案例学校不同性别学生的创新创业能力比较分析

从表6-3可以看出，根据描述性统计结果，高职高专案例学校男生的创新创业能力($M=3.802$，SD＝0.038)显著高于女生的创新创业能力($M=3.709$，SD＝0.458)，差值为0.093。男生群体各能力的发展情况为：逆境奋起能力($M=3.946$，SD＝0.651)＞目标确定能力($M=3.860$，SD＝0.564)＞沟通合作能力($M=3.854$，SD＝0.601)＞防范风险能力($M=3.837$，SD＝0.611)＞行动筹划能力($M=3.739$，SD＝0.674)＞把握机遇能力($M=3.704$，SD＝0.627)＞果断决策能力($M=3.668$，SD＝0.0.694)。女生群体中各能力的发展情况为：逆境奋起能力($M=3.929$，SD＝0.599)＞目标确定能力($M=3.825$，SD＝0.481)＞防范风险能力($M=3.774$，SD＝0.513)＞沟通合作能力($M=3.772$，SD＝0.494)＞行动筹划能力($M=3.615$，SD＝0.596)＞把握机遇能力($M=3.560$，SD＝0.570)＞果断决策能力($M=3.448$，SD＝0.628)。可见，与创新创业总能力相比较，男女生体现出的共同的优势能力为逆境奋起能力、目标确定能力、沟通合作能力以及防范风险能力，女生群体的逆境奋起能力在该群体能力发展中存在一定的优势。案例学校学生的果断决策能力、把握机遇能力均有待增强。

采用独立样本 T 检验分析不同能力在性别上的差异。分析结果显示，除沟通合作能力、逆境奋起能力、目标确定能力、防范风险能力外（$p>0.05$），其他能力在性别上存在显著性差异。就其他子能力而言，果断决策能力在性别之间的差异最大，差值为 0.2；其次为把握机遇能力，差值为 0.14。该研究结果为高职高专案例学校提供了一定的启示，今后要注意加强对女生创新创业能力培养的关注，尤其是需要采取举措帮助女生克服性别可能带来的与生俱来的果敢不足，有针对性地提升女生群体的弱势能力。（见表 6-3）

表 6-3　高职高专案例学校不同性别学生的创新创业能力差异比较

能力维度	性别（$M\pm SD$）		t	p
	男（$N=210$）	女（$N=652$）		
创新创业能力	3.802±0.038	3.709±0.458	2.240**	0.026
目标确定能力	3.860±0.564	3.825±0.481	0.804	0.422
行动筹划能力	3.739±0.674	3.615±0.596	2.546**	0.011
果断决策能力	3.668±0.694	3.448±0.628	4.298***	<0.001
沟通合作能力	3.854±0.601	3.772±0.494	1.798	0.073
把握机遇能力	3.704±0.627	3.560±0.570	3.107**	0.002
防范风险能力	3.837±0.611	3.774±0.513	1.366	0.173
逆境奋起能力	3.946±0.651	3.929±0.599	0.352	0.742

2. 全国高校及全国高职高专不同性别学生的创新创业能力发展比较分析

从创新创业总体能力来看，不管是男生还是女生，高职高专案例学校学生水平均弱于全国高职高专男女生的平均水平，但高于全国高校水平平均水平。女生群体中，案例学校沟通合作能力这个子能力高于全国高校平均水平，与全国高职高专学校平均水平相距甚小。男生群体中，高职高专案例学校的把握机遇能力、目标确定能力及逆境奋起能力发展水平较高，高于全国高校男生平均水平，基本与全国高职高专院校男生平均水平持平。不容忽视的是，高职高专案例学校男生的果断决策能力水平与全国高职高专院校男生能力水平差距较大。

（二）基于专业的大学生创新创业能力发展水平比较分析

1. 高职高专案例学校不同专业学生的创新创业能力比较分析

描述性统计结果显示，高职高专案例学校中理工科学生的创新创业能力

(M=3.732,SD=0.479)与人文社科学生能力(M=3.732,SD=0.483)持平。从7个子能力发展情况来看，人文社科类专业与理工科类专业各有所长。就理工科专业学生本身而言，能力发展水平比较如下：逆境奋起能力(M=3.880,SD=0.619)＞沟通合作能力(M=3.819,SD=0.552)＞目标确定能力(M=3.806,SD=0.516)＞防范风险能力(M=3.786,SD=0.528)＞创新创业能力＞行动筹划能力(M=3.658,SD=0.628)＞把握机遇能力(M=3.616,SD=0.562)＞果断决策能力(M=3.546,SD=0.642)。

就人文社科学生本身而言，各能力发展水平比较如下：逆境奋起能力(M=3.949,SD=0.608)＞目标确定能力(M=3.842,SD=0.498)＞防范风险能力(M=3.790,SD=0.542)＞沟通合作能力(M=3.784,SD=0.514)＞创新创业能力＞行动筹划能力(M=3.641,SD=0.615)＞把握机遇能力(M=3.588,SD=0.595)＞果断决策能力(M=3.488,SD=0.654)。

可见，高职高专案例学校理工科学生和人文社科学生的优势能力及弱势能力表现一致，这应该与高职高专院校专业设置以应用型为主有关，无论是理工类或是人文社科类，学生的专业性均较强，因此他们专业差别不显著。

采用独立样本 T 检验(见表6-4)，发现高职高专案例学校学生在创新创业能力上并不具有显著性差异。就子能力而言，高职高专案例学校人文社科类专业学生的逆境奋起能力和目标确定能力高于理工类专业学生，理工类学生的沟通合作能力、把握风险能力、行动策划能力和果断决策能力优于人文社科类学生，两类学生的防范风险能力基本持平，尽管他们各有优势能力，但两类学生子能力并没有显著性差异(p＞0.05)，且他们的果断决策能力、把握机遇能力得分都显著低于其他子能力得分。

2. 与全国高校及全国高职高专不同专业类别学生创新创业能力发展比较分析

将高职高专案例学校不同专业类别学生与全国高校及全国高职高专学生的数据相比较发现，案例学校人文社科类学生的创新创业能力高于全国高校人文社科学生，与全国高职高专学校人文社科类水平基本持平，理工科专业学生的创新创业总能力高于全国高校但低于全国高职高专学生能力水平。就人文社科专业学生而言，创新创业能力7个子能力中的目标确定能力、防范风险能力和逆境奋起能力均高于全国高校学生及全国高职高专院校学生的平均水平，表现突出，但其7个子能力并没有均衡发展，果断决策能力分值较低。理工科专业学生各子能力的发展水平均低于全国高职高专学生平均水平。

（三）基于年级的大学生创新创业能力发展水平比较分析

1. 高职高专案例学校不同年级学生的创新创业能力比较分析

描述性统计分析结果显示，高职高专案例学校学生的创新创业能力呈现“抛物线”形态，在大二阶段创新创业能力达到高位，经过大一适应期，学生在大二阶段对个体发展、特质有了较为清晰、准确的定位。除了目标确定能力及逆境奋起能力外，其他子能力大三阶段均低于大一阶段，这与高职高专的学制有关，大三阶段学生已经进入毕业设计、升学备考和岗位实习阶段，处于学校与社会的过渡阶段，学校教育不再起决定性的作用。值得说明的是，案例学校学生的逆境奋起能力三年间呈上升趋势，说明学生抗压能力和韧性较好。

为了更清楚地剖析各年级能力发展情况，采用 F 检验分析高职高专案例学校学生的创新创业能力在年级上的差异（见表 6-4）。首先进行方差齐性检验，检验结果显示，除目标确定能力、把握机遇能力（$p<0.05$）之外，其他能力在年级的分布上均无显著性差异。因此，我们可以看出，年级高低对于创新创业能力影响并不明显，大学生创新创业能力是大学生在学习和成长过程中个人素质和能力的综合体现，并不会因为年级的高低而出现明显的能力区分；从学生的创新创业实践来看，很多创业意识强烈，有创业实践的低年级学生，其创新创业能力远远高于高年级学生。从检验结果看，不同年级对目标确定能力、把握机遇能力两个指标有显著的影响，经过大一一年的学习，两项能力到大二均有显著提升，但是到大三反而有细微降低，结合访谈结果可知主要是受大三面临更多的择业选项和就业创业政策选择影响。

表 6-4　高职高专案例学校不同年级学生的创新创业能力差异比较

能力维度	年级（$M\pm SD$）			F	p	多重比较
	大一（$N=245$）	大二（$N=514$）	大三（$N=90$）			
创新创业能力	3.687±0.485	3.760±0.458	3.694±0.585	1.484	0.217	
目标确定能力	3.779±0.511	3.861±0.478	3.832±0.592	1.551^{*}	0.021	1>2
行动筹划能力	3.595±0.638	3.677±0.572	3.580±0.788	1.449	0.227	
果断决策能力	3.505±0.614	3.508±0.661	3.433±0.708	0.587	0.623	
沟通合作能力	3.750±0.549	3.816±0.494	3.770±0.605	0.965	0.408	
把握机遇能力	3.518±0.581	3.650±0.554	3.504±0.733	3.752^{*}	0.011	2>1；2>3
防范风险能力	3.759±0.544	3.817±0.514	3.739±0.641	1.488	0.216	
逆境奋起能力	3.897±0.649	3.945±0.579	3.956±0.689	0.418	0.740	

注：在多重比较中，1 表示大一的学生；2 表示大二的学生；3 表示大三的学生。

2. 与全国高校及全国高职高专不同年级学生创新创业能力发展比较分析

比较研究显示，全国高校学生创新创业能力发展呈现“大三低谷”，而全国高职高专学生的创新创业能力发展则在大二时期到达峰顶。高职高专案例学校学生在大一时创新创业能力低于全国高校学生和全国高职高专学生平均水平。从子能力发展情况而言，高职高专案例学校学生在大一时目标确定能力、行动筹划能力及把握机遇能力均低于全国高校或全国高职高专大一学生的平均水平。但是，这三个能力经过三年的学校教育，并没有得到明显的改善，行动筹划能力和把握机遇能力在大三阶段仍低于全国高校或全国高职高专的大三平均水平，果断决策能力也表现不佳。由此可知，案例学校创新创业教育以推广普及为主，并没有根据学生的特点开展针对性教育。

（四）基于城乡的大学生创新创业能力发展水平比较分析

1. 高职高专案例学校不同家庭所在地学生的创新创业能力比较分析

根据描述性统计分析结果，高职高专案例学校城市学生的创新创业总体能力以及7个子能力均高于农村学生，其中把握机遇能力差距最大，差值为0.08。可以看出城乡大学生创新创业能力的内在结构发展均呈现不均衡状态，但优劣势能力基本一致。具体而言，城市大学生创新创业能力发展情况为：逆境奋起能力（$M=3.948$，SD=0.599）＞目标确定能力（$M=3.851$，SD=0.494）＞沟通合作能力（$M=3.826$，SD=0.516）＞防范风险能力（$M=3.808$，SD=0.553）＞创新创业能力（$M=3.762$，SD=0.424）＞行动筹划能力（$M=3.684$，SD=0.606）＞把握机遇能力（$M=3.640$，SD=0.567）＞果断决策能力（$M=3.551$，SD=0.646）。农村大学生创新创业能力发展情况为：逆境奋起能力（$M=3.947$，SD=0.598）＞目标确定能力（$M=3.841$，SD=0.498）＞沟通合作能力（$M=3.797$，SD=0.524）＞防范风险能力（$M=3.789$，SD=0.542）＞创新创业能力（$M=3.745$，SD=0.477）＞行动筹划能力（$M=3.663$，SD=0.600）＞把握机遇能力（$M=3.596$，SD=0.588）＞果断决策能力（$M=3.561$，SD=0.639）。

为了更清楚地剖析城乡大学生在创新创业能力上的差异，我们使用独立样本 T 检验进行分析。分析结果表明，不同家庭所在地大学生创新创业能力并无明显差异。这表明创新创业能力的形成主要是学生在成长成才过程中不断学习和探索形成的，因此，在这方面的教育培养显得尤为重要。

2. 与全国高校及全国高职高专不同家庭所在地学生创新创业能力发展比较

将高职高专案例学校与全国高校及全国高职高专不同家庭所在地大学生的创新创业能力相比较，发现来自农村的学生能力内在结构发展形态基本一致，高职高专案例学校农村家庭学生的创新创业能力水平及子能力总体上高于全国高校但低于全国高职高专，子能力中，高职高专案例学校同类家庭的防范风险能力高于全国高校且与全国高职高专同类家庭基本持平。案例学校中来自城市的学生其创新创业能力、目标确定能力、沟通合作能力、把握机遇能力、防范风险能力和逆境奋起能力高于全国高校及全国高职高专同类家庭学生的平均水平。案例学校中来自城市的学生各项子能力并不平衡，其果断决策能力在诸项子能力中表现最差，这个问题同样存在于来自农村的学生身上，这就要求案例学校应有意识针对农村生源学生强化这方面能力的培养。

（五）基于学业基础的大学生创新创业能力发展水平比较分析

1. 高职高专案例学校不同学业基础学生的创新创业能力比较分析

我们使用描述性统计进行分析，研究不同学业基础大学生创新创业总能力及其子能力的发展情况，发现学业基础越好的学生创新创业能力越强。这表明学业成绩是影响学生自我能力的重要因素，优秀的学业成绩给予学生自信心，促进学生自我发展。从子能力发展情况来看，除了把握机遇能力在“26％～50％”学业群体中的自评得分高于其他群体之外，其他子能力发展情况均呈现随着成绩下降而下降的现象。总体而言，学业基础与创新创业能力水平紧密相关。

采用单因素方差分析高职高专案例学校学生的创新创业能力在不同学业基础上的差异。如表 6-5 所示，从检验结果来看，高职高专案例学校学生不同能力维度在学业基础上均存在显著差异。能力维度均存在学习成绩在“前25％”的学生显著高于学业成绩在“26％～50％”以及“51％～75％”、“后25％”的学生；学业成绩在“26％～50％”的学生能力显著高于学业成绩在“51％～75％”以及“后 25％”的学生。由此，我们可以得知，不同学业基础在能力发展上存在着较为显著的差异，学业基础越好的学生，在能力发展上也相对越好。

表 6-5 高职高专案例学校不同学业基础学生的创新创业能力差异比较

能力维度	学业基础($M\pm SD$)				F	p	多重比较
	前 25% (N=327)	26%~50% (N=348)	51%~75% (N=168)	后 25% (N=19)			
创新创业能力	3.834±0.509	3.714±0.420	3.588±0.492	3.569±0.602	11.173***	<0.001	1>2;1>3;1>4;2>3
目标确定能力	3.943±0.515	3.803±0.454	3.715±0.516	3.557±0.621	11.003***	<0.001	1>2;1>3;1>4;2>4
行动筹划能力	3.775±0.618	3.610±0.568	3.482±0.652	3.48±0.74	9.851***	<0.001	1>2;1>3;1>4;2>3
果断决策能力	3.592±0.684	3.478±0.600	3.383±0.660	3.447±0.743	4.190**	<0.001	1>2;1>3
沟通合作能力	3.872±0.559	3.796±0.462	3.645±0.529	3.675±0.607	7.443***	<0.001	1>3;2>3
把握机遇能力	3.707±0.606	3.569±0.538	3.438±0.610	3.515±0.573	8.576***	<0.001	1>2;1>3;2>3
防范风险能力	3.865±0.569	3.792±0.482	3.651±0.545	3.658±0.690	6.349***	<0.001	1>3;2>3
逆境奋起能力	4.042±0.610	3.931±0.576	3.754±0.609	3.684±0.841	9.586***	<0.001	1>2;1>3;1>4;2>3

注:在多重比较中,1 表示学业成绩在前 25%的学生;2 表示学业成绩在 26%~50%的学生;3 表示学业成绩在 51%~75%的学生;4 表示学业成绩在后 25%的学生。

2. 与全国高校及全国高职高专不同学业基础学生的创新创业能力发展比较分析

高职高专案例学校不同学业基础的学生与全国高校及全国高职高专不同学业基础学生的能力发展水平相比较，我们发现高职高专案例学校学业拔尖学生（前25%）与全国高校及全国高职高专学业拔尖学生相比较不存在突出优势，无论是创新创业总能力抑或7个子能力，都在全国高校之上，全国高职高专之下。相比较而言，高职高专案例学校学业成绩在26%～50%阶段的学生，其逆境奋起能力、沟通合作能力、防范风险能力和把握机遇能力都超过全国高校和全国高职高专平均水平。此外，高职高专案例学校学业基础在后25%阶段的学生在与全国高校及全国高职高专该学业水平的学生相比较而言，在创新创业能力、沟通合作能力及逆境奋起能力上有优势。除了目标确定能力外，高职高专案例学校其他6个子能力均高于全国高校。

（六）基于学生干部经历的大学生创新创业能力发展水平比较分析

1. 高职高专案例学校不同学生干部经历学生的创新创业能力比较分析

使用描述性统计分析，研究不同学生干部经历大学生创新创业能力的发展情况。如表6-6所示，担任学生干部时间越长，创新创业能力越强。其中逆境奋起能力、沟通合作能力和果断决策能力增值幅度居前三位，可以反映出，担任学生干部时间越长，学生的抗压能力、沟通能力和决策能力越强。

为了更清晰地剖析不同学生干部经历学生创新创业能力发展的差异性，我们使用单因素方差分析进行均值比较。首先进行方差齐性检验，检验结果显示，所有样本数据的波动性均呈现一致性，无差异性（$p>0.05$），即样本对于总能力及子能力全部有着方差齐性。F检验结果表明（见表6-6），大学生创新创业能力在不同学生干部经历上具有显著性差异（$p<0.01$），7个子能力中除了把握机遇能力外，其余6个子能力在不同学生干部经历上同样存在显著性差异（$p<0.01$）。这再次有力地表明了学生干部经历对于提升大学生创新创业能力具有重要影响，学生干部经历对于大学生创新创业教育起到了筛选作用。

具体而言，具有学生干部经历的学生的创新创业能力显著高于没有学生干部经历的学生，担任学生干部时间与个体创新创业能力提升正相关，7个子能力的值随着学生干部任职年限增加而增长。除了把握机遇能力这个子能力持平外，即使学生担任学生干部的时间在1年及以下，其创新创业总能力及其他6项子能力也高于无学生干部经历的学生。学生担任学生干部固然需要投入大量的时间和精力，但对学生个体成长的帮助却非常显著。

表 6-6　高职高专案例学校不同学生干部经历学生的创新创业能力差异比较

能力维度	学生干部经历($M\pm SD$)				F	p	多重比较
	无 (N=407)	1 年及以下 (N=231)	1～2 年(含) (N=176)	2 年以上 (N=48)			
创新创业能力	3.669±0.485	3.720±0.447	3.826±0.468	3.973±0.551	8.778***	<0.001	3>1;4>1;3>2;4>2
目标确定能力	3.767±0.518	3.826±0.456	3.942±0.477	4.036±0.566	7.892***	<0.001	3>1;4>1;3>2;4>2
行动筹划能力	3.569±0.632	3.662±0.578	3.724±0.601	3.910±0.642	6.120***	<0.001	3>1;4>1;4>2
果断决策能力	3.432±0.650	3.496±0.625	3.595±0.655	3.781±0.673	5.781**	0.001	3>1;4>1;4>2
沟通合作能力	3.726±0.520	3.789±0.491	3.868±0.528	4.101±0.544	9.120***	<0.001	3>1;4>1;4>2;4>3
把握机遇能力	3.556±0.577	3.556±0.572	3.694±0.575	3.755±0.719	3.850**	0.009	3>1;4>1;3>2;4>2
防范风险能力	3.735±0.537	3.796±0.515	3.848±0.529	4.000±0.631	4.579**	0.003	3>1;4>1;4>2
逆境奋起能力	3.859±0.594	3.895±0.633	4.063±0.599	4.271±0.513	10.128***	<0.001	3>1;4>1;3>2;4>2;4>3

注：在多重比较中，1 表示无学生干部经历；2 表示 1 年及以下学生干部经历；3 表示 1～2 年(含)学生干部经历；4 表示 2 年以上学生干部经历。

2. 与全国高校及全国高职高专不同学生干部经历学生的创新创业能力发展比较

我们将高职高专案例学校不同学生干部经历学生的创新创业能力与全国高校及全国高职高专不同学生干部经历学生的创新创业能力发展情况进行比较,发现高职高专案例学校不同年限学生干部经历学生的创新创业总体能力发展水平高于全国高校平均水平,低于全国高职高专平均水平。学生干部经历有效帮助学生提升创新创业能力,全国高校学生干部经历从"0"到"2 年以上"的能力增值为 0.2,全国高职高专院校学生平均能力增值为 0.28,而高职高专案例学校学生干部经历由"0"到"2 年以上"的能力增值为 0.3,这表明高职高专案例学校学生干部培养具有明显成效。此外,高职高专案例学校"无学生干部经历"学生的沟通合作能力、把握机遇能力、防范风险能力 3 项子能力高于全国高校学生平均水平,与全国高职高专院校学生平均水平持平,说明尽管学业基础不同,就读院校类型不同,学生的发展基础并没有质的差别。

案例学校具有"2 年以上"学生干部经历学生的创新创业能力已经超过全国高校和全国高职高专学校学生平均水平,目标确定能力、防范风险能力和逆境奋起能力 3 个子能力发展成效显著,其中逆境奋起能力已经达到高分组,这说明案例学校重视学生干部队伍建设,特别是在培养逆境奋起能力上讲究方式方法。案例学校具有"2 年以上"学生干部经历的学生,其创新创业能力子能力增值超过 0.3 的有逆境奋起能力、沟通合作能力、果断决策能力和行动筹划能力,这也与学生干部的工作内容直接相关,担任学生工作年限能达 2 年以上,意味着他们很可能已经成为所在部门的负责人,角色转化有利于提升创新创业能力。

(七)基于社团经历的大学生创新创业能力发展水平比较分析

1. 高职高专案例学校不同社团经历学生的创新创业能力比较分析

根据统计分析结果,有社团经历的学生其创新创业能力总体高于没有社团经历的学生,具有不同社团参与年限的大学生在创新创业能力发展水平上的表现各不相同。从子能力发展趋势来看,尽管目标确定能力没有明显变化,其余子能力增值均在 0.13 以上,果断决策能力、逆境奋起能力、防范风险能力和把握机遇能力增值均在 0.2 以上。这反映出社团参与经历有助于提升创新创业能力;社团参与时间越长,学生创新创业能力发展水平越高。

为了更清楚地剖析不同社团参与年限学生创新创业能力发展水平的差异

性，我们使用 F 检验进行均值比较。首先进行方差齐性检验，检验结果显示不同社团经历对于创新创业总能力及其 7 个子能力均有着方差齐性，满足使用方差分析的前提要求。如表 6-7 所示，F 检验结果显示，不同社团参与经历的大学生在创新创业能力发展水平上具有显著性差异（$p<0.001$）。

多重检验结果显示，不同社团经历中大学生创新创业能力具有显著性差异。其中，无社团经历学生在创新创业能力发展水平上显著低于有社团经历的学生，且具有"2 年以上"社团经历的学生在创新创业能力发展水平上显著高于少于 2 年社团经历的学生。该结果揭示了社团参与经历对大学生创新创业能力培养具有正向影响。行动筹划能力、果断决策能力、沟通合作能力、把握机遇能力、防范风险能力在不同群体之间的差异性也是如此。在目标确定能力维度上，数据结果显示，无社团经历的学生能力显著低于具有"1 年及以下"社团经历的学生，具有"2 年以上"社团经历学生的目标确定能力显著高于其他社团参与年限的学生。这表明参与社团对提升学生目标确定能力具有积极作用，但参与年限在"1～2 年（含）"以及"2 年以上"在目标确定能力发展上不具有显著提升效果，一旦参与年限超过 2 年，其目标确定能力呈现出显著性提升。逆境奋起能力发展情况也是如此（见表 6-7）。

2. 与全国高校及全国高职高专不同社团经历学生的创新创业能力发展比较分析

我们将高职高专案例学校与全国高校及全国高职高专不同社团经历学生的创新创业能力发展水平进行比较，发现高职高专案例学校具有"1 年及以下"社团经历学生创新创业子能力中把握机遇能力和防范风险能力与全国高职高专学生平均水平相近，案例学校中有"1～2 年"社团经历学生的沟通合作能力与全国高职高专平均水平相近，逆境奋起能力高于全国高职高专院校同一社团经历学生的能力发展水平，"2 年以上"社团经历学生的逆境奋起能力高于全国高职高专院校相应社团经历学生的能力发展水平。

全国高校学生能力发展水平从"无社团经历"到具有"2 年以上"社团经历学生的能力增值为 0.24，全国高职高专院校学生的能力增值为 0.29，而高职高专案例学校学生的能力增值为 0.27。这表明案例学校学生在学生社团参与上取得了较大的收获，但并没有像学生干部经历那样有那么优异的增值。这表明，高职高专案例学校在社团活动上为学生创造了比较好的发展空间，但社团活动推进学生创新创业能力提升仍有空间。

表 6-7 高职高专案例学校不同社团经历学生的创新创业能力差异比较

能力维度	社团经历($M\pm SD$)				F	p	多重比较
	无 (N=242)	1 年及以下 (N=413)	1～2 年(含) (N=183)	2 年以上 (N=24)			
创新创业能力	3.655±0.446	3.721±0.470	3.835±0.515	3.921±0.605	6.253***	<0.001	3>1;4>1;3>2;4>2
目标确定能力	3.775±0.472	3.812±0.493	3.945±0.539	3.938±0.555	4.717**	0.003	3>1;3>2
行动筹划能力	3.563±0.616	3.638±0.594	3.743±0.636	3.833±0.769	3.769	0.010	3>1;4>1
果断决策能力	3.399±0.654	3.486±0.636	3.631±0.635	3.826±0.767	6.618***	<0.001	3>1;4>1;3>2;4.>2
沟通合作能力	3.716±0.480	3.789±0.526	3.877±0.549	3.972±0.581	4.309**	0.005	3>1;4>1
把握机遇能力	3.517±0.560	3.588±0.562	3.688±0.644	3.787±0.713	3.865**	0.009	3>1;4>1
防范风险能力	3.713±0.500	3.792±0.518	3.854±0.604	4.014±0.617	3.950**	0.008	3>1;4>1;4>2
逆境奋起能力	3.848±0.571	3.912±0.616	4.066±0.616	4.125±0.711	5.481**	0.001	3>1;4>1;3>2

注:在多重比较中,1 表示无社团经历;2 表示 1 年及以下社团经历;3 表示 1～2 年(含)社团经历;4 表示 2 年以上社团经历。

三、高职高专案例学校学生创新创业能力发展水平总体特征

（一）比较而言，案例学校学生创新创业能力发展在中下水平

通过实证数据分析结果可知，高职高专案例学校学生创新创业能力总体发展水平在中分组 3.64 分值之上，这说明高职高专案例学校创新创业教育所提供的各类资源能够为学生的创新创业能力发展提供条件，有效促进了学生综合能力的提升。分析影响学生提升创新创业能力的影响因素可以发现，无论是何种影响因素，高职高专案例学校学生果断决策能力和把握机遇能力的发展水平明显较低；虽然大三阶段创新创业能力处于下滑期，但他们的逆境奋起能力表现十分突出，与全国高校和高职高专学校相比优势明显，他们的行动筹划能力和果断决策能力仍存在较大差距。

（二）不同群体创新创业能力子能力发展不均衡

调查数据显示，尽管高职高专案例学校创新创业能力总体水平、分群体创新创业能力水平都高于全国高校平均水平，略低于全国高职高专平均水平，但其子能力特别是群体类差异还是比较明显。

案例学校学生创新创业能力在大二时达到顶峰，大三阶段呈下滑状态，虽然临近学生离校，但不能因此就放任不管，应根据学制的特点和学生的现状有针对性地持续开展创新创业教育活动。从专业类别看，学生的创新创业能力不存在差异，这说明案例学校推行的专创融合效果较好。从性别类别看，女生的创新创业能力整体较男生低，扣除性别天赋、传统文化的影响，需要学校针对女生群体开设针对性的教育，帮助他们提升创新创业能力。从城乡这个类别分析看，农村学生与城市学生的果断决策能力都较低。

（三）创新创业能力提升渠道应多样化

调查数据显示，拥有较好的学业基础、较长的学生干部经历和社团经历的学生能够获得较高的创新创业能力水平，这表明学业基础是促进学生深入开展创新创业的基础，而支持和鼓励学生担任学生干部和参与社团活动对其提升创新创业能力具有积极作用。因此，创新创业教育不能仅依靠第一课堂，第二课堂、实践平台、校园文化等都会影响学生创新创业能力的提升，案例学校应创设更多的活动，使更多同学提高学习和参与活动的积极性。从子能力的分析来看，社团活动、学生干部经历极大地帮助学生提升了沟通合作能力、果断决策能力和行动筹划能力，而果断决策能力、行动筹划能力恰恰是案例学校学生整体分值较低的项目。

第三节　创新创业教育过程性因素的特征分析

一、高职高专院校创新创业教育个体层面影响因素的特征分析

（一）大学生个体投入维度的基本特征

描述性结果显示，高职高专案例学校个体投入度为3.288（SD=0.581），低于中分组均值3.32，并低于全国高校大学生的个体投入度3.296（SD=0.547）以及高职高专学生的个体投入度3.344（SD=0.570），这表明案例学校学生在个体投入上仍有不足。具体而言，掌握目标定向（M=3.733，SD=0.622）>工具利用（M=3.688，SD=0.651）>反思性学习（M=3.666，SD=0.578）>学业效能感（M=3.534，SD=0.658）>生生互动（M=3.430，SD=0.771）>课堂学习投入（M=3.289，SD=0.79）>课外活动投入（M=2.898，SD=0.836）>师生互动（M=2.881，SD=0.933）>课外自学投入（M=2.819，SD=0.835）。从该数据可知，案例学校学生在课外自学上的投入度普遍较低，而在使用电脑\手机等现代化工具上的表现较好。

（二）个体投入因素各维度的基本特征与比较分析

1. 学业效能感

学业效能感是指对自己顺利完成学业的行为能力的信念。研究显示，高职高专案例学校学生学业效能感（M=3.534，SD=0.658）与全国高校大学生学业效能感（M=3.522，SD=0.657）相比略高，但低于高职高专学生学业效能感（M=3.549，SD=0.661）。三者的数值虽然有所差异，但差距不大。

2. 掌握目标定向

掌握目标定向指学生具有积极的学习动机，具有运用深层加工策略的倾向。研究显示，高职高专案例学校学生认为自己在“掌握目标定向”维度上的水平为3.733（SD=0.622），尽管与案例学校个体投入的其他维度相比较，“掌

握目标定向”的自评得分较好，但是，与全国高职高专的自评得分（M＝3.796，SD＝0.610）相比仍较低，且差距大于0.06。由此可见，高职高专案例学校学生在深度学习倾向上表现不佳，与高职高专学生的录取分数、学业基础和学习方法有一定的关系。

3. 课外活动投入

课外活动投入是指学生在各类创新创业项目、学业竞赛或社会实践等实践性学习上的投入情况。虽然高职高专案例学校通过实践平台、实践基地、产教融合、校企合计、创新创业大赛创造了较好的条件，帮助学生提升实践创新能力，但调研数据显示，案例学校学生的课外活动投入度（M＝2.898，SD＝0.836）较低，是个体投入中较低的一个维度。该研究表明在一定程度上可以反映出学生对案例学校活动开展的满意度。学校应通过多种方式引导学生积极参与课外活动，提升参与活动的深度。

4. 课外自学投入

课外自学投入指学生在课堂外的学习情况。案例学校学生在课外自学投入上的自评情况处于较低的水平，低于全国高校学生课外自学投入（M＝2.965，SD＝0.758）以及高职高专学生课外自学投入（M＝2.909，SD＝0.816），该项自评是个体投入中自评维度最低的。这说明案例学校学生课外学习的自觉性较低，自学意识和能力堪忧，应引起学校重视。

5. 课堂学习投入

课堂是学生成长的主阵地，课堂学习投入指学生在课堂上积极思考、与同学合作讨论、与教师互动交流等的情况。数据显示，案例学校学生在课堂学习投入（M＝3.289，SD＝0.79）的自评分数高于全国高校大学生的课堂学习投入（M＝3.284，SD＝0.779），低于高职高专学生的课堂学习投入（M＝3.383，SD＝0.781），且差距接近0.1。这个问题产生的原因可能是学生普遍较为“内敛”，也可能是学校课堂教学改革没有进入深水区，课堂教师满堂灌现象可能还较多存在，没有充分尊重学生的课堂主体性。

6. 反思性学习

反思性学习是对已有的学习过程进行再认识再检验，是学生深层次学习不可缺少的重要环节。研究数据显示，案例学校学生反思性学习情况（M＝3.666，SD＝0.578）低于高职高专学生反思性学习水平（M＝3.681，SD＝0.575），但差距不明显。总体而言，高职高专案例学校学生比较注重反思性学习，在个体投入自评中分值较高。

7. 师生互动

师生互动是学生和教师两个主体之间的相互作用，师生有效互动能够促进学生的发展。案例学校学生在师生互动方面的表现（$M=2.881$，$SD=0.933$）低于高职高专学生师生互动水平（$M=2.973$，$SD=0.922$），差距为0.092，这个数值与课堂学习投入互相验证。可见，案例学校学生在师生互动方面的表现有待提高，案例学校课程教学方式在激发师生互动上成效不佳，必须更加关注课程教学改革。这有可能与高职近几年大量扩招，师生比高，教师承担任务重，老师投入精力较少，师生交流互动有限有关。

8. 生生互动

在受教育阶段，同伴始终是学生成长的关键群体。生生互动衡量的是学生在大学阶段与同辈之间的互动沟通程度。数据结果显示，高职高专案例学校学生在生生互动方面的表现（$M=3.43$，$SD=0.771$）低于高职高专学生生生互动水平（$M=3.492$，$SD=0.752$），差距为0.062。这表明，尽管案例学校举办丰富的课外活动为生生之间的交流提供方便，但由于手机、网络占据了学生大量时间，学生交流互动方式发生了很大变化，学生面对面交流减少。

9. 工具利用

工具利用是指学生能够借助现代化工具便利个体学习以及拓宽视野。研究数据显示，案例学校学生工具利用水平（$M=3.688$，$SD=0.651$）低于全国高校学生工具利用水平（$M=3.766$，$SD=0.668$）和全国高职高专学生工具利用水平（$M=3.722$，$SD=0.668$）。随着教学改革的深入推进，工具利用受到学生个体和学校高度重视，学校为学生学习提供了较好的条件与设备，学生的满意度较高。

二、高职高专案例学校创新创业教育院校层面影响因素的特征分析

分析院校层面影响因素的特征能够帮助我们更全面直观地了解类型高校的办学现况。

（一）大学生院校支持维度的基本特征

描述性结果显示，案例学校学生对院校支持总体评价得分为3.812（$SD=0.5$），得分在中分组之上，这表明案例学校学生对院校层面为个体发展提供的支持性条件相对满意。在二级维度上，环境支持（$M=3.881$，$SD=0.597$）＞课程及教学支持（$M=3.842$，$SD=0.512$）＞教师支持（$M=3.758$，$SD=$

0.559)。这说明案例学校学生对学校为其所创造的制度环境和资源环境最为满意，而对教师提供的来自人际、情感等的支持较不满意。

案例学校院校支持维度的得分低于全国高职高专在院校支持维度上的得分(M=3.866，SD=0.511)。院校支持是提升学生创新创业能力最关键的因素，案例学校的投入虽然得到学生的普遍认可，但如果与其他同类院校横向对比，仍有进一步提升的空间。

(二)高职高专案例学校院校支持因素各维度的基本特征与比较分析

1. 环境支持的基本特征与比较分析

(1)环境支持的基本特征

环境支持分为制度环境和资源环境。数据分析结果显示，案例学校学生认为学校提供的环境支持较好(M=3.881，SD=0.597)，本选项在个体对院校支持的评价各维度中分值最高，学生最满意的是资源环境(M=3.904，SD=0.605)，这说明案例学校的创新创业软硬件建设均得到学生的认同。

(2)比较分析

研究显示，从整体来看，案例学校在环境支持(M=3.881，SD=0.597)上的表现较好，一方面高于全国高校对学生发展的环境支持度(M=3.853，SD=0.641)，另一方面与全国高职高专对学生发展环境支持度(M=3.882，SD=0.630)基本持平。制度环境三级维度上，案例学校表现高于全国高校(M=3.820，SD=0.688)和全国高职高专(M=3.861，SD=0.666)；资源环境三级维度上，案例学校的表现同时低于全国高校资源环境支持度(M=3.886，SD=0.681)和全国高职高专学校资源环境支持度(M=3.903，SD=0.673)。虽然案例学校重视建章立制，并开展产教融合、校企合作，建设了一系列的实践基地、孵化园等，但没有切实满足学生的需求。

2. 教师支持的基本特征与比较分析

(1)教师支持的基本特征

教师支持分为人际支持、自主支持、情感及能力支持。描述性统计结果显示，案例学校学生认为教师提供的自主支持最多(M=3.907，SD=0.614)，高于教师提供的情感及能力支持(M=3.801，SD=0.638)和教师人际支持(M=3.522，SD=0.698)。教师支持分值在院校支持三个二级维度中分值最低，可见案例学校教师虽然为学生的发展做出了积极的努力，但结合师生互动调查结果，可知案例学校师生关系并没有让学生感到非常满意。

(2)比较分析

将案例学校教师支持维度与全国高校、全国高职高专数据进行比较分析可知，案例学校教师支持度（$M=3.758$，SD＝0.559）低于全国高职高专教师支持度（$M=3.823$，SD＝0.561）。从三级维度看，案例学校学生认为教师提供的人际支持度为3.522（SD＝0.698），与全国高职高专学校教师人际支持度平均得分（$M=3.570$，SD＝0.720）相差0.048；在教师自主支持上，高职高专案例学校与全国高职高专学校教师自主支持度（$M=3.907$，SD＝0.614）相差0.062；在教师情感及能力支持上，案例学校学生认为教师提供的情感及能力支持度为3.801（SD＝0.638），与全国高职高专教师情感及能力支持度（$M=3.877$，SD＝0.637）相差0.076。这说明案例学校教师支持需要大力加强。

3. 课程及教学支持

(1)课程及教学支持的基本特征

课程及教学支持分为课程教学管理支持、教师教学水平支持以及创新教学方式支持。描述性分析结果显示，案例学校学生认为教师教学水平（$M=3.897$，SD＝0.562）为个体发展提供的支持最大，其次为课程教学管理（$M=3.847$，SD＝0.547），最后是教师的创新教学方式（$M=3.709$，SD＝0.685）。从学生评价分值看，案例学校已经深入开展“三教”改革，教师、课堂管理学生认同度也比较高，但教学改革还不够深入，教学方式创新仍有提高空间。

(2)比较分析

对比分析发现，全国高职高专学校教师所提供的课程及教学支持最高（$M=3.906$，SD＝0.522），该数据结果显示出全国高职高专学校为教学改革做出了一定努力。对于案例学校而言，学生认为案例学校课程及教学支持为3.842（SD＝0.512），高于中分组3.57的得分较多，这表明案例学校课程及教学质量总体较好，学生认同度高。从三级维度得分看，课程教学管理方面，案例学校得分（$M=3.847$，SD＝0.547）与全国高职高专学校平均水平（$M=3.874$，SD＝0.576）持平；教师教学水平方面，教师教学水平（$M=3.897$，SD＝0.562）高于全国高校平均水平（$M=3.854$，SD＝0.605），但与全国高职高专平均水平（$M=3.971$，SD＝0.571）分值差达0.074；创新教学方式方面，案例学校的表现（$M=3.709$，SD＝0.685）远低于全国高职高专（$M=3.807$，SD＝0.677），相差达0.098。可见，提高学生对课程及教学支持的认同度，创新教学方式是最关键的切口。

三、创新创业教育对高职高专院校学生创新创业能力的影响分析

（一）案例学校学生在个体投入层面的自评度不高

学生个体投入是提升创新创业能力的基础，个体投入评价是考量学生在教育教学活动中表现的重要指标。研究结果显示，案例学校学生个体投入度低于中分组分值(3.32)，与全国高校学生个体投入度平均水平以及全国高职高专个体投入度平均水平相比仍存在一定差距。

其一，掌握目标定向、工具利用和反思性学习投入度表现良好。基于案例学校学生个体投入度各因素的比较分析来看，掌握目标定向高于其他因素。掌握目标定向投入度高，说明学生内部动机得到有效激发，在这种进取精神的指导下，学生对与提高效率相关的如工具利用和学习方法（反思性学习）也更加重视，目标定向投入正向影响了工具利用和反思性学习的投入度，但这三个方面的投入度并没有直接影响学业效能感投入。

其二，课外自学投入和师生互动投入亟待提高。文献查阅和调研结果显示，案例学校为推动教师参与创新创业教育，出台了一系列激励制度，并出台政策引导学生参与教师科研项目、创新创业类比赛，但结果与预期相反，课外自学投入和师生互动投入数据呈“双低”现状，与低分组分值接近，且与其他投入因素分值差距较大，出现了“校热生冷”的情况。

（二）院校支持对创新创业能力提升起到较好的推进作用

对比个体投入与院校支持两组评价数据，学生对院校支持的满意度(SD＝3.812，SD＝0.5)远高于学生对个体投入的评价(M＝3.288，SD＝0.581)，可见案例学校为学生创新创业能力提升所做的工作是得到普遍认可的。但案例学校院校支持评价分值仍低于中分组水平，低于全国高职高专院校支持平均水平，仍有一定的提升空间。

其一，制度支持认同度高。创新创业教育有效运行需要保障体系，制度保障是基本因素。案例学校在组织机构、教师参与、学生竞赛和资源建设方面均出台一系列制度，为教师队伍建设、课程改革等提供了制度保障。

其二，教师支持获得广泛认可。教师队伍是实现创新创业教育高质量发展的关键群体，对学生能力提升起到核心支持作用。调研、文献梳理和数据都表明，案例学校教师在创新创业教育工作上投入较多，这与学校制度建设分不开，也与制度支持高分值相呼应。但教师人际支持分值相较其他因素评价分值最低，且教师情感及能力支持分数也不高，这侧面反映出一个问题，即教师是因为制度要求而投身创新创业教育，并没有把这个工作当成一种自觉行为。

其三，教学方式创新应引起足够重视。调研显示案例学校十分重视专创融合、思创融合，这种融合应该于无声处实施，而不是生硬加入教学过程，这在一定程度上影响了教学方式创新。教学方式创新本应成为创新创业能力培养的一个路径获得认同，不能成为课程及教学支持的短板。

第四节　高职高专院校学生创新创业能力的影响因素作用分析

一、背景性因素对高职高专院校学生创新创业能力的影响分析

（一）家庭背景变量对大学生创新创业能力的影响分析

将家庭所在地、父母接受教育程度作为自变量，以大学生创新创业能力作为因变量进行回归分析，模型通过 F 检验，且模型中 VIF 值均小于 5，这意味着模型不存在共线性问题，且家庭背景变量可以解释大学生创新创业能力 1.3% 的变化原因。从数据分析结果来看，大学生家庭所在地以及父母接受教育程度这两个因素并没有对创新创业能力产生直接的影响。由此可以看出，高职高专学生创新创业能力是在求学过程中逐步形成的，具有很强的可塑性。（见表 6-8）

表 6-8　家庭背景变量对高职高专案例学校学生创新创业能力的影响模型

维度	β	t	p
家庭所在地	0.017	1.052	0.293
父亲受教育程度	0.047	0.709	0.478
母亲受教育程度	0.125	1.771	0.077
R^2		0.013	
调整 R^2		0.009	
F		$F=3.642$，$p=0.012$	

（二）个体特征变量对大学生创新创业能力的影响分析

如表 6-9 所示，大学生个体特征与创新创业能力显著正相关，回归模型整体检验的 F 统计量达到显著水平，个体特征变量的调整 R^2 为 0.085，性别、年级、专业、学生干部经历以及社团经历联合解释了创新创业能力 8.5%的变异量。针对模型的多重共线性进行检验，模型中 VIF 值均小于 5，不存在共线性问题。具体来看，性别对创新创业能力具有显著影响，其中男生创新创业能力普遍比女生强，这点符合大学生就业创业的整体特征；学业基础、学生干部经历以及社团经历对大学生创新创业能力具有显著影响。由此可见，在重视对学生个性化培养的同时，要更加注重课程学习，重视提高社团和学生干部等相关经历的参与度，确保德智体美劳全面发展，为提升创新创业能力打下坚实基础。

表 6-9　个体特征变量对高职高专案例学校学生创新创业能力的影响模型

维度	β	t	p
性别（参照：女）	0.118	3.192**	0.001
年级（参照：大一）			
大二	0.031	0.783	0.434
大三	−0.042	−1.047	0.295
专业（参照：人文社科）	−0.051	−1.372	0.171
学业基础（参照：前 25%）			
26%～50%	−0.111	−2.940**	0.003
51%～75%	−0.182	−4.781***	$<$0.001
后 25%	−0.076	−2.251*	0.025
学生干部经历（参照：无）			
1 年及以下	0.023	0.638	0.524
1～2 年（含）	0.064	1.666	0.096
2 年以上	0.112	2.929**	0.003
社团经历（参照：无）			
1 年及以下	0.067	1.613	0.107
1～2 年（含）	0.105	2.548*	0.011
2 年以上	0.054	1.484	0.138
R^2		0.085	

续表

维度	β	t	p
调整 R^2		0.068	
F		$F=4.933$，$p<0.001$	

（三）背景性因素对大学生创新创业能力的综合影响分析

模型1为家庭背景变量的影响因素模型，模型2则将家庭背景变量、学生个体特征变量两个创新创业教育背景性影响因素全部加入回归分析中，得到创新创业教育背景性因素的影响全模型，该模型解释力为9.2%。如表6-10所示，当家庭背景变量与个体特征变量一同纳入回归模型后，模型解释力为9.2%，达到显著性水平（$F=9.568$，$p<0.001$），与模型1相比，模型2解释力提高了0.079，且该增量具有统计意义（$F=12.386$，$p<0.001$）。由此看出，在个体特征对大学生创新创业能力具有显著影响的背景下，家庭背景潜移默化的影响也不能忽视，该因素在学生提升创新创业能力的过程中，具有很大的推动作用，因此，在开展创新创业教育时，既要注重学生个人素质能力的培养，也要兼顾其他潜在因素的影响。

表6-10　创新创业教育背景性因素的综合影响模型

自变量	模型1			模型2		
	β	t	p	β	t	p
家庭背景						
家庭所在地	0.017	1.052	0.293	0.027	1.736	0.083
父亲受教育程度	0.047	0.709	0.478	0.067	1.025	0.305
母亲受教育程度	0.125	1.771	0.077	0.099	1.450	0.148
个体特征						
性别				0.142	3.511***	<0.001
年级				−0.004	−0.167	0.868
专业				−0.072	−1.720	0.086
学业基础				−0.111	−5.430***	<0.001
学生干部经历				0.048	2.620**	0.009
社团经历				0.070	3.331**	0.001

续表

自变量	模型 1			模型 2		
	β	t	p	β	t	p
R^2	0.013			0.092		
调整 R^2	0.009			0.082		
F	$F=3.642$，$p=0.012$			$F=9.568$，$p<0.001$		

二、过程性因素对高职高专院校学生创新创业能力的影响分析

（一）个体投入对大学生创新创业能力的影响分析

将掌握目标定向、课外活动投入、课外自学投入、课堂学习投入、反思性学习、师生互动、生生互动以及工具利用全部加入模型当中，数据显示，该模型通过 F 检验（$F=150.305$，$p<0.001$），模型解释力为 61.4%。针对模型的多重共线性进行检验发现，模型中 VIF 值均小于 5，不存在共线性问题。

学业效能感对创新创业能力产生显著的正向影响（$\beta=0.235$，$p<0.001$）；掌握目标定向对创新创业能力具有显著正向影响（$\beta=0.208$，$p<0.001$）；反思性学习对创新创业能力产生显著正向影响（$\beta=0.206$，$p<0.001$）；生生互动对创新创业能力产生显著正向影响（$\beta=0.054$，$p<0.01$）。课外活动投入、课外自学投入、课堂学习投入、师生互动以及工具利用等 5 个因素并未对大学生创新创业能力产生影响。

从表 6-11 可以看出，个体投入层面对创新创业能力具有显著影响的变量中，由内而外的反思性、主动性学习和思考相关的变量对创新创业能力的影响最为显著，在高职高专创新创业教育过程中，要更多关注学生个体深度学习相关要素的培养，加强正向引导，提高育人成效。

表 6-11　个体投入对高职高专案例学校学生创新创业能力的影响模型

维度	β	t	p
学业效能感	0.235	10.750***	<0.001
掌握目标定向	0.208	8.410***	<0.001
课外活动投入	0.025	1.140	0.254
课外自学投入	−0.021	−0.883	0.378
课堂学习投入	−0.015	−0.692	0.489

续表

维度	β	t	p
反思性学习	0.206	9.291***	<0.001
师生互动	0.027	1.410	0.159
生生互动	0.054	2.899**	0.004
工具利用	0.023	1.265	0.206
R^2		0.614	
调整 R^2		0.609	
F		$F=150.305$, $p<0.001$	

（二）院校支持对大学生创新创业能力的影响分析

将院校支持层面的环境支持、教师支持和课程及教学支持共同纳入回归模型当中，探讨院校支持对大学生创新创业能力的影响效应与影响机制。如表 6-12 所示，院校支持层面可以解释创新创业能力 29.6%的变异量，该模型通过 F 检验（$F=44.756$, $p<0.001$），模型中 VIF 值均小于 5，不存在共线性问题。

教师人际支持（$\beta=0.184$，$p<0.001$）对创新创业能力影响最为显著，教师可以在资源、环境、人脉等方面提供一定的支持，这符合大学生创新创业需求的特点，其次是教师自主支持（$\beta=0.091$，$p<0.05$）。从课程及教学支持方面看，课程教学管理对创新创业能力产生的影响最为显著，主要体现在教师在创新创业课程的设计及管理中采用小组讨论、案例分析等方法，对学生在创新创业知识的学习方面产生正向的影响，而环境支持以及教师情感及能力支持、教师教学水平和方式等因素则影响不显著。

表 6-12　院校支持对大学生创新创业能力的影响模型

维度	β	t	p
环境支持			
制度环境	0.014	0.340	0.734
资源环境	−0.014	−0.379	0.705
教师支持			
教师人际支持	0.184	7.225***	<0.001
教师自主支持	0.091	2.577**	0.010

续表

维度	β	t	p
教师情感及能力支持	0.032	0.775	0.439
课程及教学支持			
课程教学管理	0.181	4.069***	<0.001
教师教学水平	−0.010	−0.212	0.832
创新教学方式	0.043	1.689	0.092
R^2		0.296	
调整 R^2		0.289	
F		$F=44.756$，$p<0.001$	

（三）过程性因素对大学生创新创业能力的综合影响分析

模型 1 为个体投入对创新创业能力的影响模型，将创新创业教育过程性因素中的个体投入以及院校支持因素共同纳入回归分析模型中，得到模型 2。数据显示，院校支持因素加入后对模型具有解释意义，一同解释了创新创业能力 61.4%的变异量，比模型 1 增加了 0.08%的解释力，被解释变量的线性关系是显著的（$F=2.270$，$p<0.001$），模型具有意义。

学业效能感（$\beta=0.234$，$p<0.001$）、掌握目标定向（$\beta=0.194$，$p<0.001$）、反思性学习（$\beta=0.195$，$p<0.001$）、生生互动（$\beta=0.045$，$p<0.05$）等过程性因素对大学生创新创业能力有显著影响；而课外活动投入、课外自学投入、课堂学习投入、师生互动、工具利用等个体因素以及制度、资源环境等并不会对创新创业能力产生显著影响。

在创新创业教育过程性因素的综合模型（见表 6-13）中，各变量的影响效应都有所变动，个体投入等主观影响因素影响力显著提升，制度、资源、教学等相关客体因素影响力明显减少。这表明在整体创新创业教育下，个体投入与院校支持均会对学生能力产生影响，总体而言，学生个体的主动性对能力的影响远远大于环境的影响。对比模型 1 和模型 3，院校环境因素加入模型后，整体的过程性因素不会变化太大，个别要素的影响力有所变动。对比模型 2 和模型 3，加入个体投入因素后，教师人际支持、教师自主支持以及课程教学管理对创新创业能力的解释力消失了，这表明教师对创新创业能力的影响可能受制于学生个体的投入程度。

表 6-13　创新创业教育过程性因素的综合影响模型

自变量	模型 1			模型 2			模型 3		
	β	t	p	β	t	p	β	t	p
个体投入									
学业效能感	0.235	10.750***	0.000				0.234	10.699***	<0.001
掌握目标定向	0.208	8.410***	0.000				0.194	7.488***	0.000
课外活动投入	0.025	1.140	0.254				0.021	0.973	0.331
课外自学投入	−0.021	−0.883	0.378				−0.023	−0.954	0.340
课堂学习投入	−0.015	−0.692	0.489				−0.016	−0.708	0.479
反思性学习	0.206	9.291***	0.000				0.195	8.597***	<0.001
师生互动	0.027	1.410	0.159				0.018	0.912	0.362
生生互动	0.054	2.899**	0.004				0.045	2.363*	0.018
工具利用	0.023	1.265	0.206				0.022	1.190	0.234
院校支持									
制度环境				0.014	0.34	0.734	−0.015	−0.506	0.613
资源环境				−0.014	−0.379	0.705	0.022	0.800	0.424
教师人际支持				0.184	7.225***	<0.001	0.036	1.717	0.086
教师自主支持				0.091	2.577**	0.01	0.024	0.913	0.362
教师情感及能力支持				0.032	0.775	0.439	0.011	0.347	0.729
课程教学管理				0.181	4.069***	<0.001	0.058	1.746	0.081
教师教学水平				−0.01	−0.212	0.832	−0.081	−2.265*	0.024
创新教学方式				0.043	1.689*	0.092	0.030	1.607	0.108
R^2		0.614			0.296			0.622	
调整 R^2		0.609			0.289			0.614	
F	$F=150.305$，$p<0.001$			$F=44.756$，$p<0.001$			$F=81.590$，$p<0.001$		

三、创新创业教育对高职高专院校学生创新创业能力的影响分析

综合分析创新创业背景性影响因素以及过程性影响因素，得到综合影响模型。模型1只考量创新创业教育背景性因素，模型2只考量创新创业教育过程性因素，模型3则纳入背景性因素和过程性因素。分析可知，创新创业教育背景性因素和过程性因素共同解释了创新创业能力64%的变异量，该综合影响模型通过 F 检验（$F=40.692$，$p<0.001$）。相较于模型1和模型2而言，模型3的解释力提高到64.0%，该模型具有统计学意义（$F=40.692$，$p<0.001$）。结果表明，相较于创新创业教育背景性影响因素，过程性因素对创新创业能力的影响更加突出。

模型3中，性别、大二年级、学业效能感、掌握目标定向、反思性学习、生生互动、教师教学水平、创新教学方式均对创新创业能力产生显著性影响。其中，大二年级的男同学，大学生创新创业能力越强；理工科学生的创新创业能力显著高于人文社科学生。创新创业教育过程性因素中，学业效能感的影响最大（$\beta=0.301$，$p<0.001$），掌握目标定向的影响次之（$\beta=0.262$，$p<0.001$），再次为反思性学习（$\beta=0.245$，$p<0.001$），生生互动、教师教学水平、创新教学方式等几个因素影响则相对较小。（见表6-14）

从模型1到模型3比较而言，在创新创业教育环境中，家庭环境依旧没有影响；年级和性别影响凸显，年级在模型1中不具有显著影响，反而在模型3中对大学生创新创业能力具有显著影响；大三在创新创业能力提升上的优势削弱；学业基础在模型3中不再具有显著性影响；学业基础、干部经历和社团经历在创新创业能力提升上的优势不再。

表 6-14 创新创业教育的综合影响模型

自变量	模型 1			模型 2			模型 3		
	β	t	p	β	t	p	β	t	p
背景性因素									
家庭所在地	0.052	1.509	0.132				0.024	1.065	0.287
父亲受教育程度	0.041	0.967	0.334				0.039	1.421	0.156
母亲受教育程度	0.061	1.450	0.148				0.012	0.439	0.661
性别	0.119	3.246**	0.001				0.064	2.640**	0.008
年级(参照:大一)									
大二	0.019	0.468	0.640				0.063	2.421*	0.016
大三	−0.036	−0.904	0.366				−0.043	−1.668	0.096
专业(参照:人文社科)	−0.059	−1.603	0.109				−0.030	−1.258	0.209
学业基础(参照:前 25%)									
26%～50%	−0.108	−2.876**	0.004				−0.011	−0.469	0.639
51%～75%	−0.185	−4.874***	<0.001				−0.007	−0.289	0.773
后 25%	−0.089	−2.599**	0.010				−0.005	−0.231	0.817
学生干部经历									
(参照:无学生干部经历)									
1 年及以下	0.022	0.595	0.552				−0.012	−0.493	0.622
1～2 年(含)	0.061	1.589	0.112				−0.001	−0.043	0.966
2 年以上	0.107	2.826**	0.005				0.033	1.332	0.183
社团经历									
(参照:无社团经历)									
1 年及以下	0.070	1.718	0.086				0.012	0.447	0.655
1～2 年(含)	0.112	2.738**	0.006				0.005	0.176	0.860

续表

自变量	模型 1			模型 2			模型 3		
	β	t	p	β	t	p	β	t	p
2 年以上	0.054	1.486	0.138				−0.006	−0.260	0.795
过程性因素									
学业效能感				0.234	10.699***	<0.001	0.301	10.035***	<0.001
掌握目标定向				0.194	7.488***	<0.001	0.262	7.841***	<0.001
课外活动投入				0.021	0.973	0.331	0.047	1.211	0.226
课外自学投入				−0.023	−0.954	0.34	−0.031	−0.737	0.462
课堂学习投入				−0.016	−0.708	0.479	−0.038	−1.017	0.310
反思性学习				0.195	8.597***	<0.001	0.245	8.955***	<0.001
师生互动				0.018	0.912	0.362	0.030	0.789	0.431
生生互动				0.045	2.363	0.018	0.076	2.452**	0.014
工具利用				0.022	1.19	0.234	0.016	0.662	0.508
制度环境				−0.015	−0.506	0.613	0.003	0.071	0.944
资源环境				0.022	0.8	0.424	0.015	0.387	0.699
教师人际支持				0.036	1.717	0.086	0.040	1.314	0.189
教师自主支持				0.024	0.913	0.362	0.026	0.790	0.430
教师情感及能力支持				0.011	0.347	0.729	0.018	0.439	0.661
课程教学管理				0.058	1.746*	0.081	0.050	1.325	0.186
教师教学水平				−0.081	−2.265**	0.024	−0.086	−2.074**	0.038
创新教学方式				0.03	1.607	0.108	0.046	1.703	0.089
R^2	0.098			0.622			0.640		
调整 R^2	0.078			0.614			0.624		
F	F=4.835，p=<0.001			F=81.590，p<0.001			F=40.692，p<0.001		

四、提升高职高专院校学生创新创业能力路径探索

(一)分层分类实施创新创业教育有助于提升学生创新创业能力

总体而言,以家庭背景和个体特征为主的创新创业教育背景性因素对大学生创新创业能力的解释力显著,但其联合解释力仅为9.2%,家庭背景的解释力为1.3%,学生个体特征对创新创业能力的解释力为8.5%。虽然背景性因素对大学生创新创业能力的影响效应并不大,但不可否认的是,背景性因素是影响大学生创新创业个体能力差异的最主要原因之一,是分层分类有针对性开展创新创业教育的基础,是创新创业教育因人施教的前提。因此,高职高专案例院校在实施创新创业教育、提升创新创业教育质量的过程中,需要努力做到教育内容分层次、教育对象分类型、教育方法分项目,教学实施中应考虑性别、年级、家庭背景、专业、学业基础、实践经历等因素,以一生一策为目标,使创新创业教育更具有针对性。

(二)重视改善影响创新创业教育中个体投入的相关因素

从表6-12和表6-13两个表格来看,过程性因素对创新创业能力的解释力远远高于背景性因素,这说明案例学校创新创业教育过程中的院校支持以及个体投入对大学生创新创业能力具有重要影响。由此可知,背景性因素是针对性开展创新创业教育的基础,针对学生个体特征,通过院校支持因素帮助学生充分发挥个体优势,可以进一步提升创新创业教育成效,帮助学生提升创新创业能力。

个体投入是影响大学生创新创业能力的关键因素。从创新创业教育过程性因素来看,个体投入的解释力为61.4%,加入院校支持因素后,模型解释力增加0.8%。这说明提升创新创业教育质量,必须从提升学生个体在学习、实践等方面的投入入手。

学业效能感的影响效应最大。学业效能是学生个体对自己顺利完成学业任务的行为能力的信念,学业效能感并不局限于专业学习的行为能力,而是学生对个人学习方法、学习成效的综合评价,学业效能与创新创业成功体验感是密切相关的,学业效能感越高,学生个体越自信,创新创业成功的信心就越足。

师生互动的影响效应最低,仅为2.7%。在加入院校支持维度后,课外活动投入对创新创业能力的解释力为1.8%。将过程性因素与背景性因素共同

纳入回归模型后，课外活动投入未能对创新创业能力产生显著影响。由上可知，案例学校虽然对教师参与创新创业教育出台相关制度要求、激励政策，推进创新创业教育师生融合，但对学生创新创业能力没有产生实质性的提升作用，可能的原因是教师带着个人的科研、科技创新项目参加比赛，但这个过程，学生仅仅扮演表演者，而不是项目的深度参与者。

生生互动是影响创新创业能力的重要因素之一。生生互动可能是学生之间的相关鼓励、信息经验分享、组队参赛或创业，互动交流沟通频率越高，对提升创新创业能力越有帮助。这表明朋辈教育对创新创业能力提升的重要性不容忽视。学生与学长、同辈同学的交流可以使学生从中学习到优秀品质，遇到难题也能够及时交流，并取得指导。

（三）创新创业教育教师队伍专业化、职业化有助于提升创新创业教育水平

综合来看，院校支持尚未完全发挥作用。从院校支持对创新创业能力的回归模型看，其影响力仅为29.6%，远低于个体投入对创新创业能力的影响。案例学校虽然努力通过理论教学、实践平台搭建、赛事辅导等途径帮助学生提高创新创业能力，但收效一般。分析具体变量可知，资源环境、教师教学水平都未能充分发挥其应有的作用，校地共建的孵化园、创新创业教育任课教师的水平可能并不符合大部分学生的个体需求，难以推动学生发展。

教师支持和课程及教学支持是影响创新创业能力的重要因素。在院校支持对创新创业能力的影响回归模型当中，教师人际支持、教师自主支持、教师情感及能力支持、课程教学管理及创新教学方式对创新创业能力产生影响，但教师教学水平并未能对创新创业能力产生作用，该结果凸显了教师队伍建设在创新创业教育中的重要地位。案例学校强调了专业教师在创新创业教育中的作用，专创融合有利于学生提升融合专业技术技能开展创新创业活动，但创新意识和创业能力的培养仍然需要一支专业化、职业化的创新创业教育教师队伍。

第五节　高职高专院校学生创新创业能力培养的状况与建议

一、高职高专院校学生创新创业能力培养基本状况

（一）高职高专案例学校学生创新创业能力结构不平衡

本研究以课题组自编的创新创业能力量表对高职高专案例学校学生创新创业能力发展水平进行了测量。研究发现，高职高专案例学校学生创新创业能力总体居全国高校样本聚类分析中分组的水平，但低于全国高职高专学校平均水平。

就高职高专案例学校学生创新创业能力结构看，整体呈现不平衡状态，主要表现在逆境奋起能力、目标确定能力、防范风险能力、沟通合作能力的发展较好，而行动筹划能力、把握机遇能力以及果断决策能力较差。虽然高职高专案例学校学生创新意识相对明确、自我认同程度较高，其人际交往以及抗挫折能力较好，但“评估形势”和“忍受不确定性”这两部分的能力较低，因此，他们对机遇的认知敏感性和面对机遇时决策的果断性、果敢性明显不足。这就需要根据学生的实际情况调整和优化教学内容，将识别机遇、把握机遇的敏感性和决策力纳入案例学校创新创业能力培养的重点，以此帮助学生提高形势评估能力。在教学过程中，学校可创设更多机遇模拟识别训练，提升他们把握机遇的能力以及快速做出正确决策的能力，通过这种方式优化高职高专案例学校学生创新创业能力结构、提升创新创业综合能力。

（二）高职高专案例学校学生创新创业能力群体差异性显著

研究显示，高职高专案例学校学生创新创业能力在性别、家庭所在地、学业基础、学生干部经历以及社团经历等方面呈现出群体差异。该研究结果表明，高职高专案例学校创新创业教育在实施过程中应关注群体特征差异，实施分层分类培养。

第一，女大学生的创新创业能力培养有待加强。调研数据显示，男生的创新创业能力整体上显著高于女生的创新创业能力，具体而言，性别在行动筹划能力、果断决策能力、把握机遇能力、沟通合作能力和防范风险能力方面存在

明显差异，男生这五种能力值均高于女生。男女生在目标确定能力和逆境奋起能力上差别较小，果断决策能力和把握机遇能力相差较大，这可能与女生的个性特征有关，创新创业行为在一定程度上具有较大的冒险性，且需要投入大量的时间、精力，受传统文化的影响，女生将创业意向转化为创业行为的频率更低。因此，学校可考虑针对女生的特点开设创新创业能力培养的选修课，为女生进一步完善创新创业能力结构提供指导。

第二，不同专业类别的学生子能力存在明显差异。总体而言，理工类专业学生的创新创业能力会略高于人文社科类专业的学生，这与理工类专业以技术型为主、男性学生偏多有一定关系。性别与专业叠加导致学生的决策力和行动力更强。他们的目标确定能力、行动筹划能力、果断决策能力、沟通合作能力明显高于人文社科类专业的学生。案例学校创新创业教育已经下沉到学院一专业，在具体的教育过程中，以学院为单位的培训、以专业为基础的竞赛活动都有比较丰富的举办经验，在今后的创新创业教育实施过程中更有条件针对不同专业学生的特点开展针对性培训。

第三，学生创新创业能力呈现抛物线形态。总体来看，学生创业能力在大二阶段发展到高峰，大一和大三时期创新创业能力基本持平，其中，果断决策能力和把握机遇能力在大三阶段呈现下降趋势，这与大三时学生的职业发展路径基本明确有关，他们在大三上学期期中就基本明确就业、升学、创业等职业发展选择，选择时更趋理性，也可能与高职高专院校应用型、技术型人才培养定位有关，专业训练后他们反倒缺乏冒险精神。但是，子能力中的逆境奋起能力逐年上升且在大三阶段达到高点，说明学生经过三年学习，心智得到锤炼，这与案例学校重视思创融合有一定的关系。高职高专案例学校应根据学制特点和学情，调整教学模块设置，根据学生特点开设学生关注且有益于学生可持续发展的教学内容。

第四，城市大学生与农村大学生创新创业能力差异在减小。2020 年，祝成林、和震在对 31 个省市高职院校创新创业教育质量调查基础上分析得出，高考前是城镇户口的学生对创新创业教育质量各个维度评价的均值显著高于农村户口的学生[①]，而本次调查分析结果表明，城市大学生与农村大学生的创新创业能力差距仅为 0.04。子能力中的果断决策能力基本持平，把握机遇能

①祝成林，和震. 基于“过程—结果”的高职院校创新创业教育质量评价研究[J].南京师大学报(社会科学版)，2020(3)：63-71.

力差距较大，二者相差仅 0.08。这个情况较以往的调查有明显的不同，可能与受调查对象基本为 00 后有关，受调查者均为网生一代，且独生子女居多，无论是城市或者是农村，家庭对教育的重视程度都比较高，学生综合素质的距离正在缩小。但无论是城市还是农村的学生，他们的行动策划能力、果断决策能力和把握机遇能力均低于中分组的水平，这说明案例学校应重点加强以上三方面能力的培养。

第五，学业基础直接影响学生创新创业能力。一般情况下，学业基础较好同学的学习规划能力、学业自信心、学习能力、学习主动性都比较强，他们学业投入较多，获得教师支持的机会也多于学业基础一般的学生。学业基础好的学生创新创业能力远远高于学业基础在后 25%的学生，这与高职高专院校学生以应用型、技术型人才培养为目标有关，也符合学业效能感对创新创业能力具有显著正向影响的研究结果。

第六，学生创新创业能力与学生干部任职年限正向相关。研究显示，担任学生干部时间越长，其创新创业能力越强。一方面，具有学生干部经历学生的创新创业能力显著高于没有学生干部经历的学生，具有 2 年以上学生干部经历学生的创新创业能力显著高于 1 年及以下学生干部经历的学生。从子能力发展情况来看，学生干部经历对提升学生的沟通合作能力、逆境奋起能力和目标确定能力具有显著的积极作用，这三项子能力接近高分组的水平。

第七，长期参与社团活动有利于提升创新创业能力。研究显示，无社团经历学生的创新创业能力低于有社团经历学生的创新创业能力，显著低于有 1 年及以上社团经历学生的创新创业能力。受高职学制的影响，能连续 2 年参与社团活动的学生一般在第 2 年能担任社团主要负责人的职务，这部分学生一般从普通干事成长为社团主力到社团负责人，这段经历使他们的逆境奋起能力、沟通合作能力显著提升。

（三）案例学校院校支持对学生创新创业能力的影响远低于学生个体投入

研究结果显示，大学生在院校支持层面的自评感受远低于对个体投入的评价。虽然高职高专案例学校在推进创新创业教育上做出了大量努力，他们的理论教学、实践平台、赛事训练都有一套完整有效的工作机制和激励机制，从整体上营造了良好的创新创业氛围，但是相对学生学业效能感、掌握目标定向等相关的个体投入而言，学生的个体投入对学生创新创业能力的影响更高，案例学校学生个体投入度自评感虽然既低于全国高校平均水平，也低于全国

高职高专学校平均水平，但是整体的差距较为细微，并没有很明显的层次区分。

由此可以看出，高职高专案例学校在开展创新创业教育的同时，要更加注重学生的个体化投入，制定灵活的就业创业鼓励政策，针对不同年级、不同类型、不同经历的学生制定培养政策，避免学校创新创业教育与学生个体投入整体维度脱离，让创新创业教育更好地服务学生，引领学生创新创业能力的培养。

（四）案例学校学生课外自学投入度亟须提高

创新创业能力的培养是内外因素共同发力的结果。创新创业教育过程性因素的综合模型显示，当个体投入的过程性因素加入院校支持过程性因素影响后，个体投入过程性因素各变量的影响效应都有所变化，个体投入等主观因素影响显著提升，学业效能感的解释力更高。创新创业能力的真正提升一定是直接建立在专业知识基础之上，是基于学生个体对知识的强烈渴望。高职高专案例学校在开展创新创业教育时要关注学生的学业自信心，激发学生的学习兴趣，方能实现创新创业教育的持续性发展。但是研究数据显示，高职高专案例学校学生课外自学投入度非常低，对学生创新创业能力的提升并没有产生正向影响，学业效能感与课外自学投入度结果是矛盾的，高职高专学生学习并不能局限于课堂，因此，如何引导学生积极参与课外学习，并把课外学习成效转化为学业效能感应该是关注的重点之一。

（五）案例学校教师支持对学生创新创业能力提升作用不明显

案例学校学生对本校提供的支持认可度较高，说明案例学校在提升学生创新创业能力上的投入不仅得到了上级主管部门的认同，作为利益相关者的学生也有直接正面的感受。案例学校从工作制度、激励机制、经费支持上对教师参与创新创业工作提供了较好的条件，院校支持力度理论上应该能有效提升教师支持的影响力，但从调研结果看，在院校支持单一影响因素模型中，教师支持对创新创业能力具有显著正向影响，环境支持、课程及教学支持对创新创业能力影响力小。创新创业教育过程性因素影响模型和创新创业教育全因素影响模型中，由于加入了个体投入以及个体特征因素后，教师的自主支持、教师情感及能力支持对创新创业能力的影响力显著减弱，说明学生对院校支持中的“教师支持”认可度并不高，特别是人际支持方面，这一点并未起到积极的作用。这说明，如何完善工作机制，引导教师发挥主观能动性，更多参与学生创新创业能力提升工作是案例学校应该考虑的问题。

二、高职高专院校学生创新创业能力培养的几点建议

结合高职高专人才培养目标、学生发展特征和案例学校创新创业教育实施情况以及数据分析结果，课题组认为高职高专案例学校可以在以下四个方面着力改进。

（一）开发符合高职高专及本校专业设置特征的创新创业教育教学体系

经过10多年的探索和优化，案例学校建立了"理论、实践、比赛"三位一体的创新创业教育体系，设置了"基础模块课程（一年级）、能力模块课程（二年级）、实践模块课程（三年级）"螺旋上升的教学内容，现有的创新创业教育教学体系解决了案例学校创新创业从无到有的问题。在深入分析案例学校学生创新创业能力及子能力特征后，我们发现，由于现有的模式是从本科院校的模式中脱胎出来压缩而成的，更适用于四年学制的本科及以上院校，与高职高专的三年制学情未能完全匹配，这个教学体系没有根据高职高专学情量身定做，学校应针对学生在大二阶段创新创业能力提升明显、大一和大三明显降低的实际情况，尽快根据学情和校情调整教学内容设置。

面向全体学生开展创新创业教育是深入推进创新创业教育的必然要求，但不等同于实施同质化创新创业教育，全体学生接受同一个模式的创新创业教育。创新创业教育应该因人而异，因群体而异。从高职高专案例学校举办创新创业苗圃班、各二级学院举办创新创业训练营的举措看，高职高专案例学校创新创业教育已经有差异化发展趋向，但是，无论是创新创业苗圃班还是创新创业训练营，高职高专案例学校在差异化、个体化创新创业教育发展上仍有待提高，案例学校均以理工科专业为主，他们创新创业能力的表现与文科类专业学生有显著的差异，亟须关注不同群体特征学生的能力发展现状。

1. 针对女生群体加强创新创业教育

高职高专案例学校均是理工类专业为主的学校，两所学校都十分重视"专创融合""课赛融合"，从已有各级各类创新创业竞赛项目和举办的创新创业培训班看，其创新创业教育高度重视与专业的有机融合，专业性强、动手能力要求高，这些更符合男生的喜好与特长，这有可能降低女生参与的积极性，加上理工类专业女学生的数量本身就相对较少，各种原因叠加，因此，女生作为一个特别的群体，她们创新创业能力的培养需要学校予以关注，针对性地加强女

生行动筹划能力、把握机遇能力、果断决策能力的培养。

一是设计并组织女生职业生涯发展系列项目。数据分析结果显示，高职高专案例学校女生在自我判断和自我认同上仍存在不足，目标确定能力明显低于男生。为此，学校应针对女生的实际情况，开展相应的职业生涯规划教育，帮助女大学生突破性别认同障碍、传统文化障碍，主动规划个人职业发展，为提升个人创新创业能力提供动力条件。

二是设计并组织女生创新创业教育系列项目。在需求调查的基础上，可针对女生专门开设相应的创新创业教育选修课、咨询室、竞赛活动，引导女生在专业认知的基础上，发挥性别优势，通过积极参与竞赛活动，改善创新创业能力结构，进而提高创新创业实践能力。

2. 重点把握大二阶段学生创新创业能力培养的“黄金期”

调研结果显示，案例学校学生大二阶段的创新创业能力达到最高值。大一阶段，学生通常会经历入学不适应和迷茫期，调整过后，他们在大二阶段个体投入可以达到个人三年求学期间的最好状态，这个时期是学校创新创业教育的最佳时期，可最大程度提高学生个体投入和院校支持的影响力，学校应高度重视这个黄金期，针对年级差异和学生成长规律，引导学生确立目标，主动快速完善个人创新创业能力结构，提高创新创业能力，有效规避大三阶段创新创业能力的整体下滑倾向。

一是重点关注大一学生的启蒙教育。学校可多方式帮助学生认识到大学学习方式与学习内容所产生的重大转变，尽快提高他们心理、学习目标和学习方式的适应性，充分认识到个人投入对创新创业能力提升的重要作用，并引导他们认知院校支持的路径，为大二阶段的快速提升夯实基础，提升自我发展的主动性和积极性。

二是重点把握大二阶段的黄金期。大二阶段，学生的学习方式、专业认知、院校环境认知、社会实践经历已经有了基本的储备，可为学生个体投入打下坚实的基础，也为最大限度发挥院校支持作用提供条件，这个阶段，学校应根据专业、性别等群体特征有针对性地开展“实践、竞赛”项目，帮助学生把大一阶段的创新创业理论学习成果转化为实践，通过这些实践项目帮助学生进一步强化目标确定能力、果断决策能力和行动策划能力。

(二)持续深化“三教”改革，提高教师综合素质

“三教”改革是深化职业教育内涵建设的必由之路，“赋能”教师、“升级”教

材、“激活”教法是提升教师整体素养、提高人才培养质量的必由路径。高职高专学生创新创业能力的培养仅通过创新创业教育课程教学是不可能实现的，这是一个系统的工程，其中，专业课程是最基础的要素。调研数据表明，学业成绩越好的学生，他们的创新创业能力越强，因此，学校应高度重视课程质量。教法改革是提升课程质量的重要保障。但调研数据结果表明，理论上应对创新创业能力产生重要影响的“课程及教学支持”因素却没有发挥应有的作用，其中，“教学改革”的得分很低，因此，结合课程，特别是应用性强的专业课程特点，深入开展工作场景式、问题导入式等教学方法改革，或实行“课赛融合”“课证融合”等改革有待进一步落实。

1. 转变教师理念，提升教学改革的主动性

教师理念直接影响教师选择什么样的教学方法，提升学生创新创业能力。首先必须提升教师的创新创业能力，理念更新是最基本的要求。教师创新创业能力的表现，首先表现在教学中的创新创业意识，其次表现为结合课程开展创新创业实践，最后体现为包容学生创新创业活动可能出现的错误。高职高专案例学校应加强对教师队伍创新创业教育理念的熏陶和引导，让专业课程教师乐于开展教学改革，让校外导师立足于学生的发展需求，与校内教师共同协作，实现有效的整合指导。

2. 创新教学方法，持续推进课程教学改革

案例学校为推进教师深度参与创新创业教育，从绩效、专业技术职务晋升等不同角度出台了一系列激励制度，但在实际运行中，创新创业能力培养呈现重学生轻教师的情况。教师教学方法改革的有效推进，仅靠教师个人自觉主动摸索，见效慢且效果一般，为此，学校应加强教师队伍创新创业能力整体培养工作。

一是要充分利用产教融合平台提升教师创新创业实践能力。高职高专教师应既有扎实的创新创业理论基础又有丰富的实践经验，双师素质、产教融合培养路径可有效提升教师创新创业实践能力。为此，应进一步完善学校专业教师企业挂职的工作制度，让广大教师及时了解行业最新的信息、技术和技能，为教学改革设计提供思路和路径。

二是进一步完善教师教学改革竞赛制度。教学改革的实施需要有完善的教学设计，教学改革方案的出台需要进行充分的论证，通过不同级别的教学改革比赛，可以让创新意识和创新能力强的老师脱颖而出，并带动一批教师参加论证与实施。案例学校可通过举办院—校两级的教学改革竞赛，充分发动专

业教师参与教学设计改革，以赛促教，提升教学改革的主动性和科学性。

三是进一步提升教师队伍的协同创新能力。学生创新创业能力是集多种知识和能力于一体的综合性能力，是学校各类课程共同培养的结果，由于不同类型教师的年龄、专业背景、学历层次以及个人知识结构等不同，导致创新意识和创新能力参差不齐，因此，学校应通过创新团队建设，进一步整合提升教师的协同创新能力，为学生创新创业能力的培养提供强有力的合力与师资支撑。

（三）充分激发科技文化第二课堂育人功能

案例学校为提升学生的创新创业能力，举办了一系列与专业相关的课外活动，出台了《大学生创新创业竞赛暂行管理办法》《大学生创新创业学分认定暂行管理办法》，着力推动双创教育与专业教育、实践教育、生涯教育的有机融合，为丰富学生的第二课堂活动创造良好的条件，但从调研结果看，学生的课外活动投入和课外自学投入分数非常低，一定程度上存在校热生冷的现象，这也侧面说明，学校大量建设的孵化园、创业基地等创新创业教育资源和实践平台并没有充分发挥学生成长助推器作用，需要案例学校梳理存在的问题，找出症结，切实提升这些实践平台的育人功能。

一是提升学生创新创业活动与校内外实践平台的耦合度。应该说，案例学校为学生创新创业实践提供了数量充足、质量较高的平台，两所学校都是省级创新创业示范基地，但是学生的投入度明显未达到预期，背后原因需要深入分析。学生参与学校第二课堂活动是因为获取学分需要参与创新创业实践抑或是基于自身创新创业能力提升的主动选择？从得分可以看出，学生被动应付的可能高于主动参与的可能，学校应深入调查学生第二课堂活动的真实需求，在第二课堂场景设计与建设时应以学生需求为导向，而不是以上级相关建设指标为目标，为评选而建设。

二是发挥专业课教师在第二课堂的引导作用。学生在第二课堂活动中越有收获，他们的投入度就会越高，学校第二课堂建设同样需要教师的深度参与，教师不应游离于第二课堂之外。虽然案例学校鼓励学生与专业导师链接，利用平台资源设计科创项目、开展实验，但这类活动基本是教师的科研成果，学生的作用多在路演阶段表演，学生从项目中得到的收获有限，参加的积极性不高。第二课堂是第一课堂的延伸，教师应引导学生把第一课堂的学习成果转化为第二课堂项目，学生为主角，教师是教练，成效如何决定于学生。学校通过完善第二课堂的工作量认定和激励机制，有效推动教师第二课堂的参与度，让学生愿意参与，教师愿意指导，提高双方的获得感。

（四）创设条件帮助学生提高人际协调能力

从已有研究看，师生互动、生生互动和教师人际支持对大学生创新创业能力应具有显著正向影响，生生关系、师生关系是学校里最基本的人际关系。调研数据显示，案例学校学生个体投入层面的师生互动、生生互动和院校支持层面的教师人际支持并没有达到应有的效果，受调查学生这三个子项目的感受得分较低。案例学校应重视这个现象，为人际互动创造空间，助力学生提升创新创业能力。

一是为师生深度交流创造条件。1999 年以来，高职扩招，各院校的师生比不断加大、校区与生活区距离加大、教师教学科研社会服务任务重，这些因素从时间和空间上很大程度地限制了师生互动。案例学校应落实高职院校兼职教师比例要求，通过兼职教师分担专职教师的教学工作量，使专职教师有一定的时间和精力主动加强与学生的交流；学校应通过制度杠杆落实师生基本交流要求，改变师生“下课铃声一响各自飞”的现象，让师生在交流中相互促进，相互提升。

二是充分利用社团、学生活动推进生生互动。朋辈群体是大学生成长成才过程中的重要影响因素，朋辈教育作为一种隐性教育资源是大学生创新创业能力提升的路径之一。调研结果显示，具有 2 年以上学生社团经历以及学生干部经历的学生，其创新创业能力普遍较强，尤其是沟通交流能力。社团、学生组织在促进生生之间的互动交流中起着显著的作用。案例学校社团和学生活动量很大，学校应充分利用这些平台，通过社团（学生）活动、校友经验交流、新老生结对子等方式，引导更多学生在生生互动中提升个人的综合能力。

三是充分开发教师人际资源，为学生与社会接轨提供帮助。从资源管理的角度看，教师是学生人际资源的重要组成部分。他们既可以是学业导师，也可以是人生的良师益友，还可以是学生创新创业的合作伙伴。高职高专专业课教师都有企业挂职的要求，他们拥有前沿的专业发展资讯，又有丰富的行业经验和人脉资源，老师可以扮演“中间人”角色，成为学生与社会之间的桥梁与纽带，为学生成长成才提供帮助。高职高专案例学校应进一步完善专业教师企业实践或挂职的制度要求，引导教师在挂职或顶岗实践的同时，为学生与社会接轨打开一扇窗。

第七章

高校创新创业教育分类发展的进路

第一节　不同类型高校创新创业教育的特征总结

本节将对研究中的三类案例高校在创新创业教育实践、大学生创新创业能力发展状况、创新创业教育实践对大学生创新创业能力影响效应方面的异同进行总结，以期从整体上了解与把握不同类型高校创新创业教育的特征。

一、案例高校创新创业教育的共性特征

本研究表明，虽然研究型大学、应用型大学与高职高专院校在生源质量、人才培养目标定位、教师队伍水平、课程体系、所拥有的教育资源等方面存在较为明显的差异，但在创新创业教育方面，尤其是在创新创业教育的具体实施和学生的创新创业能力发展方面存在许多共性。

（一）三类高校创新创业教育实施的基本状况

1. 三类高校均构建了较为完善的创新创业教育机制

研究发现，在政府的强力推动下，不管是研究型大学，还是应用型大学，抑或是高职高专院校都对创新创业教育给予了重视。为推动创新创业教育，三类高校均组建了专门的管理机构，均成立了创新创业教育工作领导小组进行顶层设计，形成了多部门齐抓共管、密切配合的联动协调机制；均制定了系列激励政策与制度，激发教师、学生参与创新创业教育活动；均进行了教育管理制度的改革；均对人才培养模式进行了一定的改革以提升创新创业人才培养质量；均搭建了较为完善的学科竞赛和创新创业大赛体系，以营造创新创业教

育文化氛围。

2. 三类高校学生的个体投入水平整体不高

研究发现，三类高校学生创新创业教育学习投入的自评得分均值均不高于3.350，仅稍高于量表中值3。其中，研究型大学学生个体投入的自评得分均值仅为3.261，应用型大学学生个体投入的自评得分均值仅为3.239，高职高专院校学生个体投入的自评得分均值仅为3.344。此外，三类高校学生的个体投入得分属于中分组的学生的占比都接近一半。再者，从个体投入子维度的得分看，其子维度中自评得分最高的“工具利用”的均值也不足4，子维度“师生互动”与“课外活动投入”的自评得分均值更是小于量表中值3，子维度“课外自学投入”的自评得分均值则仅在3.010到3.028之间。

3. 三类高校学生对感知到的院校支持从整体上看并不十分满意

研究发现，三类高校学生对学校支持的总体评价得分均值不高于3.870（五点计分法，4表示比较满意）。其中，研究型大学学生对学校支持总体评价得分为3.714，应用型大学学生对学校支持总体评价得分为3.736，高职高专院校学生对学校支持总体评价得分为3.866。此外，不管是哪个类型的高校，其学生对学校支持总体评价得分属于中分组的学生的占比都超过一半。再者，从学校支持子维度的得分看，不管是哪种类型的高校，相比较而言，学生都较为满意学校的环境支持（制度支持和资源支持），而对教师支持（教师人际支持、教师自主支持和教师情感及能力支持）以及课程及教学支持（对课程教学管理、教师教学水平、创新教学方式）的满意度均较低。

（二）三类高校学生创新创业能力水平的共性特征

1. 三类高校学生的创新创业能力水平整体不高

研究发现，三类高校学生创新创业能力的自评得分均值均不高于3.760，其中，研究型案例高校学生的创新创业能力平均值仅为3.644，应用型案例高校学生的创新创业能力平均值仅为3.661，高职高专院校案例高校学生的创新创业能力平均值仅为3.751。此外，这三类案例高校中创新创业能力高分组的学生的占比也均不足30%，不管是哪个类型的案例高校，其创新创业能力中分组的学生的占比都接近一半。再者，三类案例高校学生创新创业能力7个子能力的均值均不高于3.9，7个子能力中均值最高的仅为3.887（逆境奋起能力，应用型案例高校），最低的仅为3.342（果断决策能力，研究型案例大学）。综合可见，三类案例高校学生的创新创业能力整体水平不高，仅处于中

等水平。

2. 三类高校学生的创新创业能力均呈现“偏态型”发展特点，并具有明显的短板

研究发现，三类高校学生的创新创业能力整体呈现“偏态型”发展状况比较明显，在逆境奋起能力、目标确定能力、沟通合作能力以及防范风险能力等个体面对社会环境所需复杂能力上的表现较好，而在行动筹划能力、把握机遇能力、果断决策能力这些方面的得分相对较低，尤其是果断决策能力的得分最低。这意味着案例高校的学生对目标进行深入谋划与主动行为的能力、与外部环境进行交互并发现与抓住机会的能力、在复杂与不确定性的环境中的决断能力不足，这些能力的不足其本质是学生的主体意识与开放意识不足。

3. 三类高校学生创新创业能力子能力的发展特征基本相似

对三类案例高校学生创新创业能力的子能力进行进一步分析发现，不管是哪一类型的案例高校，在目标设置能力的子维度中，自评得分最低的均是“形势评估”，最高的均是“自我认知”；在行动筹划能力的子维度中，“制定规划”与“主动行为”两个子维度的发展水平不相上下，且得分均值均在 3.55 左右；在果断决策能力的子维度中，“大胆决策”维度的得分均值均明显低于“冒险精神”维度；在沟通合作能力的子维度中，“沟通交往”维度的得分均值均明显低于“团队合作”维度；在把握机遇能力的子维度中，自评得分最低的均是“忍受不确定性”，最高的均是“创新行为”；在防范风险能力的子维度中，“反思学习”维度的得分均值均明显低于“风险管理”维度；在逆境奋起能力的子维度中，“乐观”与“韧性”两个子维度的发展水平不相上下，且得分均在 3.8 左右。此外，在创新创业能力所有的子维度中，三类案例高校自评得分最低的均是“忍受不确定性”，其次是“大胆决策”，再次是“沟通交往”，复次是“冒险精神”，最后是“反思学习”；自评得分最高的则均是“团队合作”。

4. 三类高校学生创新创业能力的群体特征部分相似

研究发现，三类案例高校学生的创新创业能力在年级、城乡、学业基础、学生干部经历、社团经历这些方面的差异具有很高的一致性。具体而言：(1)三类案例高校学生的创新创业能力在年级上均不存在显著差异。从均值大小看，三类高校学生的创新创业能力自评得分都是大一到大二有所上升，大二到大三有所下降，大三到大四又有所上升，但这种变化均没有达到统计学上的显著水平。(2)三类高校学生的创新创业能力在户籍所在地方面存在显著差异，均是城市户籍学生的创新创业能力显著高于农村户籍学生。(3)三类高校学生的创新创业能力在学业基础分组方面也存在显著差异，学业成绩排名在“前25%”的学生创新创业能力自评得分均显著高于排名在“后25%”的学生。(4)三类高校学生的创新创业能力在学生干部经历分组方面也存在显著差异，有学生干部经历学生的创新创业能力自评得分均值均显著高于没有学生干部经历的学生。

(三)三类高校创新创业教育影响因素的影响效应的共性特征

1. 创新创业教育背景性因素对三类高校学生创新创业能力的影响均较小

研究发现，以家庭背景和个体特征为基础的创新创业教育背景性因素对三类案例高校学生创新创业能力的解释力显著，但解释力均比较小。具体而言，家庭背景和个体特征二者联合仅解释了研究型案例高校学生创新创业能力8%的变异量，仅解释了应用型案例高校学生创新创业能力9.4%的变异量，仅解释了高职高专案例院校学生创新创业能力9.2%的变异量。

2. 个体投入是三类高校学生创新创业能力的最主要影响因素

研究发现，个体投入对三类案例高校学生创新创业能力均具有较强的解释力。具体而言：(1)学生个体投入对研究型案例高校学生创新创业能力的解释量为60.0%，除课外自学投入未对创新创业能力产生显著影响之外，个体投入其他8个维度均对创新创业能力产生显著正向影响；(2)个体投入对应用型案例高校学生创新创业能力的解释量为60.8%，除了课外自学投入、课堂学习投入以及工具利用未对创新创业能力产生显著影响外，个体投入其他6个维度均对创新创业能力产生显著正向影响；(3)个体投入对高职高专案例院校学生创新创业能力的解释量为61.4%，除了课外活动投入、课外自学投入、课堂学习投入、师生互动以及工具利用这几个维度对创新创业能力的影响不显著外，个体投入其他4个维度均对创新创业能力有显著正向影响。

3. 院校支持对三类高校学生创新创业能力均有显著影响

研究发现，院校支持对三类案例高校学生创新创业能力均具有显著正向影响。具体而言：(1)院校支持对研究型案例高校学生创新创业能力的解释量为33.7%，对应用型案例高校学生创新创业能力的解释量为26.0%，对高职高专案例院校学生创新创业能力的解释量为29.6%；(2)不管是研究型案例高校，还是应用型案例高校，抑或是高职高专案例院校，在加入个体投入的影响后，院校支持对学生创新创业能力的影响力都大大下降，这说明院校支持对

三类高校学生创新创业能力的影响可能大部分需要通过个体投入的中介路径来实现。

二、三类高校创新创业教育的差异

虽然三类高校的创新创业教育模式有一定的共同点，但由于它们在生源质量、人才培养目标定位、教师队伍水平、课程体系、所拥有的教育资源等方面存在着较为明显的差异，使得它们的创新创业教育具体实践以及创新创业教育质量呈现出一定的差异。

（一）学生创新创业能力发展水平的差异

1. 三类高校学生创新创业能力及其子能力在性别特征上存在一定差异

研究发现：(1)研究型案例高校学生的创新创业总体能力在性别方面不存在显著差异，创新创业能力的7个子能力中除了果断决策能力存在显著的性别差异(男生显著高于女生)，其他6个子能力均不存在显著的性别差异；(2)应用型案例高校学生创新创业能力则在性别方面存在显著的差异，男生的自评得分显著高于女生，并且在7个子能力中，男生的目标确定能力、行动筹划能力、果断决策能力、把握机遇能力的得分均显著高于女生；(3)高职高专案例高校学生创新创业能力也存在显著的性别差异，男生的创新创业能力、行动筹划能力、果断决策能力、把握机遇能力的自评得分均显著高于女生。

2. 三类高校学生创新创业能力及其子能力在学科类型特征上存在一定差异

研究发现：(1)研究型案例高校和高职高专案例高校学生的创新创业能力及其7个子能力在学科类型方面均不存在显著差异，但应用型案例高校学生创新创业能力则在学科类别方面存在显著差异，理工科学生的创新创业能力自评得分显著高于人文社科学生的得分；(2)在7个子能力中，应用型高校中理工科学生的目标确定能力、行动筹划能力、果断决策能力、把握机遇能力的得分均显著高于人文社科学生的得分。

3. 三类高校学生的果断决策能力与把握机遇能力在年级特征上存在一定差异

研究发现：(1)研究型案例高校学生的创新创业能力及其7个子能力在年级方面均不存在显著差异。具体而言，虽然应用型案例高校和高职高专案例高校学生的创新创业能力在年级方面也不存在显著差异，但在7个子能力中，应用型案例高校中一年级学生的果断决策能力与把握机遇能力的自评得分均显著高于二年级和三年级学生的得分；(2)应用型案例高校中四年级学生的果断决策能力自评得分显著高于三年级学生的得分；(3)高职高专案例高校大二学生的把握机遇能力显著高于大一、大三学生的得分。

4. 三类高校学生的创新创业子能力在家庭所在地类型上存在一定差异

研究发现：(1)在 7 个子能力中，研究型案例高校中家庭所在地为城市的学生的目标确定能力、行动筹划能力、沟通合作能力与防范风险能力的自评得分均显著高于家庭所在地为农村的学生的得分；(2)在应用型案例高校中，家庭所在地为城市的学生只在沟通合作能力与防范风险能力这两个能力上的自评得分显著高于家庭所在地为农村的学生的得分；(3)高职高专案例高校学生的创新创业能力及其 7 个子能力在家庭所在地类型上均不存在显著差异。

5. 三类高校学生的创新创业子能力在学业基础上存在一定差异

研究发现：(1)在 7 个子能力中，研究型案例高校中学生的目标确定能力、行动筹划能力、果断决策能力、沟通合作能力、防范风险能力、逆境奋起能力在学业基础方面均存在显著差异；(2)应用型案例高校中则是目标确定能力、行动筹划能力、沟通合作能力、防范风险能力、逆境奋起能力这 5 个子能力在学业基础分组方面存在显著差异；(3)高职高专案例高校学生的创新创业能力及其 7 个子能力均在学业基础上存在显著差异。

6. 三类高校学生的创新创业子能力在学生干部经历上存在一定差异

研究发现，在 7 个子能力中，研究型案例高校和高职高专案例高校学生创新创业能力的 7 个维度均在学生干部经历上存在显著差异，但应用型案例高校学生的把握机遇能力在学生干部经历分组上不存在显著差异。

7. 三类高校学生的创新创业能力及其子能力在社团经历上存在一定差异

研究发现：(1)研究型案例高校学生的创新创业能力自评得分在社团经历方面不存在显著差异，但应用型案例高校和高职高专案例高校学生的创新创业能力自评得分在社团经历方面存在显著差异；(2)在 7 个子能力中，研究型案例高校中的学生仅有目标确定能力、沟通合作能力、防范风险能力与逆境奋起能力在社团经历方面存在显著差异，而应用型案例高校中的学生，除了行动筹划能力与果断决策能力外，其他 5 个子能力均在社团经历方面存在显著差异；(3)高职高专案例高校学生创新创业能力的 7 个子能力在社团经历方面均存在显著差异。

（二）创新创业教育过程性因素的差异

1. 三类高校的个体投入具体表现存在差异

在本研究中，学生的个体投入由学业效能感、掌握目标定向、反思性学习、工具利用、生生互动、师生互动、课堂学习投入、课外自学投入、课外活动投入这 9 个维度构成。研究发现，三类案例高校学生的个体投入在其 9 个维度上的具体表现存在差异。具体而言：(1)研究型案例高校学生个体投入的具体表现为：工具利用＞掌握目标定向＞反思性学习＞学业效能感＞生生互动＞课堂学习投入＞课外自学投入＞课外活动投入＞师生互动；(2)应用型案例高校学生个体投入的具体表现为：工具利用＞掌握目标定向＞反思性学习＞学业效能感＞生生互动＞课堂学习投入＞课外自学投入＞师生互动＞课外活动投入；(3)高职高专案例院校学生个体投入的具体表现为：掌握目标定向＞工具利用＞反思性学习＞学业效能＞生生互动＞课堂学习投入＞师生互动＞课外活动投入＞课外自学投入；(4)相比较而言，除了工具利用与课堂自学投入这两个维度外，高职高专案例院校学生个体投入其他维度的自评得分均值均高于研究型案例高校与应用型案例高校学生的得分；(5)研究型案例高校学生仅在工具利用与课外自学投入这两个维度上的自评得分均值高于高职高专案例院校学生，在工具利用、课外自学投入、课堂学习投入这 3 个维度上的自评得分均值高于应用型案例高校学生。

2. 三类高校学生感知到的学校支持具体表现存在差异

在本研究中，学生感知到的学校支持由环境支持、教师支持、课程及教学支持这 3 个维度构成。研究发现，三类高校学生感知的学校支持在其 3 个维度上的具体表现存在差异。具体而言：(1)研究型案例高校学生感知到的学校支持的具体表现为：环境支持＞教师支持＞课程及教学支持；(2)应用型案例高校学生感知到的学校支持的具体表现为：环境支持＞课程及教学支持＞教师支持；(3)高职高专案例院校学生感知到的学校支持的具体表现为：课程及教学支持＞环境支持＞教师支持；(4)相比较而言，高职高专案例院校学生感知到的学校支持的 3 个维度的自评得分的均值都稍高于研究型案例高校与应用型案例高校学生的评分，然而，在这 3 个维度的子维度的自评得分中，研究型案例高校学生对资源支持的自评得分均值却高于高职高专院校与应用型案例高校，但对制度支持的自评得分均值低于高职高专院校与应用型案例高校。

（三）不同类型高校创新创业教育影响因素的影响效应差异

1. 个体投入对三类高校学生创新创业能力的具体影响有一定差异

研究发现：(1)在研究型案例高校中，个体投入中除课外自学投入维度未对创新创业能力产生显著影响外，其余 8 个维度均对创新创业能力产生显著正向影响，影响效应比较如下：学业效能感＞掌握目标定向＞反思性学习＞课堂学习投入＞生生互动＞课外活动投入＞师生互动＞工具利用；(2)在应用型案例高校中，课外自学投入、课堂学习投入以及工具利用这 3 个维度对创新创业能力的影响不显著，其他 6 个维度均对创新创业能力产生显著正向影响，影响效应比较如下：学业效能感＞掌握目标定向＞反思性学习＞师生互动＞生生互动＞课外活动投入；(3)在高职高专案例高校中，对学生创新创业能力有显著影响的只有学业效能感、掌握目标定向、反思性学习和生生互动这 4 个维度，课外活动投入、课外自学投入、课堂学习投入、师生互动以及工具利用这 5 个维度的影响不显著。

2. 院校支持对三类高校学生创新创业能力的具体影响有一定差异

研究发现，院校支持对三类高校学生的创新创业能力有显著影响，但院校支持的具体维度对创新创业能力的影响存在一定差异。具体而言：(1)在研究型案例高校中，对创新创业能力有显著影响的是教师支持维度中的教师人际支持、教师情感及能力支持，课程及教学支持维度中的课程教学管理这三个维度。(2)在应用型案例高校中，对创新创业能力有显著影响的仅有教师支持的三个维度：教师人际支持、教师自主支持、教师情感及能力支持。(3)在高职高专案例高校中，对创新创业能力有显著影响的是教师支持维度中的教师人际支持、教师自主支持，课程及教学支持维度中的创新教学水平这三个维度。

3. 创新创业教育对三类高校学生创新创业能力的具体影响有一定差异

研究发现，在同时考虑背景性因素、个体投入、院校支持对学生创新创业能力的影响时，这些因素具体的影响效果在三类案例高校中表现出一定的差异。具体而言：(1)在研究型案例高校中，年级、学业基础、学业效能感、掌握目标定向、课堂学习投入、反思性学习、生生互动、资源支持、教师人际支持以及创新教学方式这 10 个变量均对创新创业能力产生显著性影响，其中年级、创新教学方式和资源支持为负向影响，其他为正向影响；(2)在应用型案例高校中，学科、学生干部经历、社团经历、学业效能感、掌握目标定向、反思性学习、师生互动、资源环境以及教师人际支持这 9 个因素均对创新创业能力产生显

著性影响；(3)在高职高专案例院校中，性别、年级、学业效能感、掌握目标定向、反思性学习、生生互动、教师教学水平、创新教学方式这 8 个因素均对创新创业能力产生显著性影响，其中，除了教师教学水平的影响为负向外，其他 7 个因素的影响均为正向。

(四)不同类型高校大学生创新创业能力提升路径的共同方向

1. 构建大学生个体投入的激励体系

研究发现，个体投入是三类高校学生创新创业能力的关键影响因素，但三类高校学生的个体投入水平整体不高，尤其是在师生互动、课外活动投入、课外自学投入这些方面非常不足。学生个体投入的不足导致其创新创业能力增长甚微，不仅如此，学生个体投入的不足也意味着他们在大学中虚度光阴，这对他们的自我发展与成才、对国家的高水平劳动力培养都是极其有害的。因此，各高校要重视大学生个体学习投入激励体系的构建。具体而言可以采取以下措施：

(1)通过“立德树人”思想教育，引导学生树立远大志向，激发他们自我实现的需要，以增强他们学习的内部动机。

(2)实施学业发展导师制，为师生互动创造条件与机会。高校可通过创新制度，增进教师指导学生的动机，例如，加大对高校教师参与学生指导工作量的认可和奖励、优秀学业导师的职称评定和晋升予以重点考虑等。

(3)增加小班授课，以此增加师生、生生间的互动。当前由于大学生数量增多，高校专业师资力量普遍不够，因此高校通常采用大课形式来授课。但大班授课有其固有的弱点，教师对学生的上课表现情况不能全部顾及，从而师生、生生间互动有限，学生也容易出现课堂摸鱼行为。

(4)改革学分制度，增加学生课外活动投入、课外自学投入的时间和精力。当前多数高校学生的课时要求较高，学生疲于上课，投入课外活动、课外自学的时间和精力不足。

(5)增加学生的学习自主性，例如给予学生更多选课的自由、选导师的自由、选择作业类型的自由等。因为，根据自我决定理论的观点，自主是个体的基本心理需要，自主需要的满足能增强个体行为的内部动机。

2. 精准增加创新创业教育供给

研究发现，院校支持对三类高校学生创新创业能力均有显著影响，但三类高校学生对感知到的院校支持满意度并不高，尤其是对教师支持(教师人际支持、教师自主支持和教师情感及能力支持)、课程及教学支持(课程教学管理、教师教学水平、创新教学方式)的满意度不高。因此,高校需要精准增加教师支持、课程与教学支持等来提高学生的创新创业能力。具体而言可以采取以下措施:

(1)改革教师考核制度,为教师深度投入教学、师生互动等提供制度保障。教师是学生发展的重要他人,但由于高校的教师考核制度存在"重科研轻教学"的导向,科研绩效成为教师晋升与评职称的最重要因素,这导致不少教师不愿意将时间和精力花在进行课堂教学改革创新、提升自身教学水平、与学生互动交流这些事情上,教学和培养学生成了不少高校教师的"副业"。因而,要改革教师的绩效评价机制、职称评价制度等,增加人才培养成果、教学质量与教学改革成果在教师绩效考核、职称评定中的比重,从而促使教师在学生培养与教学上投入更多的时间和精力。

(2)创新教学管理制度,提升教学管理效能。高校教学管理制度在调动师生积极性和激励教师开展教学和科研活动方面起着基础性作用。要创新教学管理的制度与模式,首先需要不断创新教学管理的理念,学校及教学管理工作者要充分认识到教学管理的重要性,更要树立以人为本、服务教师教学与学生学习的思想观念,不仅要认识到教学管理中"管"的职能,更要认识到教学管理的"激励"、"导向"和"助推"职能。其次,提高高校教学管理者的专业水平。最后,出台有利于促进教师教学学术专业发展的激励制度。

第二节 高校创新创业教育分类发展的路径选择

高校分类发展是国家对高等教育发展的顶层设计,旨在引导高校合理定位,克服同质化倾向,形成各自的办学理念和风格,在不同层次、不同领域办出特色,争创一流。[①] 当前,创新创业教育经过二十多年的探索,已进入提质增效、深化改革、体系化发展阶段,分类发展是高校创新创业教育体系化的必由之路。本书发现,当前我国高校创新创业教育的特色还不显著,研究型大学、

① 中华人民共和国教育部. 国家中长期教育改革和发展规划纲要(2010—2020年)[EB/OL]. (2010-07-29)[2022-09-10]. http://www.moe.gov.cn/srcsite/A01/s7048/201007/t20100729_171904.html.

应用型大学、高职高专院校的创新创业在举措和效果方面的差异性不大。因而，在未来，需要根据三类高校不同的办学定位、拥有的资源等探究适合自身的特色化创新创业教育发展路径。

一、三类高校创新创业教育的异同

近年来，创新创业教育在我国各大高校中得到了较为快速的发展，取得了较大的成效。但本研究发现，不同类型高校创新创业教育的实践与效果差异甚小，不同类型高校间的创新创业教育并未形成显著的特色。在我国，高等教育是一个庞大的体系，拥有众多不同层次与类型的高等学校，理清不同类型高校创新创业教育的异同是创新创业教育分类发展的前提。

高校如何分类一直是人们关注的问题，目前尚未形成比较一致的意见。潘懋元先生等人认为高校分类所依据的主要标准是人才培养类型，参照国际教育分类标准并结合我国高等教育实际，他们将我国高校分为学术型大学（传统的综合性大学或所谓的研究型大学）、应用型本科高校、职业技术高校（高职高专院校）三类。① 创新创业教育的根本目标是培养创新创业人才，提高大学生的创新创业能力。因此，本研究认为在探究创新创业教育分类发展时，应该以人才培养类型为主要标准对高校进行分类，故本研究中将我国高校分为研究型大学、应用型大学与高职高专院校三类。这三类高校的办学定位、生源质量、人才培养目标、课程体系等具有明显的差异，这些差异决定了其创新创业教育需要分类发展。

（一）三类高校创新创业教育的不同点

1. 人才培养目标定位不同

人才培养目标是高校对于“培养什么样的人才”的思考与设计，是高校人才培养工作的出发点和归宿，其不仅决定了高校要培养什么类型和规格的人才，决定了高校的人才培养方式，也是评价高校人才培养质量的基准。从前文的论述中可知，三类高校的人才培养目标具有明显的不同，而高校的人才培养工作是围绕既定的人才培养目标来开展的，因而，在开展创新创业教育实践中，三类高校的创新创业教育培养目标也应该有所不同。如有学者指出，以科

①潘懋元，董立平．关于高等学校分类、定位、特色发展的探讨[J].教育研究，2009，30(2)：33-38.

研型创新为主，锻炼创新思维和创业意识应是当前研究型高校开展创新创业教育的主要目标①。创新性应用型人才则是应用型本科高校人才培养的主要目标②，因此，该类型高校的创新创业教育也应以此为培养目标。同样地，培养更接近生产第一线的技术技能型人才是高职高专院校人才培养主要目标，因此，该类型高校的创新创业教育也应以此为培养目标。

2. 所拥有的创新创业教育资源不同

创新创业教育的开展需要各种各样的教育资源作为支撑，如教师资源、课程资源、人才培养经费、创新创业实践基地与平台资源等。在我国，不同类型高校所拥有的教育资源是不同的。例如，从师资来看，整体上研究型大学所拥有的高学历、高职称教师明显多于应用型大学与高职高专院校，而应用型大学的高学历、高职称教师占比也明显高于高职高专院校，但应用型大学与高职高专院校的双师型教师占比则比研究型大学高，尤其是高职高专院校，双师型教师是其教师队伍构成的重要部分。从教育经费看，整体上研究型大学所拥有的教育经费显著高于应用型大学与高职高专院校，应用型大学又明显高于高职高专院校。在课程资源、创新创业实践基地与平台资源方面，三类高校不仅在数量和质量上存在较大差异，在特色上也存在差异。

3. 课程体系与教学方式、教学内容不同

课程是人才培养的核心，由于人才培养目标的不同，三类高校的课程体系、教学方式、教学内容也不同。研究型大学以培养学术型人才为主要目标，其课程体系中理论课程占比相较于应用型大学与高职高专院校更大，对学生理论学习的要求也更高；高职高专院校主要培养实践能力强的技术技能型人才，大国工匠是其人才培养的追求，因而其实践性课程在课程体系中具有较高的占比，其教学活动基本都以实践为基础，围绕实践活动开展；应用型大学则介于研究型大学与高职高专院校之间，既需要重视理论又要重视实践，并尤其重视理论的应用，因而应用性课程在课程体系中占有一席之地，其课程体系一般由理论课程、应用性课程、实践性课程构成。

---

①郑宏，王婧. 不同类型高校创新创业教育的差异性分析[J].教育与考试，2019(4)：60-65.

②禹奇才，张俊平，张灵，等. 创新性应用型人才：地方重点建设高校培养目标定位[J].中国高等教育，2010(22)：42-43.

（二）三类高校创新创业教育的相同点

1. 开展创新创业教育的政策背景相同

在高校的创新创业教育推进过程中，政府扮演了主导角色，不管是在创新创业教育的试点发展阶段，还是在全面推广阶段，政府都发挥了主导作用。为让高校积极推进创新创业教育，国务院、教育部等政府部门颁布了系列政策文件，不仅明确了深化高等学校创新创业教育改革的指导思想、基本原则、总体目标，还提出了主要任务和措施，推动“不同类型的高等学校要探索适应自身特点的培养模式”。政府颁布的系列政策文件不仅为高校推进创新创业教育指明了发展方向，也为创新创业教育的有效开展提供了良好的政策环境支撑，使得高校的创新创业教育能在短时间内得到快速发展。虽然政府颁布了系列创新创业教育相关的政策文件，但基本上这些政策文件都是面向全体普通高等学校的，甚少有针对不同类型高校如何深化推进创新创业教育的具体政策文件。

2. 各高校创新创业教育发展遭遇的问题具有共性

虽然近年来创新创业教育得到了快速发展，各高校开展了创新创业教育的相关课程，构建了创新创业教育体系，初步建成了各种相关的组织、机制、平台、基地等。但是，各类高校的创新创业教育仍然存在一系列普遍性的问题，如创新创业师资不足、专业教育与创新创业教育相分离、创新创业教育效果不理想、保障机制不健全、课程体系缺乏特色、课程设置不合理等，这些共同的问题制约着创新创业教育的高质量发展。同时，这些问题的归属也具有同源性。各类高校创新创业教育中面临的这些共性问题，有主观原因也有客观原因，但根本原因都在于各类高校在推进创新创业教育过程中没有充分发挥学校、教师的教育主体性。

二、高校创新创业教育分类发展的困境与原因分析

分类发展是高校创新创业教育深化改革、高质量发展的必由之路。但当前我国高校创新创业教育的分类发展面临着高校创新创业教育目标定位不清晰、科学合理的教育理念没有形成、教师参与但不重视、创新创业教育体系特色不显著等诸多困境。深度解剖这些问题方能提出科学、有效的发展建议。

(一)高校创新创业教育分类发展的困境

1. 创新创业教育目标定位不清晰

创新创业教育的目标定位是关于“培养什么样的创新创业人才”的思考与整体设计,是高校创新创业教育工作的出发点与归宿,是评价创新创业教育质量的基准。高校的创新创业教育工作都是围绕其所确定的创新创业教育目标所进行的,只有确定了创新创业教育的目标,确定了学校要培养什么样的创新创业人才,各个院系、专业、相关部门才能制定并实施具体的创新创业教育工作计划,教师才能制定合适的创新创业教育教学目标,才能思考应该如何将专业课程与创新创业教育相融合。但当前大多数高校并没有清晰的创新创业教育目标定位,对自身要培养什么样的创新创业人才缺乏足够的思考,导致不同类型高校的创新创业教育特色不显著、学生创新创业能力发展差异甚小、专业教育与创新创业教育融合缺乏切入口等系列问题。例如,本研究中的案例高校虽然都开展了各种各样的创新创业教育实践活动,但它们大多对于自身要培养什么类型、什么规格、具备什么素质的创新创业人才是缺乏清晰认识的。倘若创新创业教育的目标定位不清晰,那么,即使再丰富的创新创业教育实践也可能只是浮于表面,效果不理想也是必然之结果。

2. 创新创业教育理念不够明晰

教育理念是关于教育基本问题的深层次本质和规律的观念[①],是大学的思想、精神和灵魂,是人们对大学的理性认识、理想追求及所持教育观念[②],对教育全局具有决定性影响。基于这一认识,创新创业教育理念可看成是关于创新创业教育基本问题的深层次本质和规律的观念,是人们对创新创业教育的理性认识、理想追求及所持的教育观念,其决定着高校的创新创业教育全局。当前虽然多数高校都把深化创新创业教育改革作为推进高质量办学的任务加以落实,但也有不少高校存在着创新创业教育理念不够清晰的问题。一是创新创业教育理念的片面性。当前,仍有一些高校、教师未能准确把握创新创业教育的本质,只是将其看成是一种培养企业公司创业者、老板的教育,是针对少部分人的教育,或者把创新创业教育等同于一些创新创业教育活动,如

①卢晓中.当代世界高等教育理念及对中国的影响[D].厦门:厦门大学,2001:10.

②刘汉伟.现代大学教育理念的研究[J].辽宁工业大学学报(社会科学版),2009,11(4):82-85.

"互联网＋"大学生创新创业大赛、大学生创新创业训练计划项目、创业课程等，尚未认识到创新创业教育是一种培养全体大学生创新创业能力的教育，是一种健康人格教育、一种能力教育、一种个性化教育、一种终身教育①；尚未认识到创新创业教育是一项整体的教育教学改革工程，与专业教育相辅相成，而片面地将创新创业教育理解成表层、枝节性的教育环节，未能充分将创业教育与专业教育相融合②。二是创新创业教育理念的趋同化。不少高校的创新创业教育理念忽视了自身的学校类型、学校特色、所拥有的教育资源、办学定位、人才培养目标定位等，在开展创新创业教育实践中缺乏个性与特色。

3. 广大教师对创新创业教育重视不足、参与不足

教师是高校开展创新创业教育活动的主体，其对创新创业教育的认识、重视程度与参与度对创新创业教育的效果至关重要。然而，在现实中，不管是研究型大学，还是应用型大学，抑或是高职高专院校，高校中的大部分专任教师并不热衷于创新创业教育，甚至有大部分教师认为创新创业教育是辅导员、班主任、创新创业专任教师、创新创业教育学院的事情，与他们无关，对创新创业教育欠缺认识。有不少教师对创新创业教育的参与可能只是停留于作为一名"挂名"的"互联网＋"大学生创新创业教育大赛或是大学生创新创业训练计划项目的指导老师，甚至是毫无参与。极少有教师将创新创业教育作为自己的工作之一，去对其进行了解、认识与研究，去思考如何将创新创业教育与自身承担的课程相融合，去思考如何在教育中培养学生的创新创业精神、创新创业意识和创新创业能力，去思考如何进行教学创新。笔者认为这是我国高校创新创业教育效果不理想的最重要原因。

4. 创新创业教育课程体系不完善、特色不显著

课程体系建设是高校开展创新创业教育的核心，其不仅是大学生提升创新创业教育相关知识水平、创新创业方法和能力的重要途径，也是学生形成完整的创新创业理念，树立正确的创新精神、创业意识的重要载体。③ 随着创新创业教育的推进，创新创业教育课程体系建设也逐渐得到了高校管理者的重视。当前，多数高校都建立了自身的创新创业教育课程体系，但不少高校的创新创业教育课程体系仍然存在内容不够完善、系统性不足、特色不明显、"专创

---

① 王洪才. 论创新创业教育的多重意蕴[J]. 江苏高教，2018(3)：1-5.

② 牛欣欣. 基于区域特色的地方大学创业教育探析[J]. 教育发展研究，2014，34(3)：56-60.

③ 仇存进. 我国高校创新创业教育课程体系研究[J]. 江苏高教，2018(11)：82-85.

融合”课程开设率不足等问题。现实中，尚有一些高校未将创新创业教育课程纳入学校的整体课程体系，没有在学校人才培养的整体框架下考虑创新创业课程的设置；有的高校则仅仅开设为数不多的创新创业通识课程。虽然也有一些高校构建了创新创业教育课程体系，但在课程设置上千篇一律，在课程目标上没有体现出学校的创新创业人才培养定位，在内容上没有突出校本特色，在课程形式上没有结合自身所拥有的独特资源开展创新创业指导或个性化创新创业实训项目，在教学方式上也多是采用讲授法。

（二）高校创新创业教育分类发展效果欠佳的原因分析

高校创新创业教育分类发展遭遇诸多困境，有其主观原因，也有其客观原因。但总体而言与究其根源，本书认为其主要原因有以下几个方面：一是高校深化推进创新创业教育改革的主体意识不够强。在我国的创新创业教育发展过程中，政府一直扮演着主导角色。创新创业教育是一个新事物，其是在政府的强力推动下得以快速发展的。各高校是在政府的强干预下开展创新创业教育的，因而，在开展创新创业教育过程中容易形成政策依赖，形成一种“执行”政策的教育思维，在推进创新创业教育实践活动中缺乏主动性。主体意识不强导致高校在开展创新创业教育中不去思考自身要培养什么样的创新创业人才，不去思考与研究创新创业教育应该是一种什么样的教育，应该如何与专业教育相结合，应该如何结合自身特色构建创新创业教育课程体系。二是人才培养目标定位不清晰。人才培养目标对高校的人才培养工作具有全局统帅作用，创新创业教育目标是在人才培养目标的指引下确定的，是人才培养目标在创新创业教育中的具体体现。然而，不少高校仍然存在人才培养目标定位不清晰的问题，对自身要培养什么样的人才并不明晰。该问题的存在则又主要是因为高校的办学定位不清晰。三是人们对创新创业教育仍存在误解。当前，不少教师、学生对创新创业教育的认识是基于各种各样的创新创业大赛，例如“互联网＋”大学生创新创业大赛来感受的，或者是基于各种各样的创新创业教育活动进行认识的。这使得部分教师、学生将创新创业教育误解为一种比赛或者是各种活动，与课堂教学、专业教育无关。此外，还有部分教师、学生囿于已有认知或刻板印象，仅从狭义的角度理解创新创业，认为创新是创造发明、创业是创办企业，从而认为创新创业是距离自己非常远的事情，认为创新创业教育仅是针对极少部分“精英”的教育，因而在教育实践中参与不多。

三、不同类型高校创新创业教育有效实施的路径

不同类型的高校由于创新创业教育的培养目标、所拥有的创新创业教育资源、自身所处环境、课程体系与教学方式、教学内容等不同，因而其创新创业教育有效实施的路径应是不同的。只有分类发展，创新创业教育才能办出特色、有源源不断的生命力，才可能走向高质量发展。不同类型高校应基于自身的人才培养定位、学校所处的环境、所拥有的资源与优势，以及自身的文化基因，选择最适合自身发展的创新创业教育路径。

（一）以创新带动创业：研究型大学创新创业教育发展的路径选择

培养学术型人才、重视理论教育与研究、探究高深学问是研究型大学的显著特点。基于研究型大学人才培养的目标定位及其人才培养的特点、所拥有的资源及其自身办学特色与文化基因，笔者认为研究型大学应“以创新带动创业”为导向，即以科技创业为导向，开展创新创业教育。

1.“以创新带动创业”为创新创业教育导向的具体内涵

“以创新带动创业”即以创新为基础开展创业教育活动，也即“以科技创业为导向”。具体而言，在创新创业教育过程中，要以创新教育为基础，将创新作为创新创业教育的起点与突破口，强调创业教育中创新和科技的导向性，引导学生通过创新，以及通过转化已有创新成果，尤其是通过转化科技创新成果来开展创业活动，重在培养学生的创新精神、创新能力、转化市场产品的能力、生产与经营的能力、向社会提供科技服务的能力与科技创业的意识与能力，为学生发展为高层次、拔尖的创新创业人才奠定基础。研究型大学是我国知识创新、技术创新的领导者，是推动科学技术成果向现实生产力转化的重要力量和前沿阵地，负担着培养高层次人才、转化科技研发及科技成果的重任。因此，研究型大学的创新创业教育工作应该围绕培养高层次、拔尖创新型人才的目标来开展，在培养学生独立人格和创新精神的基础上，使学生的创业意识、创业素质和创业能力实现全面综合协调发展，从而取得可持续发展的创新创业成果。①

2. 研究型大学开展创新创业教育的要点

研究型大学在开展创新创业教育过程中要积极倡导“以创新带动创业”的

---

① 宋阳. 找准定位 建立研究型高校创业教育模式[J].中国高等教育，2014(2)：39-40.

导向，积极落实“以创新带动创业”的创新创业教育实践。具体而言，可以从以下几个方面切入与着力：

一是将企业家精神、创新精神、创新思维与能力、创业意识以及科技创业知识与能力作为创新创业教育培养目标的核心。具体而言，以创新精神、创新思维、创新能力、企业家精神以及通用创新创业能力为基础，培养学生科技转化的能力、专业领域内的技术转移能力等科技创业所具备的基本能力。

二是构建“本—硕—博”一体的创新创业人才培养体系。研究生培养是研究型大学人才培养的重要组成部分，部分研究型大学的研究生多于本科生，因而要将研究生作为创新创业教育的重要对象之一。注重引导研究生基于自身科研基础进行创业活动。对于研究生的培养不能仅停留于创新能力、科研能力、创新精神的培养，还要重视培养他们的企业家精神、科技创业的知识与能力，鼓励研究生开展科技创业活动。也即要重视培养研究生学会抓住研究型大学“产出高水平科研成果”的契机，引导他们对科研成果进行转化，提升他们将实验室的研究成果转化为市场产品和社会财富的能力。

三是要将高新科技项目的研发和产业化作为创新创业教育的一项重要内容，将科学研究与创业实践相结合，实现知识、研究和实践的三位一体。近年来我国非常重视高等院校在经济增长和生产力提高上的推动及引领作用，在资金和政策上给予极大的扶持，尤其是对研究型大学给予了非常多的资金和政策支持，研究型高校的师资队伍水平和实验室条件更是得到了持续提升与改善，而且也积累了很多科研成果。因此，研究型高校的创新创业教育应充分突出和利用以上优势。①

四是以跨学科知识、创新知识为载体，构建创新创业教育课程体系。课程体系是创新创业教育的核心，研究型大学的人才培养目标决定了其创新创业课程体系的构建要以跨学科知识与创新知识为载体，强调知识的交叉和与专业教育的融合，在课程设置上强调文、理、工多学科相互渗透，建立贯穿本、硕、博的创新创业教育课程体系。

五是以科技引领为导向，构建创新创业教育实践体系。当前，高校的创新创业教育实践环节一般有创新创业训练、创业项目形成、项目落地孵化、公司运营发展等。研究型大学在创新创业教育实践中要凸显其科技创新的特征与优势，构建“以科技引领为导向、以创办高科技企业为目标的，从创新训练平台

---

①宋阳. 找准定位 建立研究型高校创业教育模式[J].中国高等教育，2014(2)：39-40.

开始，到'创客'空间，再到创业孵化器，最终入驻科技园的'全链条式'创新创业教育实践体系”。[①]

（二）立足区域特色的创新创业：应用型大学创新创业教育发展的路径选择

以区域经济和行业发展需求为导向，培养应用型人才是应用型本科高校的显著特点。基于应用型本科高校人才培养的目标定位及其人才培养的特点、所拥有的资源及其自身办学特色与文化基因，笔者认为应用型本科高校的创新创业教育导向应是“立足区域特色的创新创业”。

1.“立足区域特色的创新创业”为创新创业教育导向的具体内涵

“立足区域特色的创新创业”即在创新创业教育过程中要以区域特色为基础开展创新创业教育，并且在具体实践中既要重视创新教育，培养学生的创新精神、创新思维、创新能力，又要重视创业教育，培养学生的创业精神、创业意识、创业能力，也即应用型本科高校的创新创业教育要在整合区域特色的基础上使创新教育与创业教育同时发力，培养大批符合国家创新驱动所需的高级应用型人才。应用型本科教育，以区域经济和行业发展需求为导向，注重训练学生的创新素质和创造能力，是一种高层次的实用性教育。[②] 依靠区域经济与社会、服务区域经济与社会需求是应用型本科高校办学的重要指向，其在发展过程中体现出较为明显的区位特征。因而，区域的经济与社会文化特色应成为应用型本科高校开展创新创业教育的基础。也即是说应用型本科高校在开展创新创业过程中应将区域经济与社会文化特色作为自己的重要资源，发挥区域优势，进而形成自身的创新创业教育特色。

2. 应用型大学开展创新创业教育的要点

总体而言，应用型本科高校在开展创新创业教育过程中要以区域特色为基础开展创新创业教育，并且在具体实践中既要重视创新教育，又要重视创业教育。具体而言，可以从以下几个方面切入与着力：

一是转变办学观念，完善顶层设计。要从践行创新驱动发展战略高度，切实履行施教主体责任，把创新创业教育作为转型发展、内涵发展的突破点，作

---

①林伟连，吴伟. 以“IBE”为特色的全链条式创新创业教育体系构建：浙江大学创新创业教育与人才培养实践[J].高等工程教育研究，2017(5)：154-157，180.

②吴学松. 应用型本科院校创新创业教育现状、问题与对策[J].教育与职业，2020(5)：56-61.

为创新人才培养模式、提高人才培养质量的有效途径；要把应用型创新创业教育纳入年度工作计划、事业发展规划，将创新创业教育放置于学校发展的战略目标中。[①]

二是立足区域特色开展创新创业教育，增强创新创业教育的个性[②]。首先，融合区域文化特色，开展个性化的创新创业精神教育。其次，依托区域特色资源，设置个性化创业教育课程。在课程建设中，要坚持特色性原则，利用区域特色资源，设计具有显著区域特色的创业教育课程，例如，可以将本地创业成功人士的事例等内容融入、整合到创业教育课程内容中。最后，利用区域经济产业和人力资源特色，形成个性化创业教育师资队伍。

三是将学校的产教融合项目作为创新创业教育发展的重要资源，基于产教融合项目构建创新创业教育的实践体系。例如，基于产教融合项目组织学生申报大学生创新创业训练计划项目、创业孵化项目，开展互联网＋大学生创新创业大赛，基于产教融合项目开展创客教育、学科竞赛等，引导学生成为学校推进产教融合工作的重要主体，以此锻炼与发展学生的创新创业精神、创新创业能力。

（三）以创业带动创新：高职高专院校创新创业教育发展的路径选择

高职教育直接面向就业市场，学生能否被就业市场接受就是对学生创新创业能力的检验。与市场需求紧密结合，培养更接近生产第一线的技术技能型人才是高职高专院校人才培养的主要目标。基于高职高专院校人才培养的目标定位及其人才培养的特点、所拥有的资源及其自身办学特色与文化基因，笔者认为高职高专院校的创新创业教育导向应是“以创业带动创新”，以创业教育为基础，引导学生进行创新。

1.“以创业带动创新”为创新创业教育导向的具体内涵

“以创业带动创新”即在创新创业教育过程中以创业教育为基础，鼓励学生找寻合适的商机，并进行适当的创业团队、创办企业、风险防控和融资方法等方面的教育，在此基础上引导学生进行创新，重点培养学生发现创业机会的能力、进行中小型企业创业的能力，进行岗位创新创业的能力。不断发展自身

① 吴学松．应用型本科院校创新创业教育现状、问题与对策[J].教育与职业，2020(5)：56-61.

② 牛欣欣．基于区域特色的地方大学创业教育探析[J].教育发展研究，2014，34(3)：56-60.

技术技能的能力。以创业带动创新为高职高专院校创新创业教育的导向主要是基于其特有的优势和人才培养模式。高职院校开展创新创业教育有三大优势：首先，高职院校培养的是技术技能型人才，与市场需要结合紧密，从而更容易创业；其次，高职院校具有校企合作育人的基础，更有利于创新成果转化；最后，高职学生普遍具有抗挫折力强的品质，从而更适于创业。[①] 从人才培养模式看，高职高专院校在人才培养过程中尤为重视对学生动手能力的培养，其实践课程在其课程体系中占据很大的份额，三年的学制可能有一半的时间会在真实的工作场所中进行学习，高职院校通常会与企业合作一起培养学生。此外，高职高专院校中的专业多与服务行业或是制造业相关，专业设置主要以市场为导向，如电子商务、烹饪、汽车制造与服务、机械制造等，在课程开设上也会根据市场变化而改动，课程内容需要针对工作岗位的变化、技能要求的变动不断调整，教师在教育中会更加关心市场、行业的发展，这种特点也有助于学生进行创业。

2. 高职高专院校开展创新创业教育的要点

总体而言，高职高专院校在开展创新创业教育过程中要“以创业带动创新”为导向。具体而言，可以从以下几个方面切入与着力：

一是将工匠精神、企业家精神、技术应用与转化能力、改进型创造能力、实用新型和外观设计型创新意识与能力、市场机会识别能力、市场风险防范能力、进行中小型企业创业能力、不断发展自身技术技能能力等作为创新创业教育的核心目标。

二是基于学校的实践教学体系构建创新创业教育的实践体系。相对于研究型大学与应用型大学，高职高专院校教学资源丰富、教学方法成熟、实践教学体系系统，因而，创新创业教育实践体系可以在此基础上进行构建，强调学生“做中学”“做中创业”，引导学生在实践中发现创业与创新的机会。

三是重视校企合作在创新创业教育中发挥的作用。首先，以校企合作为纽带，以大学生创新创业园区为依托，以创新创业项目的产业化（孵化）为目标，实现创新创业的点子生根、开花和结果；其次，基于校企合作，设置个性化的创新创业教育课程，与合作企业共同开设创新创业课程；再次，基于校企合作，打造一支具有丰富实战经验的创新创业教育师资队伍，帮助学生掌握新技

① 王洪才，刘隽颖，韩竹. 中国特色的高职“双创”教育模式探索：以宁波职业技术学院“1234”创新创业教育模型建构为案例[J]. 教育学术月刊，2018(2)：56-64.

术、新工艺以及新设备，并通过技术型或工艺型创新创业项目，指导学生拓展创新思维、孵化创新创业项目，让学生在项目策划、执行和评价中成为创新创业项目的主体；最后，构建创新创业实践共同体，实现“校内教师＋学生＋创新导师＋企业技术人员”协同攻关，培育和孵化优秀创新创业项目，让学生在“真刀真枪”的实战环境中提升创新创业能力，让好的创新创业“点子”转化为现实的生产力。①

第三节　深化创新创业教育分类发展的核心问题及思考

分类发展是深化推进创新创业教育的必由之路，但当前高校的创新创业教育分类发展还面临着诸多问题，例如，本书研究发现，不管是研究型高校，还是应用型本科高校，抑或是高职高专院校，创新创业教育的实效都不甚理想，创新创业教育的供给也远未能让人满意，不同类型高校的创新创业教育模式与实践活动特色不明显等，这些问题都关乎创新创业教育高质量发展的实现，可能是未来研究与创新的方向所在。

一、个体创新创业能力发展规律探究与揭示

要深化创新创业教育分类发展，未来研究需要进一步探究与揭示个体创新创业能力的发展规律，需要明晰大学教育在个体创新创业能力发展中扮演的角色，需要找到大学教育在培养个体创新创业能力中的发力点与路径，需要进一步揭示教学与课程促进学生创新创业能力发展的机理与路径。

（一）个体创新创业能力发展的规律性、关键期和高峰期及特点有待揭示

发展心理学的相关研究表明，人类个体的能力发展具有规律性与阶段性：婴儿阶段（0～3 岁）是人类智慧发生和开始发展的时期，皮亚杰将该时期称为感知运动阶段；学龄前期（3～6、7 岁）是儿童心理发展的关键期，在该时期，儿童的感觉、知觉、记忆、思维、语言、动作及人格都会出现质的飞跃；学龄儿童期（6、7～10、11 岁）是儿童心理过程的全面发展时期，在该时期儿童的心理发展

① 乐乐，雷世平．高职院校创新创业教育模式研究[J]．职教论坛，2019(9)：31-36．

是迅速的，尤其是智力和思维能力，同时，儿童的心理发展是协调的，特别是在道德方面，这是人一生中道德品质发展最为协调的阶段，在该阶段，儿童的自我意识也不断发展；青少年期（11、12～17、18 岁）则是人的一生中最宝贵又有特色的时期，是人生中的黄金时代之一，在该时期青少年的身心都在迅速成长，不仅身体上会发育达到成人的指标，在思维能力方面也迅速得到发展，并且智力、思维能力发展会显现出性别差异；成年前期（18～35 岁），大学生正处于该时期，在该时期，个体的智力发展达到"鼎盛"时期，也是人生走向鼎盛的阶段，个体的一般能力都发展齐全、成熟，而且几乎都达到"高峰"，且出现高原期。[①] 创新创业能力的发展实际上是创新创业人格的发展，其既涉及社会能力的发展，也涉及思维能力的发展，那这种能力的发展有何规律？其发展的关键期和高峰期处于个体生命周期的什么阶段？发展有何特点？大学阶段是不是创新创业能力发展的关键期？研究发现，大学生的创新创业能力并未随年级增长而增长，这是否说明大学时期并非创新创业能力发展的关键期？是否儿童期与青少年时期才是创新创业能力发展的关键时期？如果是，那创新创业教育是否应该在小学和中学阶段就进行推行？

（二）大学教育在个体创新创业能力发展中扮演的角色有待探明

研究发现，不管是研究型高校，还是应用型本科高校，抑或是高职高专院校，学生的创新创业能力整体水平都不高，并且都未随年级增长而增长，这是否证明大学期间是一个人生发展的重要转折期？过去无数个大学学情研究都揭示了大学生在进入学校后存在一个适应期，是否正是大学生进行自我发展模式变革的反映？如果是的话，则说明大学教育促进了个体发展成熟，促进了个体自我认知模式革新，促进了个体心理的主动调适。换言之，大学教育与中小学教育之间的变化不是一种量变，而是一种质变。如果这个结论成立，则需要我们重新定位大学教育的意义，重新审视大学生成长发展规律，如此就为大学教育模式改革提供了第一手资料。如果这个结论成立，还需要我们思考以下问题：大学教育在个体创新创业能力发展中扮演什么角色？大学的创新创业教育应该如何作为？

---

①林崇德．发展心理学[M]．杭州：浙江教育出版社，2002：218-220，282-285，357-358，413-415，472-474．

（三）大学教育在个体创新创业能力发展中的作用有待进一步规划

研究发现，在研究型案例高校中，创新教学方式和资源支持对大学生创新创业能力的影响是负向的，而课外活动投入、课外自学投入、师生互动、工具利用、制度环境、教师自主支持、教师情感及能力支持、课程教学管理、教师教学水平这些变量对创新创业能力的影响均不显著；同样，在应用型大学中，课外活动投入、课外自学投入、课堂学习投入、生生互动、工具利用、制度环境、教师自主支持、教师情感及能力支持、课程教学管理、教师教学水平、创新教学方式这些变量对创新创业能力的影响均不显著；在高职高专案例高校中，课外活动投入、课外自学投入、课堂学习投入、师生互动、工具利用、制度环境、资源环境、教师人际支持、教师自主支持、教师情感及能力支持、课程教学管理、创新教学方式这些变量对创新创业能力的影响均不显著，此外，高职高专院校的教学水平还对学生的创新创业能力有显著负向影响。这些结果与人们的一般认知不相符合，其原因为何？大学教育在个体创新创业能力发展中应该如何发力？

（四）教学与课程应在提升大学生创新创业能力过程中发挥更大作用

本研究发现，在教学及课程支持的三个维度中，课程教学管理、教师教学水平对研究型案例高校学生的创新创业能力的影响均不显著，创新教学方式则对研究型案例高校学生的创新创业能力有显著的负向影响；教学及课程支持的三个维度对应用型案例高校学生的创新创业能力的影响均不显著；课程教学管理、创新教学方式对高职高专案例高校学生的创新创业能力的影响均不显著，但教师教学水平对创新创业能力有着显著的负向影响。这些结果一方面说明，不管是研究型大学、应用型大学，还是高职高专院校，高校的教学与课程都存在着严重的问题：高校的教学与课程不仅不能促进学生创新创业能力的发展，反而还抑制了学生创新创业能力的发展。这显然与人们的常识相悖。另一方面说明，高校当前的创新教学方式、教师教学能力水平并不能适应大学生创新创业能力发展的要求。教学与课程是人才培养的核心，因而，高校必须思考与研究什么样的教学与课程才是培养大学生的创新创业能力所需要的，不同类型高校的创新教学、课程设置如何匹配学生学习的特点才能促进他们创新创业能力的发展。

二、创新创业教育的精准供给

我国高校的创新创业教育在政府的强力推动下得到了快速发展。为推进创新创业教育，政府部门颁布了系列政策，开展了系列举措，给予了高校系列资源，为高校发展创新创业教育提供了方向和保障。但未来，创新创业教育要走向高质量发展则需要走分类发展的道路，需要政府部门加强顶层设计，精准创新创业教育政策、资源供给，激发和发挥高校办学的主体性，办出有特色的创新创业教育。

（一）政府部门应精准进行创新创业教育政策、资源供给

教育政策是高校开展教育活动的依据，也是高校发展的导向；资源供给则为高校开展教育活动提供了基本保障。但当前我国的创新创业教育政策、资源供给的精确性不足。《国家中长期教育改革和发展规划纲要（2010—2020年）》提出，提升教育质量，贯彻精准施策的思路，不断增强教育供给的精准性，增加有效供给，实质性推进教育供给侧改革。创新创业教育的分类发展需要政府部门对不同类型高校出台有针对性的政策，以引导不同类型高校构建特色鲜明的创新创业教育模式。

（二）不同类型高校应探索自己的创新创业教育特色

创新创业教育模式的创新与推广关键在学校层面，因此，高校应发挥主体作用，构建具有特色的创新创业教育体系，实现创新创业教育与专业教育的有机融合。研究发现，三类高校均构建了较为完善的创新创业教育机制，但当前不同类型高校的创新创业教育模式、创新创业教育体系的特色不明显，存在“千校一面”的情况。不同类型高校的创新创业教育该如何做出自身特色是未来需要重点探究的问题。

参考文献

一、专著

[1]陈厚丰. 中国高等学校分类与定位问题研究[M].长沙:湖南大学出版社,2004.

[2]科林·琼斯. 本科生创业教育[M].王占仁,译. 北京:商务印书馆,2016.

[3]高宣扬. 布迪厄的社会理论[M].上海:同济大学出版社,2004.

[4]王洪才,等. 大学创新教学理论与实践:后现代大学来临及其回应[M].北京:科学出版社,2018.

[5] TOUTAIN O, FAYOLLE A. Labour market uncertainty and career perspectives: competence in entrepreneurship courses [M]//MULDER M. Competence-based vocational and professional education. Cham: Springer international publishing, 2017.

[6] MULDER M. Competence-based vocational and professional education[M]. Cham: Springer international publishing, 2017.

[7] WUTTKE E, SEIFRIED J. Modeling and measurement of teacher competence: old wine in new skins? [M]// MULDER M. Competence-based vocational and professional education. Cham: Springer international publishing, 2017.

[8] DAY C. Competence-based education and teacher professional development [M]//MULDER M. Competence-based vocational and professional education. Cham: Springer international publishing, 2017.

[9] KUH G D. High-impact educational practices: what they are, who has access to them, and why they matter[M]. Washington:AACU,2008.

二、学位论文

[1]欧阳泓杰.面向创新创业能力培养的高校实践教学体系研究[D].武汉:华中师范大学,2014.

[2]黄琼萃.大学生就读经验调查[D].上海:上海师范大学,2011.

[3]迟翔蓝.基于自我决定动机理论的教师支持对大学生学习投入的影响机制研究[D].天津:天津大学,2017.

三、期刊文献

[1]王洪才.创新创业能力评价:高等教育高质量发展的真正难题与破解思路[J].江苏高教,2022(11):39-46.

[2]王洪才,刘隽颖,韩竹.中国特色的高职“双创”教育模式探索:以宁波职业技术学院“1234”创新创业教育模型建构为案例[J].教育学术月刊,2018(2):56-64.

[3]王洪才.创新创业教育必须树立的四个理念[J].中国高等教育,2016(21):13-15.

[4]王洪才,刘隽颖.大学创新创业教育核心·难点·突破点[J].中国高等教育,2017(Z2):61-63.

[5]王洪才.创新创业教育的意义、本质及其实现[J].创新与创业教育,2020,11(6):1-9.

[6]王洪才.创新创业能力的科学内涵及其意义[J].教育发展研究,2022,42(1):53-59.

[7]王洪才.创新创业能力培养:作为高质量高等教育的核心内涵[J].江苏高教,2021(11):21-27.

[8]王洪才,郑雅倩.创新创业教育的哲学假设与实践意蕴[J].高校教育管理,2020,14(6):34-40.

[9]王洪才.论创新创业教育的多重意蕴[J].江苏高教,2018(3):1-5.

[10]王洪才.创新创业教育:中国特色的高等教育发展理念[J].南京师大学报(社会科学版),2021(6):38-46.

[11]王洪才.论创新创业人才的人格特质、核心素质与关键能力[J].江苏高教,2020(12):44-51.

[12]段肖阳.论创新创业能力模型与评价指标体系构建[J].教育发展研究,2022,42(1):60-67.

[13]王洪才,郑雅倩.大学生创新创业能力测量及发展特征研究[J].华中师范大学学报(人文社会科学版),2022,61(3):155-165.

[14]王占仁.中国高校创新创业教育的学科化特性与发展取向研究[J].教育研究,2016,37(3):56-63.

[15]高卫国.高校创新创业教育接受路径研究[J].江苏高教,2020(3):92-95.

[16]雷家彬.国内高等学校分类研究述评[J].现代大学教育,2010(5):107-111.

[17]潘懋元,董立平.关于高等学校分类、定位、特色发展的探讨[J].教育研究,2009,30(2):33-38.

[18]马陆亭.我国高等学校分类的结构设计[J].北京大学教育评论,2005(2):101-107.

[19]武书连.再探大学分类[J].科学学与科学技术管理,2002(10):26-30.

[20]张德祥,牛军明.高等学校分类发展的基本环节、基本路径与保障机制[J].福建师范大学学报(哲学社会科学版),2020(1):111-119.

[21]刘振天.知识、权力与利益:高校分类发展的难题[J].北京大学教育评论,2021,19(2):146-159,192.

[22]施冠群,刘林青,陈晓霞.创新创业教育与创业型大学的创业网络构建:以斯坦福大学为例[J].外国教育研究,2009,36(6):79-83.

[23]王占仁.创新创业教育的历史由来与释义[J].创新与创业教育,2015,6(4):1-6.

[24]杨连生,王甲男,黄雪娜.体验式学习对大学生创新创业能力的影响研究[J].现代教育管理,2020(12):102-107.

[25]韩立.大学生创新创业能力现状及培养路径[J].中国高校科技,2017(1):121-123.

[26]宫毅敏,林镇国.创业竞赛对提升学生创新创业能力的影响:基于创业竞赛参赛意愿调查问卷的数据挖掘分析[J].中国高校科技,2019(12):57-60.

[27]屈廖健.美国大学院校影响因素理论模型研究[J].比较教育研究,2015,37(4):57-63.

[28]李湘萍,周作宇,梁显平.增值评价与高等教育质量保障研究:理论与方法述评[J].清华大学教育研究,2013,34(4):40-45.

[29]陆根书,刘秀英.大学生能力发展及其影响因素分析:基于西安交通大学大学生就读经历的调查[J].高等教育研究,2017,38(8):60-68.

[30]周廷勇,周作宇.高校学生发展影响因素的探索性研究[J].复旦教育论坛,2012,10(3):48-55,86.

[31]王纾.研究型大学学生学习性投入对学习收获的影响机制研究:基于2009年“中国大学生学情调查”的数据分析[J].清华大学教育研究,2011,32(4):24-32.

[32]周廷勇,周作宇,杜瑞军.大学生发展的影响因素模型:一个理论构想[J].教育学报,2016,12(5):68-80.

[33]文雯,初静,史静寰.“985”高校高影响力教育活动初探[J].高等教育研究,2014,35(8):92-98.

[34]连志鑫,史静寰.院校支持对大学生学习与发展的影响机制研究:基于中国大学生学习与发展追踪调查(CCSS)数据的探索[J].教育发展研究,2020,40(23):1-8.

[35]李硕豪.“拔尖计划”学生创造力发展影响因素实证研究[J].中国高教研究,2020(4):51-58.

[36]张学敏,林宇翔.家庭资本对大学生成长型思维水平的影响[J].重庆高教研究,2022,10(3):88-103.

[37]童星.家庭背景会影响大学生的学业表现吗?:基于国内外41项定量研究的元分析[J].南京师大学报(社会科学版),2020(5):49-59.

[38]杨立军,徐隽.区域背景如何影响大学生发展:基于CCSS调查的大学生发展指数GTWR模型分析[J].高等教育研究,2021,42(2):82-90.

[39]杨钋,许申.本专科学生能力发展的对比研究:基于“2008年首都高校学生发展状况调查”相关数据的分析[J].教育发展研究,2010,30(5):17-22.

[40]禹奇才,张俊平,张灵,等.创新性应用型人才:地方重点建设高校培养目标定位[J].中国高等教育,2010(22):42-43.

[41]王志军,武毅英.应用型高校学生创业能力现状实证分析[J].高教发展与评估,2020,36(5):105-114,120.

[42]胡海青.创业素养调查及对高校创业教育的启示[J].中国高教研究,2021(7):49-54.

[43]罗云.本科生一般学业自我及相关因素研究:基于5所高校的调查[J].中国大学教学,2012(8):90-92,78.

[44]杨立军,何祥玲.大学生发展指数:结构与水平:基于2016年CCSS调查数据的分析[J].中国高教研究,2018(12):46-52.

[45]雷万鹏,李贞义.非认知能力对初中生学业成绩的影响:基于CEPS的实证分析[J].华中师范大学学报(人文社会科学版),2021,60(6):154-163.

[46]张淳俊,陈英和.学业成就、创造力与跨学科概念图创作能力的关系[J].心理

与行为研究,2010,8(1):35-42.
[47]沃建中,王福兴,林崇德,等.不同学业成就中学生创造性思维的差异研究[J].心理发展与教育,2007(2): 29-35.
[48]乐国安,张艺,陈浩.当代大学生创业意向影响因素研究[J].心理学探新,2012,32(2):146-152.
[49]李军凯.大学生就业能力的结构及影响因素研究[J].中国青年研究,2012(11):89-92.
[50]涂冬波,史静寰,郭芳芳.中国大学生学习性投入调查问卷的测量学研究[J].复旦教育论坛,2013,11(1):55-62.
[51]查奇芬,胡蕾,汪云香.大学生课外时间分配特征及对学习收获的影响:基于2016年J大学学情数据的调查分析[J].高教探索,2017(7):44-49.
[52]李改,王斌.课外活动参与对学生领导力的影响:一般自我概念的中介作用[J].上海体育学院学报,2015(3): 75-82.
[53]周菲.学习参与、能力发展与院校认同:基于四川省“双高计划”职业院校的调查数据分析[J].南京师大学报(社会科学版),2020(5):36-48.
[54]袁建林,张亮亮.教育教学中的互动何以影响大学生能力发展:院校归属感的中介作用分析[J].大学教育科学,2020(4):105-112.
[55]陆根书,胡文静.师生、同伴互动与大学生能力发展:第一代与非第一代大学生的差异分析[J].高等工程教育研究,2015(5):51-58.
[56]秦西玲,吕林海.拔尖学生的学习参与及其批判性思维发展:基于全国12所“拔尖计划”高校的实证研究[J].江苏高教,2022(1):73-82.
[57]岳昌君,吕媛.硕士研究生创新精神特征及影响因素分析[J].复旦教育论坛,2015(6):20-25,112.
[58]高斌,朱穗京,吴晶玲.大学生手机成瘾与学习投入的关系:自我控制的中介作用和核心自我评价的调节作用[J].心理发展与教育,2021(3):400-406.
[59]王雁飞,李云健,黄悦新.大学生心理资本、成就目标定向与学业成就关系研究[J].高教探索,2011(6):128-136,148.
[60]潘炳如,顾建民.在培养过程中影响研究生创新能力的因素有哪些[J].江苏高教,2022(2):74-81.
[61]赵福菓,李媛.中学教师教学效能感与心理健康水平的相关研究[J].心理科学,2002(6):738-739.
[62]王才康,刘勇.一般自我效能感与特质焦虑、状态焦虑和考试焦虑的相关研究[J].中国临床心理学杂志,2000(4):229-230.

[63]梅红，任之光，冯国娟，等．创新支持是否改变了在校大学生的创新行为？[J].复旦教育论坛，2015(6):26-32.

[64]雷万鹏，李贞义．教师支持对农村留守儿童非认知能力的影响：基于CEPS数据的实证分析[J].华中师范大学学报(人文社会科学版)，2020(6):160-168.

[65]风笑天．定性研究与定量研究的差别及其结合[J].江苏行政学院学报，2017(2):70-76.

[66]李硕豪，魏昌廷．我国高等教育布局结构分析：基于1998-2009年的数据[J].教育发展研究，2011(3):8-13.

[67]宋跃芬，潘文华，田起香，等．国内创新创业教育评价研究现状及主题述评[J].黑龙江高教研究，2020，38(6):126-131.

[68]余潇潇，刘源浩．基于三螺旋的研究型大学创新创业教育模式探索与实践[J].清华大学教育研究，2016，37(5):111-115.

[69]朱家德．高校创业学院的组织特征分析：基于首批深化创新创业教育改革示范高校的实证数据[J].中国高教研究，2017(11):49-53.

[70]朱泓．DL大学实施大学生创新创业训练计划报告[J].中国大学教学，2015(1):75-78.

[71]余魅，王冠，彭小丹．构建"普惠性"大学生创新创业教育体系的探索与实践[J].中国大学教学，2018(4):48-50.

[72]宋金波，吕一博，孙力，等．管经专业学位研究生3C实践创新课程体系构建[J].学位与研究生教育，2018(6):38-43.

[73]王小新，苗晶磊．大学生学业自我效能感、自尊与学习倦怠关系研究[J].东北师大学报(哲学社会科学版)，2012(1):192-196.

[74]胡万山．北京市属高校大学生学习活动质量实证研究[J].北京社会科学，2018(6):24-37.

[75]周廷勇，周作宇．关于大学师生交往状况的实证研究[J].高等教育研究，2005(3):79-84.

[76]鲍乃源，董玉琦，李美琳．基于智能设备的大学生学习现状调查研究[J].现代远距离教育，2019(1):90-96.

[77]李春玲，郭亚平．大学校园里的竞争还要靠"拼爹"吗?：家庭背景在大学生人力资本形成中的作用[J].社会学研究，2021，36(2):138-159，228-229.

[78]牛新春，杨菲，杨滢．保研制度筛选了怎样的学生：基于一所研究型大学的实证案例研究[J].教育发展研究，2019，38(9):1-10.

[79]鲁云鹏，霍静波．高校学生社团社会资本要素及其影响因素的实证研究[J].

黑龙江高教研究,2022,40(4):33-38.
[80]黄小欧,庞学光.大学生学习力现状调查[J].高教探索,2020(11):47-51.
[81]吕林海,张红霞.中国研究型大学本科生学习参与的特征分析:基于12所中外研究型大学调查资料的比较[J].教育研究,2015,36(9):51-63.
[82]吴凡.我国研究型大学本科生学习时间与学业任务的调查研究[J].高等教育研究,2018,39(11):71-78.
[83]史秋衡,王芳.我国大学生就业能力的结构问题及要素调适[J].教育研究,2018,39(4):51-61.
[84]杨冬,孙士茹.内涵式发展视域下大学创新创业教育的困境审视与路径选择[J].黑龙江高教研究,2021,39(7):96-102.
[85]吴秋翔,崔盛.学生干部与学业成绩不可兼得?:基于北京市大学生追踪调查数据的研究[J].复旦教育论坛,2019,17(4):71-79.
[86]崔盛,吴秋翔.信号识别还是能力提升:高校学生干部就业影响机制研究[J].北京大学教育评论,2018,16(1):138-158,191.
[87]黄璐,魏宏皓.学术性社团活动对大学生创新实践能力的影响研究[J].中国大学教学,2018(4):38-42.
[88]吕林海,龚放.中美研究型大学本科生学习经历满意度的比较研究——基于SERU调查的实证分析[J].清华大学教育研究,2016,37(2):24-34.
[89]王洪才.拔尖创新人才培养:理论、实践与挑战[J].教育学术月刊,2016(12):3-10.
[90]莫甲凤.中国研究型大学人才培养模式:概念模型与基本特征:基于全国15所“985工程”高校学生的调查分析[J].中国高教研究,2016(9):69-76.
[91]郭卉,姚源.研究型大学教师教学和科研工作关系十年变迁:基于CAP和APIKS调查[J].中国高教研究,2020(2):77-84.
[92]郭卉,刘琳,彭湃,等.参与科研对理工科大学生创新素质影响的实证研究[J].高等工程教育研究,2014(2):106-111.
[93]徐丹,戴文静,刘声涛.研究型大学生师互动对学业成就的影响:是否因学生背景特征而异[J].大学教育科学,2020(2):119-127.
[94]郭涛.应用型本科高校创新创业教育模式的探索[J].学校党建与思想教育,2017(11):78-80.
[95]张彦.高校创新创业教育的观念辨析与战略思考[J].中国高等教育,2010(23):45-46.
[96]祝成林,和震.基于“过程—结果”的高职院校创新创业教育质量评价研究

[J].南京师大学报(社会科学版). 2020(3):63-71.

[97]Bechard J P, Toulouse J M. Validation of a didactic model for the analysis of training objectives in entrepreneurship[J]. Journal of business venturing, 1998, 13(4):317-332.

[98] CHANDLER G N, HANKS S H. Measuring the performance of emerging businesses: a validation study[J]. Journal of business venturing, 1993, 8(5): 391-408.

[99]BARBARA B. Toward a theory of entrepreneurial competency[J]. Advances in entrepreneurship, 1995, 21:115-131.

[100]ASTIN A W. The methodology of research on college impact, part one[J]. Sociology of education. 1970, 43(3):223-254.

[101]OINONEN E. Under pressure to become—from a student to entrepreneurial self[J]. Journal of youth studies, 2018, 21(10):1344-1360.

[102] FELDMAN J M. Towards the post-university: centres of higher learning and creative spaces as economic development and social change agents [J]. Economic & industrial democracy, 2001, 22(1):99-142.

[103]HARRIS S R, FORBES T, FLETCHER M, et al. Taught and enacted strategic approaches in young enterprises[J]. International journal of entrepreneurial behaviour & research, 2000, 6(3):125-145.

[104] RAFFO C, LOVATT A, BANKS M, et al. Teaching and learning entrepreneurship for micro and small businesses in the cultural industries sector[J]. Education + training, 2000, 42(6):356-365.

[105] HARRISON R T, LEITCH C M. Entrepreneurial learning: researching the interface between learning and the entrepreneurial context [J]. Entrepreneurship: theory & practice, 2005, 29(4):351-371.

[106] ILONEN S. Creating an entrepreneurial learning environment for entrepreneurship education in HE: the educator's perspective[J]. Industry and higher education, 2021, 35(4):518-530.

[107]PEPIN M. Enterprise education: a deweyan perspective[J]. Education + training, 2012, 54(8/9):801-812.

[108]MEZIROW J. Transformative learning: theory to practice[J]. New directions for adult and continuing education, 1997(74):5-12.

[109]CHEUNG C K. An overview of entrepreneurship education programmes in Hong

Kong[J]. Journal of vocational education & training, 2008, 60(3): 241-255.
[110]DAVEY T, HANNON P, PENALUNA A. Entrepreneurship education and the role of universities in entrepreneurship: introduction to the special issue[J]. Industry & higher education, 2016, 30(3): 171-182.

四、电子文献

[1]教育部关于做好2016届全国普通高等学校毕业生就业创业工作的通知[EB/OL].(2015-12-01)[2022-09-13]. http://www.moe.gov.cn/srcsite/A15/s3265/201512/t20151208_223786.html.
[2]国家中长期教育改革和发展规划纲要(2010—2020年)[EB/OL].(2010-07-29)[2022-09-13]. http://www.moe.gov.cn/srcsite/A01/s7048/201007/t20100729_171904.html.
[3]中共中央办公厅 国务院办公厅印发《关于深化教育体制机制改革的意见》[EB/OL].(2017-09-24)[2022-09-13].http://www.gov.cn/zhengce/2017-09/24/content_5227267.htm? isappinstalled=0.
[4]关于深化高等学校创新创业教育改革的实施意见[EB/OL].(2015-05-13)[2022-09-13].http://www.gov.cn/gongbao/content/2015/content_2868465.htm.
[5]教育部关于深化本科教育教学改革全面提高人才培养质量的意见[EB/OL].(2019-10-08)[2022-06-25]. http://www.moe.gov.cn/srcsite/A08/s7056/201910/t20191011_402759.html.
[6]教育部教育督导局负责人就《普通高等学校本科教育教学审核评估实施方案(2021—2025年)》答记者问[EB/OL].(2021-02-07)[2021-11-01].http://www.gov.cn/zhengce/2021-02/07/content_5585686.htm.
[7]国务院办公厅关于进一步支持大学生创新创业的指导意见[EB/OL].(2021-09-22)[2022-11-22]. http://www.gov.cn/zhengce/zhengceku/2021-10/12/content_5642037.htm.
[8]中华人民共和国职业教育法[EB/OL].(2022-04-21)[2022-11-25].http://www.moe.gov.cn/jyb_sjzl/sjzl_zcfg/zcfg_jyfl/202204/t20220421_620064.html.

五、报纸

[1]黄兆信.高校创业教育应以“岗位创业”为导向[N].光明日报,2016-11-08(13).
[2]史静寰,赵琳,王鹏,等.本科教育怎么样?[N].光明日报,2012-06-19(15).

附　录

附录一：大学生创新创业能力量表

请指出您对以下陈述的同意程度：[单选题]

1. 我认为自己是一个有价值的人。

○非常不同意　○不同意　○不确定　○同意　○非常同意

2. 总体来说，我对自己是满意的。

○非常不同意　○不同意　○不确定　○同意　○非常同意

3. 我知道自己是怎样的人。

○非常不同意　○不同意　○不确定　○同意　○非常同意

4. 我觉得自己有能力成就一番事业。

○非常不同意　○不同意　○不确定　○同意　○非常同意

5. 我相信自己能够很好地解决各种问题。

○非常不同意　○不同意　○不确定　○同意　○非常同意

6. 我清晰地知道自己的优势。

○非常不同意　○不同意　○不确定　○同意　○非常同意

7. 我了解自己的性格。

○非常不同意　○不同意　○不确定　○同意　○非常同意

8. 我了解自己的兴趣。

○非常不同意　○不同意　○不确定　○同意　○非常同意

9. 我对自己未来发展方向有清晰的认识。

○非常不同意　○不同意　○不确定　○同意　○非常同意

10. 我能决定自己的发展道路。

○非常不同意 ○不同意 ○不确定 ○同意 ○非常同意

11. 我能够很好地掌控自己的行动。

○非常不同意 ○不同意 ○不确定 ○同意 ○非常同意

12. 我能够很好地判断外界形势变化。

○非常不同意 ○不同意 ○不确定 ○同意 ○非常同意

13. 我有明确的发展目标。

○非常不同意 ○不同意 ○不确定 ○同意 ○非常同意

14. 我的目标需要我全力以赴去实现。

○非常不同意 ○不同意 ○不确定 ○同意 ○非常同意

15. 我为自己制定了短期目标和中长期目标。

○非常不同意 ○不同意 ○不确定 ○同意 ○非常同意

16. 做事情前我都要先明确自己的目标。

○非常不同意 ○不同意 ○不确定 ○同意 ○非常同意

17. 我知道该如何实现自己的目标。

○非常不同意 ○不同意 ○不确定 ○同意 ○非常同意

18. 我做事情前都会做任务分解。

○非常不同意 ○不同意 ○不确定 ○同意 ○非常同意

19. 在任务分解时我都会区分重点与难点。

○非常不同意 ○不同意 ○不确定 ○同意 ○非常同意

20. 我做事情前会把任务分解到具体行动步骤。

○非常不同意 ○不同意 ○不确定 ○同意 ○非常同意

21. 每一步行动计划都有确定的期限。

○非常不同意 ○不同意 ○不确定 ○同意 ○非常同意

22. 进行计划时,我都会留出一定的余地。

○非常不同意 ○不同意 ○不确定 ○同意 ○非常同意

23. 我能快速获取到想要的资源。

○非常不同意 ○不同意 ○不确定 ○同意 ○非常同意

24. 我能充分利用现有的资源以实现目标。

○非常不同意 ○不同意 ○不确定 ○同意 ○非常同意

25. 我能主动拓展原有的资源以实现目标。

○非常不同意 ○不同意 ○不确定 ○同意 ○非常同意

26. 一旦制定了规划，我就会立马采取行动。

○非常不同意　○不同意　○不确定　○同意　○非常同意

27. 我一直在寻找更好的方式以实现目标。

○非常不同意　○不同意　○不确定　○同意　○非常同意

28. 我善于把想法付诸实践。

○非常不同意　○不同意　○不确定　○同意　○非常同意

29. 即使别人不主动，我也会迅速采取行动。

○非常不同意　○不同意　○不确定　○同意　○非常同意

30. 我经常创造条件去实现我的目标。

○非常不同意　○不同意　○不确定　○同意　○非常同意

31. 我喜欢接受挑战。

○非常不同意　○不同意　○不确定　○同意　○非常同意

32. 我喜欢大胆尝试新方案。

○非常不同意　○不同意　○不确定　○同意　○非常同意

33. 我是一个雄心勃勃的人。

○非常不同意　○不同意　○不确定　○同意　○非常同意

34. 我喜欢开拓未知领域。

○非常不同意　○不同意　○不确定　○同意　○非常同意

35. 即使明知有风险，我也会试一试。

○非常不同意　○不同意　○不确定　○同意　○非常同意

36. 我喜欢承担有挑战性的任务。

○非常不同意　○不同意　○不确定　○同意　○非常同意

37. 我通常可以迅速做出决定。

○非常不同意　○不同意　○不确定　○同意　○非常同意

38. 我总是能做出正确的决定。

○非常不同意　○不同意　○不确定　○同意　○非常同意

39. 我在决策时不害怕失败。

○非常不同意　○不同意　○不确定　○同意　○非常同意

40. 我喜欢以我自己的方式行事。

○非常不同意　○不同意　○不确定　○同意　○非常同意

41. 我通常不会犹豫不决。

○非常不同意　○不同意　○不确定　○同意　○非常同意

42. 一旦做出决定后，我就不会后悔。

○非常不同意 ○不同意 ○不确定 ○同意 ○非常同意

43. 我能够流利自如地表达自己的想法。

○非常不同意 ○不同意 ○不确定 ○同意 ○非常同意

44. 在公共场合我能够从容地发言。

○非常不同意 ○不同意 ○不确定 ○同意 ○非常同意

45. 别人总是很容易理解我所说的话。

○非常不同意 ○不同意 ○不确定 ○同意 ○非常同意

46. 与他人沟通时，我能在合适的时候做出回应。

○非常不同意 ○不同意 ○不确定 ○同意 ○非常同意

47. 我擅长与人沟通。

○非常不同意 ○不同意 ○不确定 ○同意 ○非常同意

48. 在与他人合作时，我能够考虑不同人的想法。

○非常不同意 ○不同意 ○不确定 ○同意 ○非常同意

49. 我喜欢和别人合作。

○非常不同意 ○不同意 ○不确定 ○同意 ○非常同意

50. 我注重与团队成员密切配合。

○非常不同意 ○不同意 ○不确定 ○同意 ○非常同意

51. 工作中，我通常会考虑双方的利益。

○非常不同意 ○不同意 ○不确定 ○同意 ○非常同意

52. 我能够尊重他人不同的观点和建议。

○非常不同意 ○不同意 ○不确定 ○同意 ○非常同意

53. 我能主动调解团队成员的意见分歧。

○非常不同意 ○不同意 ○不确定 ○同意 ○非常同意

54. 我都会与意见不一致的人去沟通。

○非常不同意 ○不同意 ○不确定 ○同意 ○非常同意

55. 我总是想办法促进大家团结。

○非常不同意 ○不同意 ○不确定 ○同意 ○非常同意

56. 当我与他人有分歧时，我能开诚布公地讨论。

○非常不同意 ○不同意 ○不确定 ○同意 ○非常同意

57. 我善于发现机会。

○非常不同意 ○不同意 ○不确定 ○同意 ○非常同意

58. 我擅长于将问题转化为机会。

○非常不同意 ○不同意 ○不确定 ○同意 ○非常同意

59. 我能够评估潜在机会中的优势与劣势。

○非常不同意 ○不同意 ○不确定 ○同意 ○非常同意

60. 我能够抓住难得的机会并采取行动。

○非常不同意 ○不同意 ○不确定 ○同意 ○非常同意

61. 我可以忍受不确定的状态。

○非常不同意 ○不同意 ○不确定 ○同意 ○非常同意

62. 不确定的状态对我影响不大。

○非常不同意 ○不同意 ○不确定 ○同意 ○非常同意

63. 我可以忍受意外的突然降临。

○非常不同意 ○不同意 ○不确定 ○同意 ○非常同意

64. 我能够平静地接受不确定状态。

○非常不同意 ○不同意 ○不确定 ○同意 ○非常同意

65. 在行动中,不确定性不会阻止我前进。

○非常不同意 ○不同意 ○不确定 ○同意 ○非常同意

66. 我经常尝试采用新的方法解决生活中出现的问题。

○非常不同意 ○不同意 ○不确定 ○同意 ○非常同意

67. 我经常会从不同的角度来思考问题。

○非常不同意 ○不同意 ○不确定 ○同意 ○非常同意

68. 我经常冒险去支持新的想法或创意。

○非常不同意 ○不同意 ○不确定 ○同意 ○非常同意

69. 我经常检验新方法的有效性。

○非常不同意 ○不同意 ○不确定 ○同意 ○非常同意

70. 我能够创造性地解决问题。

○非常不同意 ○不同意 ○不确定 ○同意 ○非常同意

71. 我善于产生新颖的想法。

○非常不同意 ○不同意 ○不确定 ○同意 ○非常同意

72. 每次行动我都要设想一下各种可能的风险。

○非常不同意 ○不同意 ○不确定 ○同意 ○非常同意

73. 一出现危机状况我就立即启动预案。

○非常不同意 ○不同意 ○不确定 ○同意 ○非常同意

74. 每次行动时，我都要选择最合适的时机。

○非常不同意　○不同意　○不确定　○同意　○非常同意

75. 我做事都会提前做好备选方案。

○非常不同意　○不同意　○不确定　○同意　○非常同意

76. 我善于从不利角度思考并采取对策。

○非常不同意　○不同意　○不确定　○同意　○非常同意

77. 我经常能够从失败中学到很多东西。

○非常不同意　○不同意　○不确定　○同意　○非常同意

78. 我经常总结经验与教训。

○非常不同意　○不同意　○不确定　○同意　○非常同意

79. 我会反思最初制定的目标是否合适。

○非常不同意　○不同意　○不确定　○同意　○非常同意

80. 我会反思工作方法是否合适。

○非常不同意　○不同意　○不确定　○同意　○非常同意

81. 我会及时调整任务安排中的不妥之处。

○非常不同意　○不同意　○不确定　○同意　○非常同意

82. 不论未来会发生什么，我都会乐观对待。

○非常不同意　○不同意　○不确定　○同意　○非常同意

83. 我总能看到事情光明的一面。

○非常不同意　○不同意　○不确定　○同意　○非常同意

84. 我相信阳光总在风雨后。

○非常不同意　○不同意　○不确定　○同意　○非常同意

85. 当遇到不确定的事情时，我通常期盼最好的结果。

○非常不同意　○不同意　○不确定　○同意　○非常同意

86. 我凡事都看得开，几乎没有沮丧的时候。

○非常不同意　○不同意　○不确定　○同意　○非常同意

87. 我认为任何问题都有很多解决方法。

○非常不同意　○不同意　○不确定　○同意　○非常同意

88. 目前，我认为自己在生活和学习上相当成功。

○非常不同意　○不同意　○不确定　○同意　○非常同意

89. 目前，我正精力充沛地追求自己的目标。

○非常不同意　○不同意　○不确定　○同意　○非常同意

90. 我能想出很多办法来实现我目前的目标。

○非常不同意 ○不同意 ○不确定 ○同意 ○非常同意

91. 为了实现目标，我可以长期坚持不懈。

○非常不同意 ○不同意 ○不确定 ○同意 ○非常同意

92. 我无论如何都会去解决遇到的难题。

○非常不同意 ○不同意 ○不确定 ○同意 ○非常同意

93. 我能做到迎难而上。

○非常不同意 ○不同意 ○不确定 ○同意 ○非常同意

附录二　大学生(创新创业)能力发展及学习体验调查问卷

亲爱的同学：

您好！非常感谢您在忙碌中参与此次调查。本量表由厦门大学教育研究院创新创业教育研究团队研发，旨在测量大学生能力及学习体验，帮助贵校提高教育质量。贵校的发展，离不开您的发声！

本量表填写仅需10分钟左右，为匿名测试，测试结果仅用于学术分析，请您放心填写！

认真完整填写问卷的学生将会获得3～5元金额不等的红包，红包在审核通过后发放。

在此谨对您的协助与支持，致以最诚挚的谢意！

第一部分　背景信息

1. 您的性别：[单选题]

○男　○女

2. 您的年级：[单选题]

○大一　○大二　○大三　○大四及以上

3. 您的专业所在学科门类：[单选题]

○哲学　○经济学　○法学　○教育学　○文学　○历史学

○理学　○工学　○农学　○医学　○管理学　○艺术学

4. 您的家庭所在地：[单选题]

○农村　○乡镇　○县城　○地级市　○省会城市

5. 您现在的学业成绩排名是：[单选题]

○前25%　○26%～50%　○51%～75%　○后25%

6. 您在大学期间的学生干部经历：[单选题]

○无　○1年及以下　○1～2年(含)　○2～3年(含)　○3年以上

7. 您在大学期间的社团经历：[单选题]

○无　○1年及以下　○1～2年(含)　○2～3年(含)　○3年以上

8. 您在大学期间平均每周兼职时长大约为：[单选题]

○无　○3 小时及以内　○3～6 小时(含)　○6～10 小时(含)

○10 小时以上

9. 您在大学期间的创业时长：[单选题]

○无　○3 个月及以内　○3～6 个月(含)　○6～12 个月(含)

○一年以上

10. 父亲的受教育程度：[单选题]

○小学及以下　○初中　○中专　○高中　○大专　○本科

○硕士　○博士

11. 母亲的受教育程度：[单选题]

○小学及以下　○初中　○中专　○高中　○大专　○本科

○硕士　○博士

12. 家庭成员中是否有创业经历：[单选题]

○有　○无

13. 未来发展意向：[单选题]

○暂无　○升学　○就业　○创业

14. 是否有职业规划：[单选题]

○暂无　○有，但不清晰　○有，很清晰

15. 您的学费主要来源：[单选题]

○自己　○父母　○奖学金　○贷款　○其他 ________

16. 您的生活费主要来源：[单选题]

○自己　○父母　○奖学金　○贷款　○其他 ________

17. 在校期间是否获得过奖学金：[单选题]

○是　○否

18. 是否选修或辅修第二学位/专业。[单选题]

○是　○否

19. 如果再来一次，是否还会选择在本校就读。[单选题]

○是　○否

20. 学校提供了对我有帮助的导师制。[单选题]

○非常不同意　○不同意　○不确定　○同意　○非常同意

第二部分 大学生能力发展

请指出您对以下陈述的同意程度:[单选题]

1. 我认为自己是一个有价值的人。

○非常不同意 ○不同意 ○不确定 ○同意 ○非常同意

2. 总体来说,我对自己是满意的。

○非常不同意 ○不同意 ○不确定 ○同意 ○非常同意

3. 我知道自己是怎样的人。

○非常不同意 ○不同意 ○不确定 ○同意 ○非常同意

4. 我觉得自己有能力成就一番事业。

○非常不同意 ○不同意 ○不确定 ○同意 ○非常同意

5. 我了解自己的性格。

○非常不同意 ○不同意 ○不确定 ○同意 ○非常同意

6. 我了解自己的兴趣。

○非常不同意 ○不同意 ○不确定 ○同意 ○非常同意

7. 我对自己未来发展方向有清晰的认识。

○非常不同意 ○不同意 ○不确定 ○同意 ○非常同意

8. 我能决定自己的发展道路。

○非常不同意 ○不同意 ○不确定 ○同意 ○非常同意

9. 我能够很好地掌控自己的行动。

○非常不同意 ○不同意 ○不确定 ○同意 ○非常同意

10. 我的目标需要我全力以赴。

○非常不同意 ○不同意 ○不确定 ○同意 ○非常同意

11. 我为自己制定了短期目标和中长期目标。

○非常不同意 ○不同意 ○不确定 ○同意 ○非常同意

12. 做事情前我都要先明确自己的目标。

○非常不同意 ○不同意 ○不确定 ○同意 ○非常同意

13. 我做事情前都会做任务分解。

○非常不同意 ○不同意 ○不确定 ○同意 ○非常同意

14. 在任务分解时我都会区分重点与难点。

○非常不同意 ○不同意 ○不确定 ○同意 ○非常同意

15. 我做事情前会把任务分解到具体行动步骤。

○非常不同意 ○不同意 ○不确定 ○同意 ○非常同意

16. 我能主动拓展原有的资源以实现目标。

○非常不同意 ○不同意 ○不确定 ○同意 ○非常同意

17. 即使别人不主动,我也会迅速采取行动。

○非常不同意 ○不同意 ○不确定 ○同意 ○非常同意

18. 我经常创造条件去实现我的目标。

○非常不同意 ○不同意 ○不确定 ○同意 ○非常同意

19. 我喜欢接受挑战。

○非常不同意 ○不同意 ○不确定 ○同意 ○非常同意

20. 我喜欢开拓未知领域。

○非常不同意 ○不同意 ○不确定 ○同意 ○非常同意

21. 我喜欢承担有挑战性的任务。

○非常不同意 ○不同意 ○不确定 ○同意 ○非常同意

22. 我在决策时不害怕失败。

○非常不同意 ○不同意 ○不确定 ○同意 ○非常同意

23. 我通常不会犹豫不决。

○非常不同意 ○不同意 ○不确定 ○同意 ○非常同意

24. 一旦做出决定后,我就不会后悔。

○非常不同意 ○不同意 ○不确定 ○同意 ○非常同意

25. 我能够流利自如地表达自己的想法。

○非常不同意 ○不同意 ○不确定 ○同意 ○非常同意

26. 在公共场合我能够从容地发言。

○非常不同意 ○不同意 ○不确定 ○同意 ○非常同意

27. 别人总是很容易理解我所说的话。

○非常不同意 ○不同意 ○不确定 ○同意 ○非常同意

28. 我注重与团队成员密切配合。

○非常不同意 ○不同意 ○不确定 ○同意 ○非常同意

29. 工作中,我通常会考虑双方的利益。

○非常不同意 ○不同意 ○不确定 ○同意 ○非常同意

30. 我能够尊重他人不同的观点和建议。

○非常不同意 ○不同意 ○不确定 ○同意 ○非常同意

31. 我善于发现机会。

〇非常不同意　〇不同意　〇不确定　〇同意　〇非常同意

32. 我擅长于将问题转化为机会。

〇非常不同意　〇不同意　〇不确定　〇同意　〇非常同意

33. 我能够评估潜在机会中的优势与劣势。

〇非常不同意　〇不同意　〇不确定　〇同意　〇非常同意

34. 我可以忍受不确定的状态。

〇非常不同意　〇不同意　〇不确定　〇同意　〇非常同意

35. 不确定的状态对我影响不大。

〇非常不同意　〇不同意　〇不确定　〇同意　〇非常同意

36. 我能够平静地接受不确定状态。

〇非常不同意　〇不同意　〇不确定　〇同意　〇非常同意

37. 我经常尝试采用新的方法解决生活中出现的问题。

〇非常不同意　〇不同意　〇不确定　〇同意　〇非常同意

38. 我经常会从不同的角度来思考问题。

〇非常不同意　〇不同意　〇不确定　〇同意　〇非常同意

39. 我经常冒险去支持新的想法或创意。

〇非常不同意　〇不同意　〇不确定　〇同意　〇非常同意

40. 一出现危机状况我就立即启动预案。

〇非常不同意　〇不同意　〇不确定　〇同意　〇非常同意

41. 每次行动时，我都要选择最合适的时机。

〇非常不同意　〇不同意　〇不确定　〇同意　〇非常同意

42. 我做事都会提前做好备选方案。

〇非常不同意　〇不同意　〇不确定　〇同意　〇非常同意

43. 我经常总结经验与教训。

〇非常不同意　〇不同意　〇不确定　〇同意　〇非常同意

44. 我会反思最初制定的目标是否合适。

〇非常不同意　〇不同意　〇不确定　〇同意　〇非常同意

45. 我会反思工作方法是否合适。

〇非常不同意　〇不同意　〇不确定　〇同意　〇非常同意

46. 不论未来会发生什么，我都会乐观对待。

〇非常不同意　〇不同意　〇不确定　〇同意　〇非常同意

47. 我总能看到事情光明的一面。

○非常不同意 ○不同意 ○不确定 ○同意 ○非常同意

48. 我相信阳光总在风雨后。

○非常不同意 ○不同意 ○不确定 ○同意 ○非常同意

49. 目前,我正精力充沛地追求自己的目标。

○非常不同意 ○不同意 ○不确定 ○同意 ○非常同意

50. 我能想出很多办法来实现我目前的目标。

○非常不同意 ○不同意 ○不确定 ○同意 ○非常同意

51. 为了实现目标,我可以长期坚持不懈。

○非常不同意 ○不同意 ○不确定 ○同意 ○非常同意

第三部分 学习体验

(一)请您指出对下列陈述的同意程度:[单选题]

1. 我认为我的学习方法总是有效的。

○非常不同意 ○不同意 ○不确定 ○同意 ○非常同意

2. 我认为自己有能力解决学习中遇到的问题。

○非常不同意 ○不同意 ○不确定 ○同意 ○非常同意

3. 我喜欢选择富有挑战性的学习任务。

○非常不同意 ○不同意 ○不确定 ○同意 ○非常同意

4. 我学习主要是为了探索知识/提高能力。

○非常不同意 ○不同意 ○不确定 ○同意 ○非常同意

5. 我对所学的内容充满好奇。

○非常不同意 ○不同意 ○不确定 ○同意 ○非常同意

6. 我会主动探索学习中遇到的难题。

○非常不同意 ○不同意 ○不确定 ○同意 ○非常同意

7. 学习能让我开心/充实/获得强烈的满足感。

○非常不同意 ○不同意 ○不确定 ○同意 ○非常同意

8. 我对所学专业很感兴趣。

○非常不同意 ○不同意 ○不确定 ○同意 ○非常同意

9. 我学习是为了获得高分。

○非常不同意 ○不同意 ○不确定 ○同意 ○非常同意

10. 我学习是为了获得奖学金。

○非常不同意　○不同意　○不确定　○同意　○非常同意

11. 我学习是为了找到好工作。

○非常不同意　○不同意　○不确定　○同意　○非常同意

12. 我学习只求通过考试。

○非常不同意　○不同意　○不确定　○同意　○非常同意

13. 我感觉手机/电脑等电子产品浪费了我太多学习时间。

○非常不同意　○不同意　○不确定　○同意　○非常同意

14. 我不能合理使用手机/电脑等电子产品。

○非常不同意　○不同意　○不确定　○同意　○非常同意

15. 我经常反思对自己有触动的事情。

○非常不同意　○不同意　○不确定　○同意　○非常同意

16. 我经常写日记/随笔/反思等。

○非常不同意　○不同意　○不确定　○同意　○非常同意

17. 我在反思后总是有很多收获。

○非常不同意　○不同意　○不确定　○同意　○非常同意

18. 我反思主要是为了找到问题的解决办法/改进措施。

○非常不同意　○不同意　○不确定　○同意　○非常同意

19. 我总是在该提交作业的时候才匆忙去做。

○非常不同意　○不同意　○不确定　○同意　○非常同意

20. 我总是说："明天就去做。"

○非常不同意　○不同意　○不确定　○同意　○非常同意

21. 我对必须要做的工作，通常也会拖几天才开始做。

○非常不同意　○不同意　○不确定　○同意　○非常同意

22. 我经常不能按时完成任务。

○非常不同意　○不同意　○不确定　○同意　○非常同意

23. 我很想得到如何按时完成任务的建议和指导。

○非常不同意　○不同意　○不确定　○同意　○非常同意

24. 我总觉得我不能合理地安排时间。

○非常不同意　○不同意　○不确定　○同意　○非常同意

25. 在学习中，老师会为我们提供选择的机会。

○非常不同意　○不同意　○不确定　○同意　○非常同意

26. 老师给出建议之前，会试着理解我们对事情的看法。

○非常不同意　○不同意　○不确定　○同意　○非常同意

27. 老师会鼓励我们提出自己的想法。

○非常不同意　○不同意　○不确定　○同意　○非常同意

28. 在课堂教学中，老师会考虑学生提出的教学建议。

○非常不同意　○不同意　○不确定　○同意　○非常同意

29. 我身边的老师很关心学生。

○非常不同意　○不同意　○不确定　○同意　○非常同意

30. 我身边的老师对学生很了解。

○非常不同意　○不同意　○不确定　○同意　○非常同意

31. 我身边的老师值得信赖。

○非常不同意　○不同意　○不确定　○同意　○非常同意

32. 当我受挫时，老师会给予鼓励。

○非常不同意　○不同意　○不确定　○同意　○非常同意

33. 老师会对我们提出明确的学习期望。

○非常不同意　○不同意　○不确定　○同意　○非常同意

34. 无论我何时遇到问题，老师都会及时提供帮助。

○非常不同意　○不同意　○不确定　○同意　○非常同意

35. 老师会认可我的表现与取得的进步。

○非常不同意　○不同意　○不确定　○同意　○非常同意

36. 针对我的学习表现，老师会提供建设性的反馈。

○非常不同意　○不同意　○不确定　○同意　○非常同意

37. 绝大多数课程采用了小组合作的形式。

○非常不同意　○不同意　○不确定　○同意　○非常同意

38. 绝大多数课程采用了小型研讨会或讨论的形式。

○非常不同意　○不同意　○不确定　○同意　○非常同意

39. 绝大多数课程采用了案例教学或模拟的教学方式。

○非常不同意　○不同意　○不确定　○同意　○非常同意

40. 绝大多数课程采用了讲授式教学方式。

○非常不同意　○不同意　○不确定　○同意　○非常同意

41. 绝大多数老师在教学中能够将理论联系实际。

○非常不同意　○不同意　○不确定　○同意　○非常同意

42. 绝大多数老师鼓励我们独立思考。

○非常不同意　○不同意　○不确定　○同意　○非常同意

43. 绝大多数老师能够在课堂上吸引并保持学生的注意力。

○非常不同意　○不同意　○不确定　○同意　○非常同意

44. 绝大多数老师激发了我的学习兴趣或者其他兴趣。

○非常不同意　○不同意　○不确定　○同意　○非常同意

45. 绝大多数老师鼓励学生自主探索。

○非常不同意　○不同意　○不确定　○同意　○非常同意

46. 绝大多数老师鼓励学生参与课堂发言、讨论、提问等。

○非常不同意　○不同意　○不确定　○同意　○非常同意

47. 绝大多数课程的作业任务合理且对我有帮助。

○非常不同意　○不同意　○不确定　○同意　○非常同意

48. 绝大多数课程提供了较多的实践和参与机会。

○非常不同意　○不同意　○不确定　○同意　○非常同意

49. 绝大多数课程的学习负担适中。

○非常不同意　○不同意　○不确定　○同意　○非常同意

50. 绝大多数课程的考核评价方式合理。

○非常不同意　○不同意　○不确定　○同意　○非常同意

51. 课程安排合理，学生自主探索时间多。

○非常不同意　○不同意　○不确定　○同意　○非常同意

52. 课程设置满足我的发展需求。

○非常不同意　○不同意　○不确定　○同意　○非常同意

53. 我的舍友都积极向上，努力奋斗。

○非常不同意　○不同意　○不确定　○同意　○非常同意

54. 我对宿舍整体氛围很满意。

○非常不同意　○不同意　○不确定　○同意　○非常同意

55. 宿舍提供了有助于学习、共同发展的环境。

○非常不同意　○不同意　○不确定　○同意　○非常同意

56. 学校提供了合理的转专业制度。

○非常不同意　○不同意　○不确定　○同意　○非常同意

57. 学校采用了合理的综合素质评价制度。

○非常不同意　○不同意　○不确定　○同意　○非常同意

58. 学校提供了充分的选课空间。

○非常不同意 ○不同意 ○不确定 ○同意 ○非常同意

59. 学校/学院提供了良好的学业支持。

○非常不同意 ○不同意 ○不确定 ○同意 ○非常同意

60. 学校/学院提供了自由探索的学习环境。

○非常不同意 ○不同意 ○不确定 ○同意 ○非常同意

61. 我对学校教学资源(如教学空间、图书馆、计算机资源等)很满意。

○非常不同意 ○不同意 ○不确定 ○同意 ○非常同意

62. 我和其他同学的关系很好。

○非常不同意 ○不同意 ○不确定 ○同意 ○非常同意

63. 我和任课老师的关系很好。

○非常不同意 ○不同意 ○不确定 ○同意 ○非常同意

64. 我和班主任/辅导员的关系很好。

○非常不同意 ○不同意 ○不确定 ○同意 ○非常同意

65. 我和办公室行政人员关系很好。

○非常不同意 ○不同意 ○不确定 ○同意 ○非常同意

66. 我和学院领导的关系很好。

○非常不同意 ○不同意 ○不确定 ○同意 ○非常同意

67. 总体上,我对自己不满意。(测谎题)

○非常不同意 ○不同意 ○不确定 ○同意 ○非常同意

(二)请您指出下列陈述的频次:[单选题]

68. 我参加创新创业相关的培训/课程/项目等。

○非常少 ○较少 ○一般 ○较多 ○非常多

69. 我参加各类学业竞赛。

○非常少 ○较少 ○一般 ○较多 ○非常多

70. 我阅读与专业相关的书籍、学术论文。

○非常少 ○较少 ○一般 ○较多 ○非常多

71. 我参加各种讲座/沙龙/论坛/报告会等。

○非常少 ○较少 ○一般 ○较多 ○非常多

72. 我参加社团、班级等学生组织的课外活动。

○非常少 ○较少 ○一般 ○较多 ○非常多

73. 我参加实习、社会实践或田野调查等实践性学习活动。

○非常少　○较少　○一般　○较多　○非常多

74. 我写课程论文或报告。

○非常少　○较少　○一般　○较多　○非常多

75. 我修读跨学科/跨专业课程。

○非常少　○较少　○一般　○较多　○非常多

76. 我在图书馆/自习室等学习的时间。

○非常少　○较少　○一般　○较多　○非常多

77. 我在课外阅读教材或参考书目。

○非常少　○较少　○一般　○较多　○非常多

78. 我从课堂笔记或阅读材料中总结主要的观点和信息。

○非常少　○较少　○一般　○较多　○非常多

79. 我用手机/电脑进行娱乐活动(网上购物、刷剧、刷视频、看小说、娱乐节目、游戏等)。

○非常少　○较少　○一般　○较多　○非常多

80. 我用手机/电脑进行社交活动(使用QQ、微信、邮箱等)。

○非常少　○较少　○一般　○较多　○非常多

81. 我用手机/电脑查阅和下载学习工作资料。

○非常少　○较少　○一般　○较多　○非常多

82. 我用手机/电脑了解时事政治经济社会类消息。

○非常少　○较少　○一般　○较多　○非常多

83. 我与学长/学姐交流。

○非常少　○较少　○一般　○较多　○非常多

84. 我与老师讨论课程/学习/作业等问题。

○非常少　○较少　○一般　○较多　○非常多

85. 我与老师日常交流交往。

○非常少　○较少　○一般　○较多　○非常多

86. 我与老师交流学习规划、未来规划等问题。

○非常少　○较少　○一般　○较多　○非常多

87. 我与同学/舍友/同伴等探讨个人兴趣爱好、职业理想或未来规划的问题。

○非常少　○较少　○一般　○较多　○非常多

88. 我与同学/舍友/同伴等探讨与学习有关的问题(交流学习心得体会)。

○非常少　○较少　○一般　○较多　○非常多

89. 我和自己兴趣爱好不同/家庭背景不同/专业不同的同学成为好朋友。

○非常少　○较少　○一般　○较多　○非常多

90. 我请朋友、同学等指出自己的不足。

○非常少　○较少　○一般　○较多　○非常多

91. 我主动与同学组成学习小组。

○非常少　○较少　○一般　○较多　○非常多

92. 我在课堂上积极思考。

○非常少　○较少　○一般　○较多　○非常多

93. 我注意把自己过去的经历与学习相联系。

○非常少　○较少　○一般　○较多　○非常多

94. 我在课后和同学讨论学习问题。

○非常少　○较少　○一般　○较多　○非常多

95. 我把课内学到的知识运用到其他领域(实习或工作,其他课程,朋友关系等)。

○非常少　○较少　○一般　○较多　○非常多

96. 我与同学在课堂上合作(如课堂讨论、小组活动)完成课程任务。

○非常少　○较少　○一般　○较多　○非常多

97. 我在课堂上就某一主题进行汇报展示。

○非常少　○较少　○一般　○较多　○非常多

98. 我在课堂上主动发言。

○非常少　○较少　○一般　○较多　○非常多

99. 我按时完成任务。(测谎题)

○非常少　○较少　○一般　○较多　○非常多

后 记

《中国大学生创新创业能力发展路径研究:基于不同类型高校的实证分析》一书是我主持的国家自然科学基金面上项目“大学生创新创业能力评价体系与结构模型研究”的深化研究成果。这个专题研究是我们课题组在前期研究的新发现基础上所做的进一步的开发研究,具有比较重要的理论价值和现实意义。

我们知道,创新创业人才培养已经成为创新驱动发展时代的急迫需求,从而其成为我国今日高等教育普及化时代的核心命题。在创新驱动发展时代,如果人们缺乏创新意愿、创业意志,就很难形成创新能力和创业动力,那么也就很难成为社会所需要的创新创业人才。在这个创新驱动发展的时代,一个人不仅要有创新思想,而且必须进行创业行动,也就是说创新思想必须结合实践才能创造出真正的价值,因为创新思想只有用于解决现实问题才能转变为巨大的社会生产力。社会对创新创业人才的需求并非一个模子的,而是多种多样的,为此就要求每所高校都必须具有自己的人才培养定位,从而满足社会对各个领域创新创业人才的需求。

我们认为,尽管创新创业人才的能力表现是多种多样的,但在本质上是一致的,即都是面对社会发展中所遇到的真实问题迎难而上,进行创造性解决,从而实现人生意义的突破和社会价值的提升并以此作为自己人生不懈的追求。如果这个假设是成立的,那么创新创业人才的基本能力结构就是一致的,但在不同个体身上又具有不同的表现,为此创新创业人才培养质量也是可比的。正是建立在这个基本假设基础上,我们研制和开发了中国大学生创新创业能力测量量表,希望通过大学生自测的方式来衡量各

自的创新创业能力发展状况，这个研究具有非常重要的理论价值和重大的现实意义，因为这实现了对创新创业能力进行操作性定义和实际测量，由此可以用它来评价创新创业教育成效进而提出指导性意见。

通过对全国高校大学生大样本的调查研究，我们发现当今大学生的创新创业能力发展状况还没有达到一个比较理想的状况，因为在我们所采用的五分制量表测试中，绝大多数学生对自身能力评价在4分以内，极少达到4.5分以上的，只有少部分达到了4分以上，这个结果当然是不太乐观的。虽然绝大多数学生自我评价创新创业能力发展达到了理论中间值3分以上，但集中区间为3.5分左右，也即绝大多数学生的自我评价是在中等偏上一点的水平，换言之，绝大多数学生对自我创新创业能力发展状况是不太满意的，但也没有否认自己具有较强的创新创业发展潜力，如此就出现了这样的“中等偏上一点”的评价结果。我们认为，这个评价与现实状况是比较相符的，因此是值得信赖的。

这次大样本的调查证实了我们许多猜测。如学科性质、性别、城乡来源、学业成绩、学生干部经历和社团实践经历均对创新创业能力具有明显的影响，这些实证研究结果对于改变创新创业教育策略、加强创新创业教育的针对性具有重要的指导意义。我们的调查研究还有一些非常惊人的发现。第一个惊人的发现是学生的创新创业能力并没有随学习时间的推移而提升，而是出现了巨大的波动，出现了“大三低谷”现象，这是已有研究所未曾呈现的。这个发现具有重大的学术意义和现实意义，对于这个现象我们目前还无法进一步验证，找到其确切的原因，只能做一些合理的猜测。如是否学习时间越长、理论知识越多、与实践越脱离就越抑制了他们的创新创业能力？是否随着大四的实践机会增多又使大学生找回了自信从而出现创新创业能力反弹？不能不说这些猜测具有一定的合理性。

另一个重要发现是大学生创新创业能力并没有随着办学水平层次提升而提升，而是出现了一个“异常现象”，即研究型大学学生创新创业能力评价平均得分最低，次之是高职高专院校，得分最高的却是应用型大学。这个现象也令我们感到意外，对于这个现象我们是可以验证的，即我们通过对各类高校进行个案研究，从抽取的个案学校大学生创新创业能力评价情况就可以得知。我们就是按照这个思路来组织本次案例研究活动的。

为了做这次案例研究，我们对创新创业能力概念进行了再次梳理，而且对创新创业能力结构建构过程也进行了重新描述，也对研究中所使用的创新创业能力影响因素量表制定过程进行了简要描述，在完成这些基本工作之后我们即展开了案例研究。

课题组在主体研究部分，首先完成了对创新创业概念的界定，我们对创新创业概念进行创新性阐释，创造性地提出了创新创业能力概念，并在此基础上成功地研制出“大学生创新创业能力量表”，之后运用它对全国大学生的创新创业能力发展状况进行大规模的系统的抽样调查，由此我们获得了全国大学生创新创业能力发展状况的第一手数据，实现了创新创业教育研究领域的重要突破。以往研究已开始涉及创新创业能力这个核心话题，但缺乏原创性，也没有建立好自己的理论框架，从而对创新创业能力概念的阐释容易遭遇质疑。我们在长期的田野研究基础上进行了系统的哲学思辨研究，得出了创新创业能力包含七个关键能力的结论，这是基于创新创业过程得出的，反映了广义的创新创业活动的本质。我们在与各方面的研究进行对话之后发现，我们关于创新创业能力的界定能够涵盖所有关于创新创业能力的界说，因而我们对创新创业能力的界定具有系统性、全面性、科学性。为了使这个概念具有操作性，我们进行了概念的进一步分解，对概念涉及的细节问题进行统筹考虑，采用问卷形式来验证我们的界定是否具有操作性或可测性。经过反复测试，我们终于形成了信度和效度非常高的大学生创新创业能力测量量表。之后，我们运用这个量表对全国大学生进行大规模抽样调查，从而得出了关于全国大学生创新创业能力发展状况的有效数据，这对于我们充分了解我国大学生创新创业能力状况提供了一个参照。

我们发现，我国大学生创新创业能力发展总体上属于中等偏上的水平，这个调查结果虽然不十分理想，但也是比较乐观的。我们也发现，大学生在创新创业能力结构上存在着不平衡状况，存在着性别差距，也存在着来源地的差异，当然也存在着学科的差异，这些都是意料之中的。我们也发现学生是否具有学生干部经历和社团经历对他们的创新创业能力产生巨大影响。但这次调查呈现了一个非常意外的结果，即研究型大学的学生创新创业能力总体评价平均值最低，高职高专院校次之，而应用型大学最高。这个现象确实有点反常，这非常值得进一步深入探究，为此，我们就开始了本次延伸研究，目的就是验证这个现象是否具有普遍性，我们采用的

研究方法是个案法，即按照学校层次类型各抽取1～2所高校进行典型个案研究。我们抽取的原则是，案例学校的样本总量比较大，样本在学科和性别分布上比较均匀，抽样学校在地域分布上也比较均衡，比较能够反映创新创业教育发展状况。为此我们抽取了2所研究型大学，均是以理工科为主，在开展创新创业教育方面具有优势；又选择了1所理工科应用型大学，同样也具有创新创业教育方面的优势；我们也选择了2所高职高专院校，其创新创业教育基础也是比较扎实的。如此，我们就展开了本次案例研究。

我们认为，进行这次案例深化研究是非常必要的，如果不进行具体确认，往往会让人觉得研究不完美，让人们心里留有疑团，甚至认为这是样本误差造成的。诚然，抽样误差是无法避免的，因为我们不可能进行全样本调查，也无法采用行政的方式进行调查，我们只能采用“动员＋自愿＋奖励”模式进行。我们调查的高校当然是有选择的，充分照顾学校的层次和实力。在进行个案研究设计时，我们也照顾到东中西部高校分布问题、科类齐全问题以及年级与性别相对均衡问题。经过典型个案研究之后，发现个案学校与总体趋势是完全一致的。这在一定程度上验证了我们先前关于全国大学生创新创业能力的调查结果是有效的，值得信赖的。

从事这个验证性研究也是一个团队合作的过程。这次研究不仅吸引了学术型博士生参与，而且也吸收了专业型博士生参与。学术型博士生具有时间比较集中的优势，而专业型博士生则具有实践经验丰富的优势。在分工过程中尽可能照顾每个人的兴趣和之前的研究基础，但重点是对他们进行一次创新创业教育研究的系统训练，使其充分熟悉实证研究范式的应用过程。在本书撰写中，杨振芳进行了第一章“创新创业教育与创新创业能力”和第七章“高校创新创业教育分类发展的进路”的撰写，做到了开头与结尾的首尾相连；段肖阳负责的是第二章“大学生创新创业能力影响因素理论模型”和第三章“大学生创新创业能力研究的设计思路与调查工具”的撰写，将理论基础和工具研制结合起来进行阐述；郑雅倩负责的是第五章“应用型大学学生创新创业能力及其培养路径”，为案例研究提供了基本范例；第四章“研究型大学学生创新创业能力培养及其成效”由孙佳鹏承担，发挥了她适应性强的优势；第六章“高职高专院校学生创新创业能力发展及其提升”由李淑娥承担，实现了与她长期的工作实践经验的有机结合。

在整个研究过程中，郑雅倩负责团队的联络工作，而且负责对案例研究进行先行尝试，在摸索基本成熟之后为其他案例研究提供参照。此外，她还负责督促各部分进展，分担了大量的事务性工作，成为我课题研究的好助手，在课题研究的推进过程中发挥了非常积极的作用。同学们在研究过程中都极具耐心和探索精神，当遇到困惑的问题时就一起研讨。受疫情影响，研究小组在线上举行了多次研讨会和督促会，最终如期完成了预定研究任务。对她们的创造性工作我表示由衷感谢。

作为国家自然科学基金面上项目的一个延伸研究成果，该项研究为不同层次类型高校推进创新创业教育提供了一个启示：开展创新创业教育必须充分发挥高校自身的优势，必须针对不同学生的发展需求，必须走出趋同化的误区，如果不按照这些基本要求进行创新创业教育改革，那么就会在创新创业教育中遭遇挫折。一句话，创新创业教育需要高校大力推进教育教学观念的转变和实践的创新！

王洪才

2023年3月10日